D1704136

HANIYÉ

een ode aan de oudste keuken ter wereld

MATAY DE MAYEE

HANIYÉ

een ode aan de oudste keuken ter wereld

FONTAINE UITGEVERS

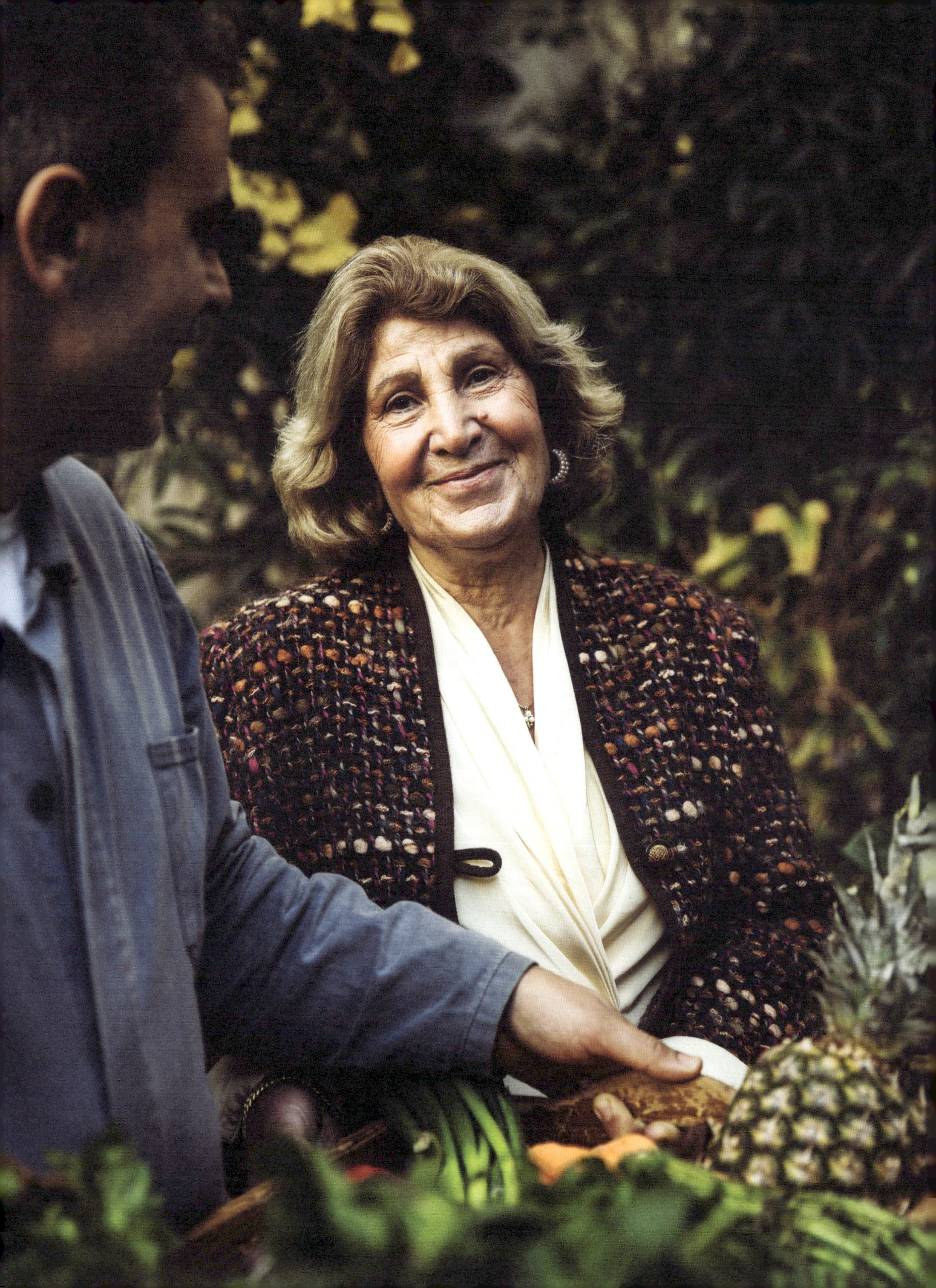

Dit kookboek moest er komen. Want geloof het of niet, van misschien wel de oudste keuken ter wereld bestaat geen kookboek. De recepten van de Suryoye, de christenen uit het Midden-Oosten (ook bekend als Assyriërs of Arameeërs), gaan al eeuwenlang over van moeder op dochter. Zonder kookboek of aantekeningen. Ik heb zes broers en zussen, die net als ik nauwelijks weten hoe ze de gerechten van mijn moeder moeten bereiden. Hoe dat komt? Ik heb het me vaak afgevraagd. Wellicht hadden we in onze jeugd te veel verleidingen buitenshuis. Of misschien word je, als je moeder zo lekker kookt, vanzelf een beetje lui. Hoe dan ook, daar komt nu verandering in. Want al die verrukkelijke smaken en texturen mogen natuurlijk niet verloren gaan. Tijd dus om Suryoyo te leren koken en dat van de beste chef van de wereld: mijn moeder! Zij is in feite de schrijver van dit kookboek. Al is er een klein probleem: ze kan niet lezen en schrijven. Daarom schrijf ik het voor haar.

Matay de Mayee

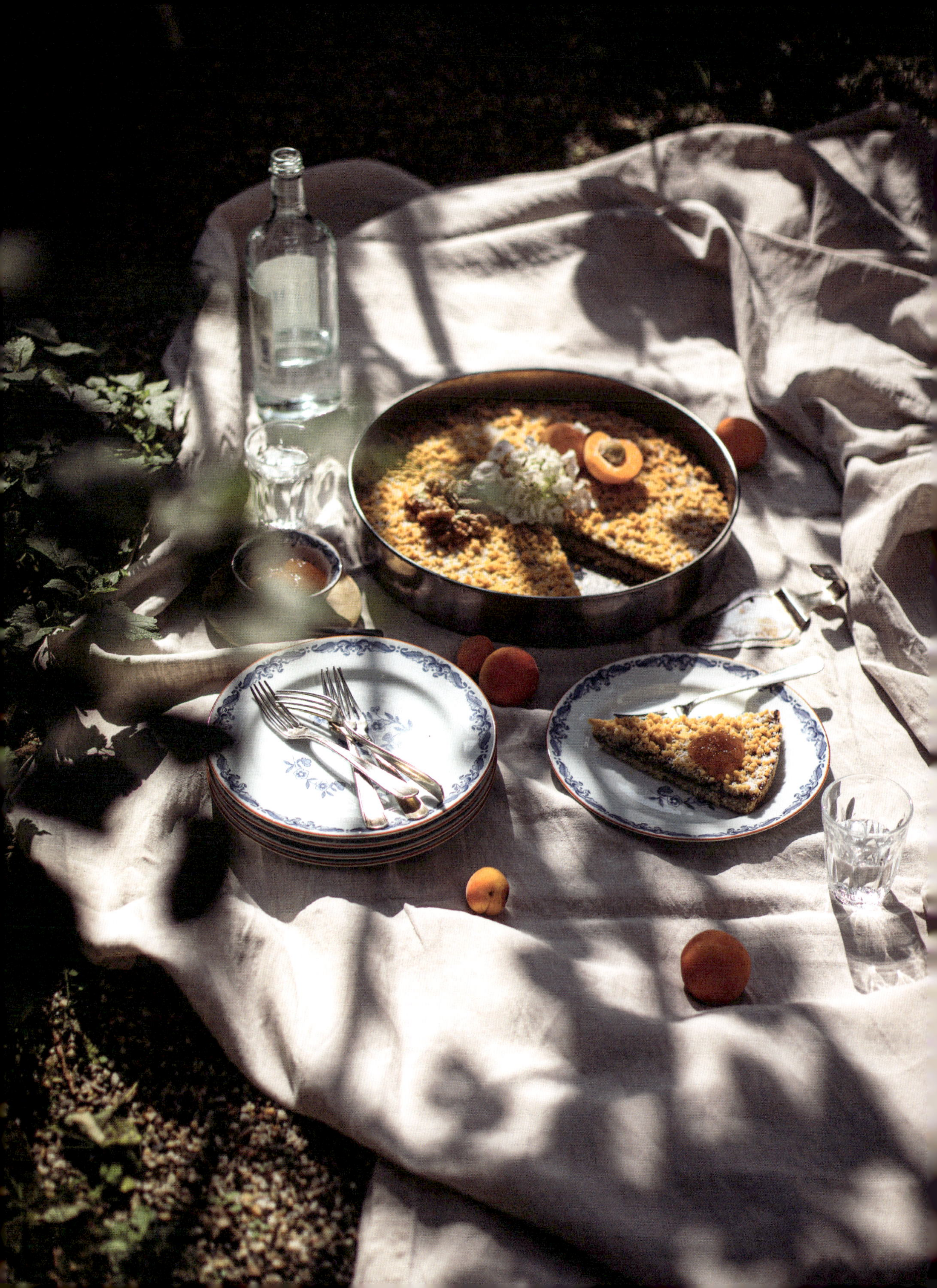

Inhoud

- 8   Even vooraf
- 13   De Suryoye
- 15   De keuken van de Suryoye
- 19   Bijzondere dagen op de kalender
- 22   Een paar woorden over de taal
- 25   Aan de slag
- 27   De keukenplank van mijn moeder
- 31   Granen
- 33   Jeugdherinneringen
- 35   Aan tafel
- 36   Kolonya

Recepten

- 39   Kul naqa - *Altijd op tafel*
- 61   A klasikoye - *De klassiekers*
- 93   Busholé u mukloné mbashlé - *Soep en stoof*
- 115   Yarqunwotho, yariqutho u sharko - *Groenten en meer*
- 151   Baṣroné u nuné - *Vlees en vis*
- 183   Ḥalyutho - *Zalig zoet*

- 214   Dankwoord
- 217   Register

Even vooraf

Geen Suryoyo huishouden zonder een goed gevulde voorraadkast en een nog beter gevulde tafel. Daarom ga ik zo graag langs bij mijn moeder. Ze heeft altijd wel iets lekkers in huis en zet dat in een mum van tijd op tafel. Ze zou geen goede gastvrouw zijn als ze het niet deed. Dat leerde ze wel van haar moeder, die ervoor zorgde dat ze alle kneepjes van de Suryoyo keuken onder de knie kreeg. Want stel je voor dat ze niet kon koken, welke man had dan met haar willen trouwen? Mijn vader maakte het in elk geval niet uit, want hij was gedurende zijn diensttijd kok!

Eind jaren zestig besloten mijn ouders een nieuw leven te beginnen in Nederland. Ze streken neer in Hengelo, waar ik en de meeste van mijn broers en zusjes geboren zijn. Ondanks onze 'Hollandse' opvoeding zijn onze taal en traditties gelukkig niet verloren gegaan. Zo spreken wij nog allemaal vloeiend Surayt, een dialect van het Aramees, ontbijten we samen met Pasen en Kerstmis en bezoeken we jaarlijks het mede door mijn vader opgerichte Syrisch-orthodoxe klooster in het Twentse Glane. En, niet te vergeten, we genieten veelvuldig van de traditionele gerechten, die mijn moeder bereidt en ons meegeeft naar huis.

Ik heb dit boek geschreven om die gerechten vast te leggen en te bewaren. Hoewel de meeste niet al te veel tijd vergen, stond mijn moeder in mijn herinnering altijd hele dagen in de keuken. Het zal wel iets te maken hebben met zeven opgroeiende kinderen die voortdurend om haar heen cirkelden en een huis dat altijd openstond voor gasten. Zo veel tijd om in de keuken te staan heb ik niet, dus is het nog maar de vraag of mijn behoefte om Suryoyo te koken zich laat combineren met mijn drukke leven in Amsterdam. Voor de zekerheid heb ik daarom weleens gezocht naar een restaurant waar authentiek Suryoyo wordt gekookt. Maar helaas, zo'n restaurant is er niet in Nederland.

Rest ons niets anders dan aan te schuiven aan de tafel van mijn moeder. En dat is beslist geen straf. Al was het alleen maar omdat je meerdere keren krijgt opgeschept. De eettafel, die van haar en die van alle Suryoye, is het hart van onze cultuur, ons samenzijn, onze gastvrijheid. Daarom kan ik alleen nog maar zeggen: geniet! Of beter:

HANIYÉ!

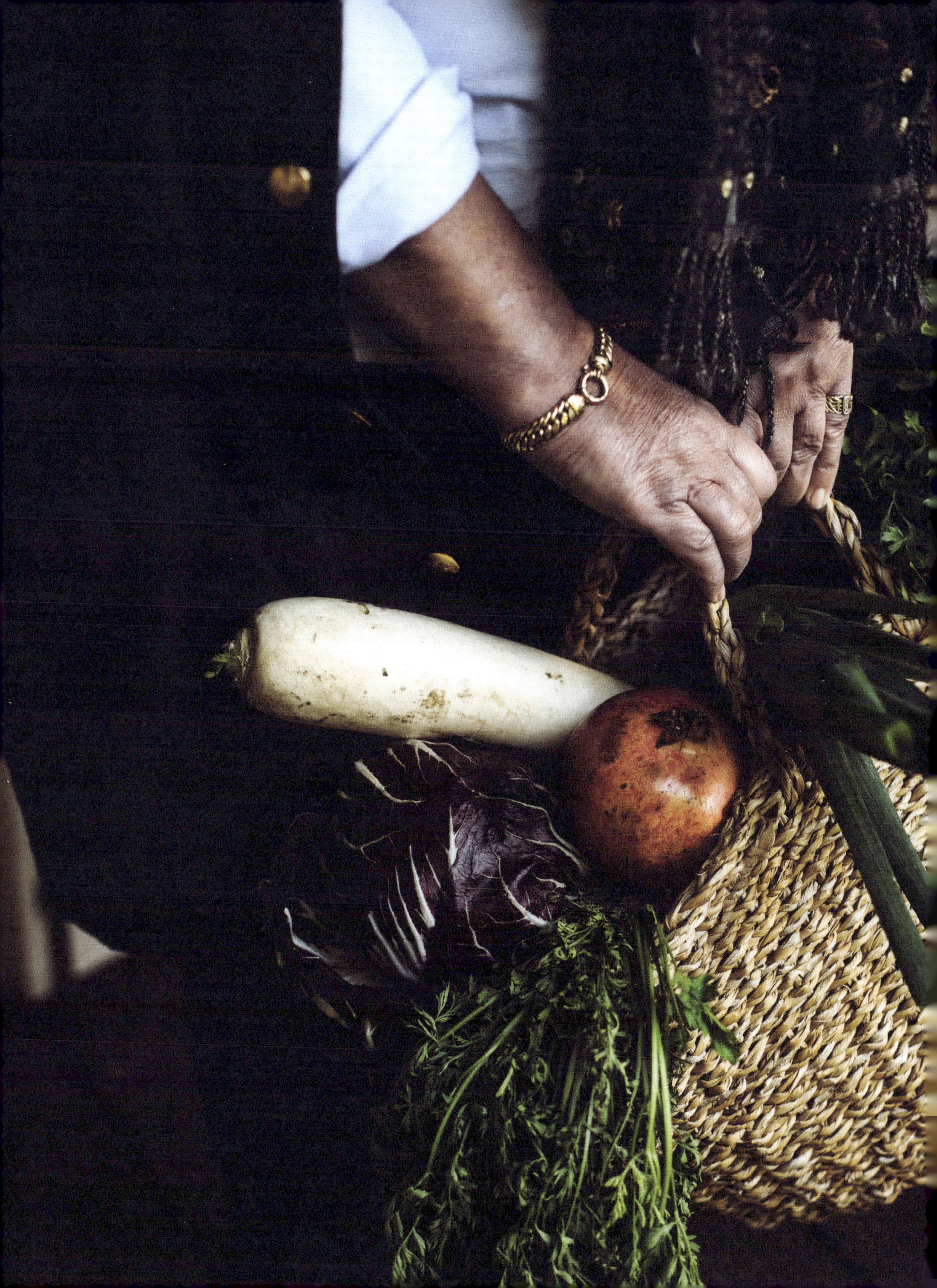

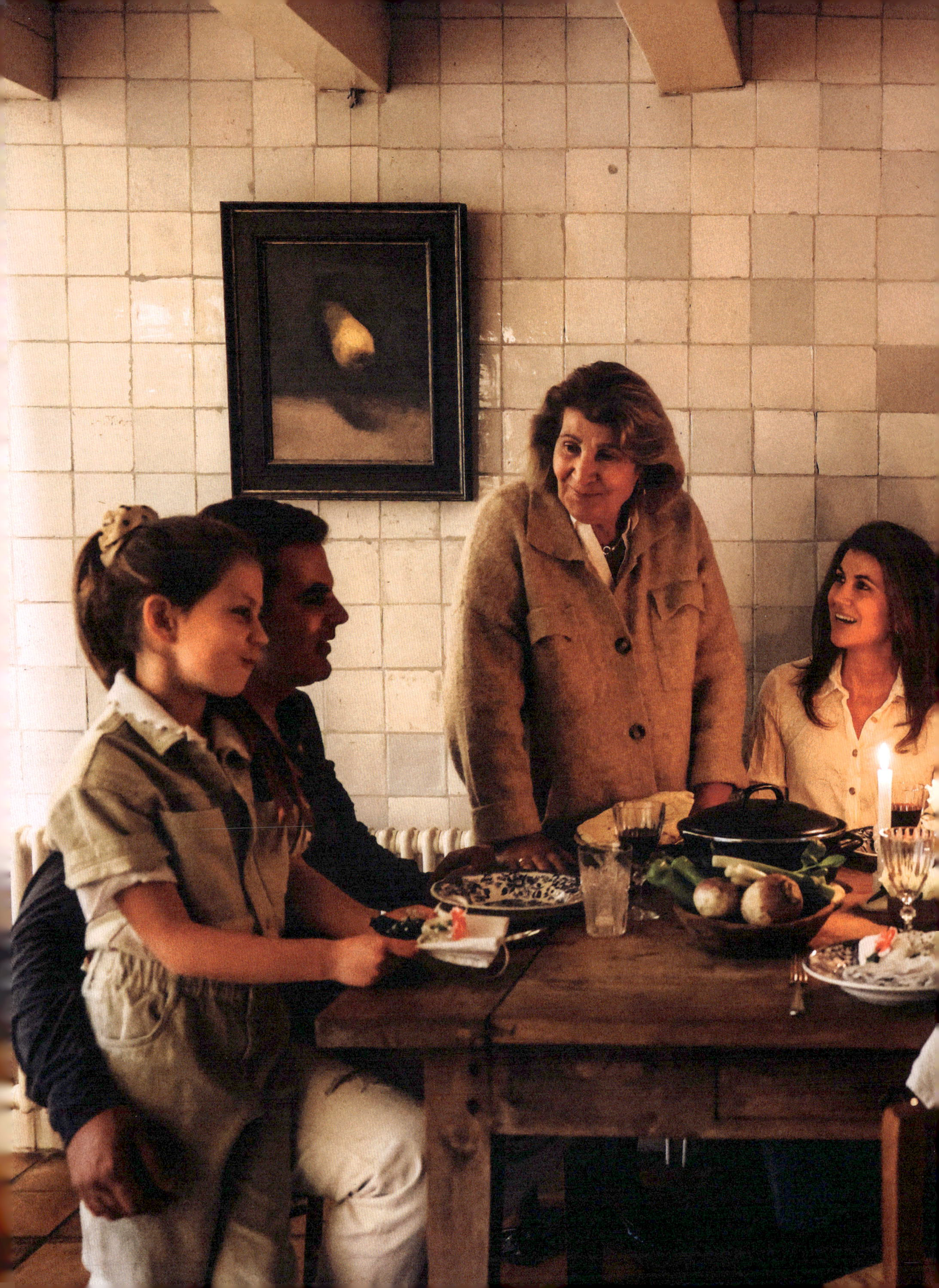

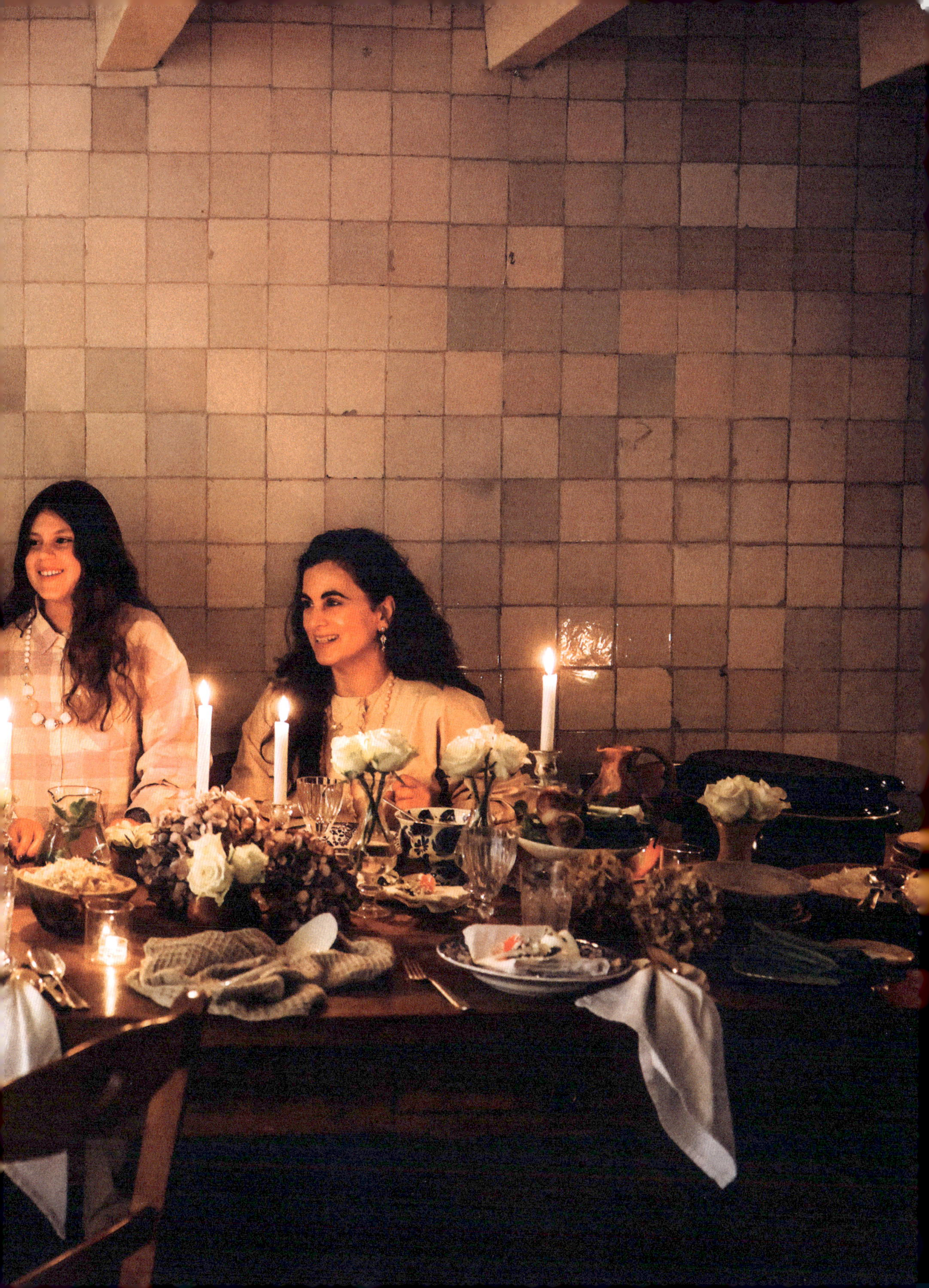

BETH NAHRIN

Het oorspronkelijke leefgebied van de Suryoye

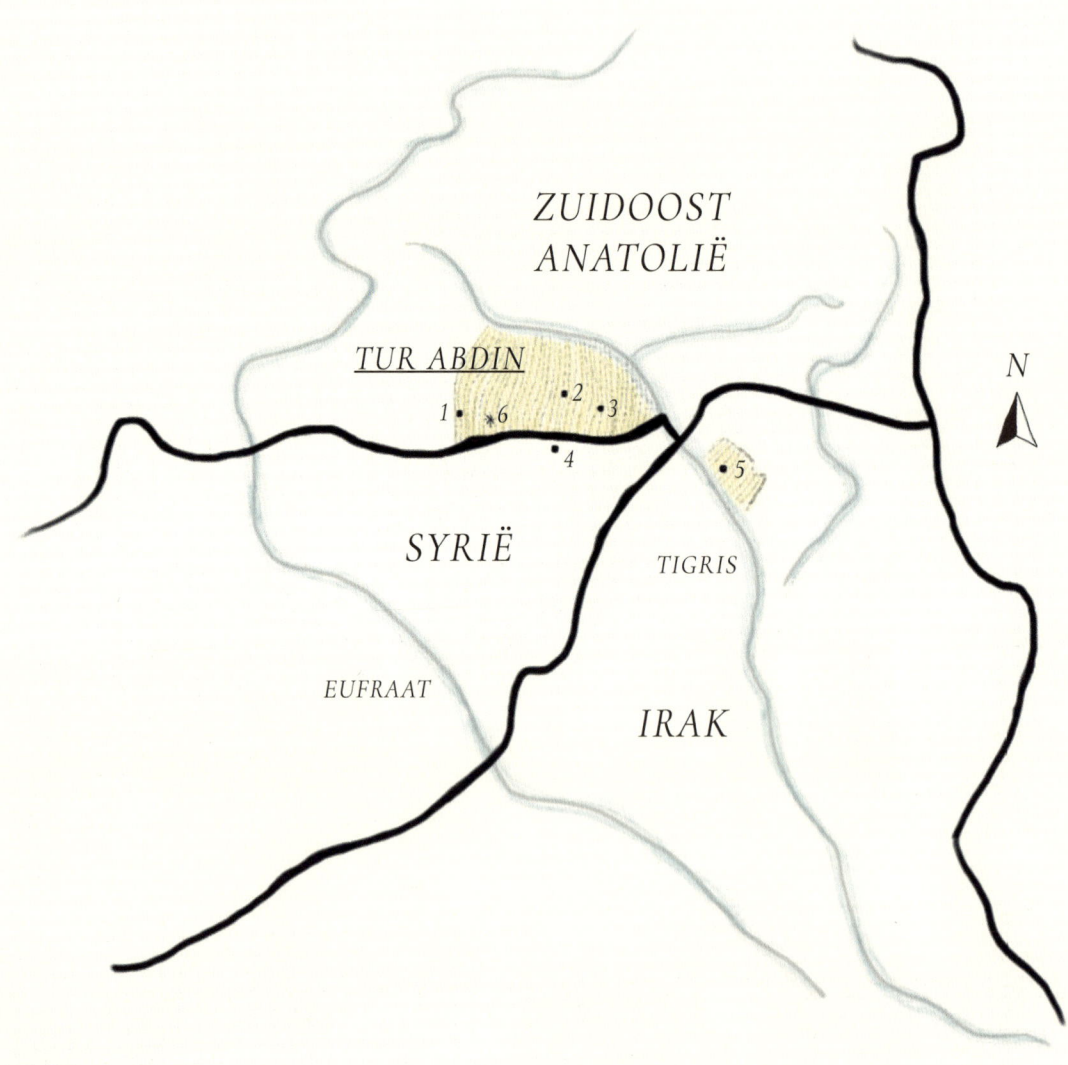

ZUIDOOST ANATOLIË

TUR ABDIN

SYRIË

TIGRIS

EUFRAAT

IRAK

N

LEGENDA

— Landsgrens
~ Rivier
▓ Regio
• Steden & dorpen
✱ Bijzondere plek

1 Mardin
2 Midyat
3 Sare
4 Qamishlo / Beth Zalin
5 Nineveh stad & vlakte
6 Saffraanklooster

De Suryoye

Dit kookboek vindt zijn oorsprong niet in een land, maar in een volk. Het is het volk van mijn moeder en onze hele familie: de Suryoye (*Suryoye*, enkelvoud *Suryoyo*), ook wel Assyriërs of Arameeërs genoemd. Ooit behorend tot het Assyrische Rijk dat rond 2000 v.Chr. samen met Sumerië, Akkadië en Babylonië de Mesopotamische beschaving vormde. Het thuisland van de Suryoye omvatte het noorden van Mesopotamië (het voormalige Assyrië), ofwel het huidige Zuidoost-Anatolië, Noord-Irak, Noordoost-Syrië en Noordwest-Iran. Grenzen die overigens nog maar een eeuw oud zijn, en getrokken door de voormalige koloniale machten. In het gebied woont nog steeds een kleine gemeenschap, maar het overgrote deel heeft zich gevestigd in Noord-Amerika, Australië en West-Europa, waaronder Nederland. Ongeacht waar ze wonen, kenmerken de Suryoye zich door dezelfde (culinaire!) tradities en grote families die zeer hecht zijn en loyaal aan elkaar. Ze zijn veelal christelijk en spreken vaak nog vloeiend Surayt en Sureth, dialecten van het Aramees, de taal waarvan algemeen wordt aangenomen dat Christus die sprak.

Het lot en de geschiedenis van de Suryoye is bij veel mensen onbekend. Met name de verschrikkelijke tragedie die zich vorige eeuw heeft afgespeeld. Tijdens de beruchte Armeense genocide van 1915, toen de Ottomanen anderhalf miljoen christelijke Armeniërs vermoordden, zijn er ook meer dan 300.000 Suryoye slachtoffer geworden van deze volkerenmoord. Wij noemen het de Sayfo, een Aramees woord dat 'zwaard' betekent, omdat veel slachtoffers door het zwaard zijn omgekomen.

De Suryoye die in Nederland wonen zijn allemaal afstammelingen van mensen die de Sayfo overleefden. Ook aan mijn familie zijn deze dramatische gebeurtenissen niet ongemerkt voorbijgegaan. Mijn grootmoeder van moederskant overleefde, samen met haar vader, als enige van haar familie de genocide. Tot op de dag van vandaag hebben de christelijke Suryoye het nog altijd bijzonder moeilijk in het Midden-Oosten. De opkomst van IS, die veel christenen uit hun woonplaatsen heeft verjaagd, maakt het er niet beter op. Gelukkig zijn de Suryoye een vasthoudend en volhardend volk en vinden ze elkaar altijd terug. Vooral op de plek waar iedereen even alle zorgen kan vergeten: de eettafel.

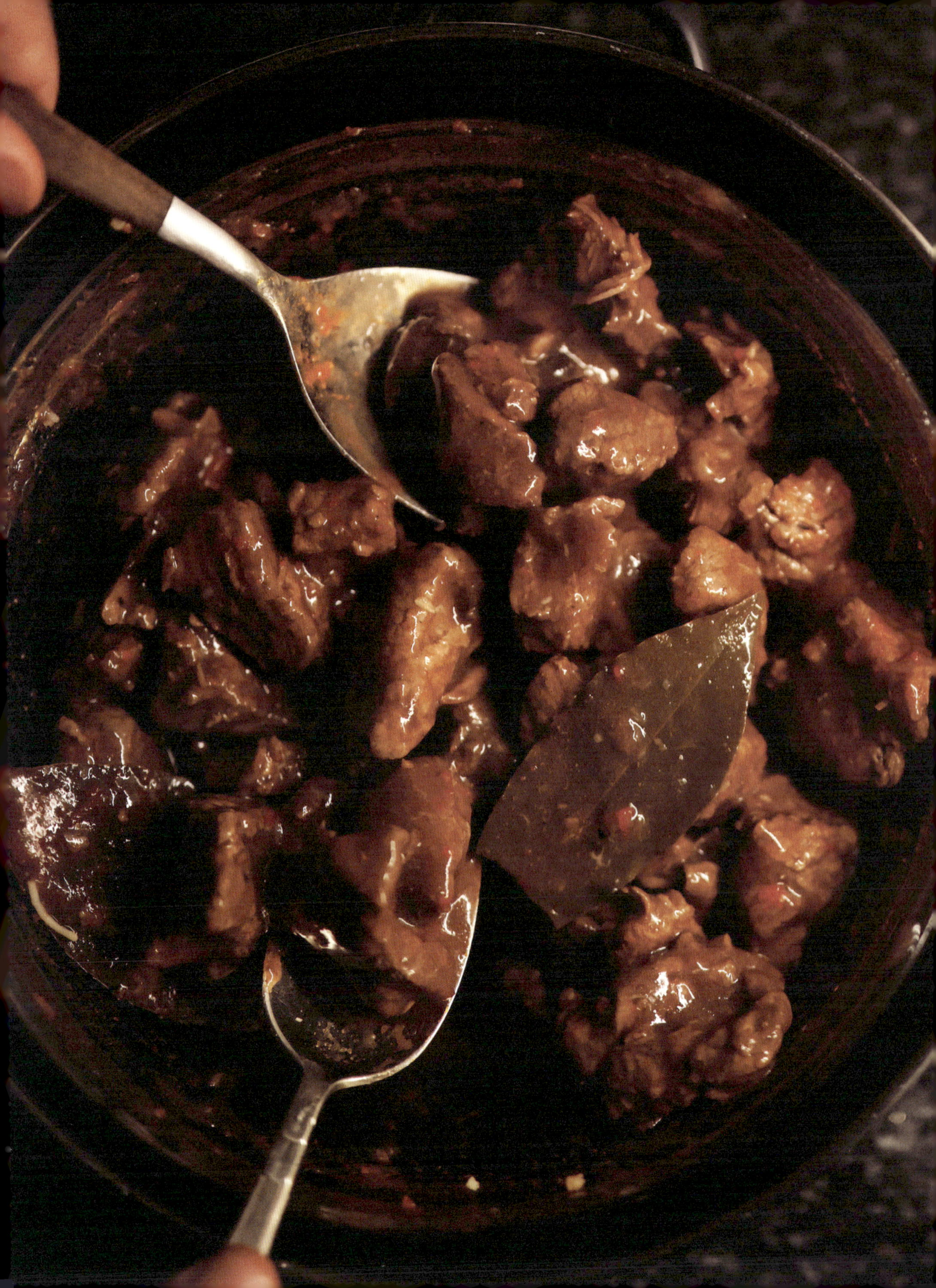

De keuken van de Suryoye

Zo'n vierduizend jaar geleden schreef een Assyriër in Akkadisch spijkerschrift hoe je schapen- of geitenvlees kon stoven en kruiden. Op een kleitablet vermeldde hij niet alleen de benodigde ingrediënten maar ook de bereidingswijze. Samen met twee andere kleitabletten die tegelijk werden gevonden in 1933 vormen deze teksten het oudste kookboek ter wereld. Zonder overdrijven kun je zeggen dat er een directe lijn is te trekken van dit 'kookboek' naar de *matbach Suryoyo* (de keuken van de Suryoye). Ofwel de keuken van mijn moeder. Om dat uit te leggen even een klein stukje geschiedenis.

Het Assyrische Rijk besloeg in die tijd het noordelijke deel van Mesopotamië, het tweestromenland van de Eufraat en de Tigris – een gebied dat wij Beth Nahrin noemen. Daar ontstond de landbouw (blz. 31) en vrijwel meteen aansluitend de techniek van het koken. De Assyriërs spraken Akkadisch, de rijkstaal die omstreeks 750 v.Chr. geleidelijk plaatsmaakte voor die van de Arameeërs, die rond die tijd het gebied binnentrokken. Het Aramees, de taal van mijn moeder en mij, nam talloze namen van recepten, ingrediënten en technieken over uit het antieke Akkadisch (blz. 22). Mooie voorbeelden zijn *kababu* dat 'gegrild' betekent (kebab), of *kamunu* dat 'komijn' betekent. Woorden die lang voordat het Arabisch in deze gebieden zijn intrede deed al bestonden. De matbach Suryoyo is er de schatbewaarder van en staat als zodanig aan de basis van alle keukens in het Midden-Oosten zoals de Turkse, Libanese, Griekse, Israëlische en Armeense keuken. Specerijen als nigellazaad of aleppo-peper kom je dan ook overal tegen en ook gerechten als apprakhe (blz. 70) of baqlawa (blz. 200) zijn wijdverspreid.

Uiteraard zijn er ook verschillen met de culinaire tradities uit de regio. Die hebben vaak te maken met die andere grote invloed op de Suryoyo keuken: de komst van het christendom. In tegenstelling tot het jodendom of de islam zijn er geen belemmeringen bij het eten van varkensvlees, de slachtwijze of het drinken van alcohol. De Suryoye vieren Pasen, Kerstmis en talloze andere feestdagen en kennen vele vastenperiodes. Net als de seizoenen bepaalden die in hoge mate de culinaire kalender. Zo wordt er gevast in het voorjaar voor Pasen, maar dat valt niet geheel toevallig in de tijd dat er meestal een tekort was aan vlees. Daarna, als de dieren kalfjes kregen, was er weer melk en maakte men yoghurt en kaas. In de zomer was het hard werken op het land. Er moest geoogst worden, vaak in de zinderende hitte. Daarom stonden er makkelijk te bereiden gerechten op het menu zoals labaniyeh (blz. 83) of burghul (blz. 42). Aan het begin van de herfst, na het binnenhalen van de oogst, kwamen er vooral groenten, vruchten en noten op tafel. Later slachtte men de schapen, koeien en geiten, waarna het vlees werd geconserveerd voor de winter door het te pekelen. Groenten en fruit werden gedroogd en ingemaakt. Als de winter inviel en het land niet bewerkt hoefde te worden, was er meer tijd om gerechten te maken die wat bewerkelijker waren. Kötle (blz. 80) was en is favoriet, maar ook samborakat (blz. 64) en tawa (blz. 67) zijn nog altijd zeer geliefd.

In de Suryoyo keuken is een uitgebreide warme lunch de belangrijkste maaltijd, terwijl in de ochtend en avond juist licht wordt gegeten. Bij elke maaltijd wordt knapperig zelfgebakken brood geserveerd, bij voorkeur gebakken in een *tanuro*, een woord afkomstig uit het Akkadisch (*tinuru*) dat 'klei-oven' betekent (het Indiase woord *tandoori* is er ook van afgeleid). Traditioneel wordt er gekookt op een open vuur tussen twee stenen, de *tfayo*.

De huidige Suryoyo keuken maakt nog steeds gebruik van veel kruiden, specerijen, granen, groenten, peulvruchten en weinig vet. Kip en lam zijn de meest gebruikte vleessoorten, maar ook rund ontbreekt niet. Varkensvlees wordt veel minder gegeten, simpelweg omdat dat in het overwegend islamitische Midden-Oosten nauwelijks te krijgen is. Ook vis staat niet vaak op het menu. Het blijft minder lang goed in een warm klimaat en veel mensen woonden te ver van de zee of de grote rivieren. Toch staan er in dit boek ook enkele mooie visgerechten. Tijd dus om de Suryoyo keuken beter te leren kennen.

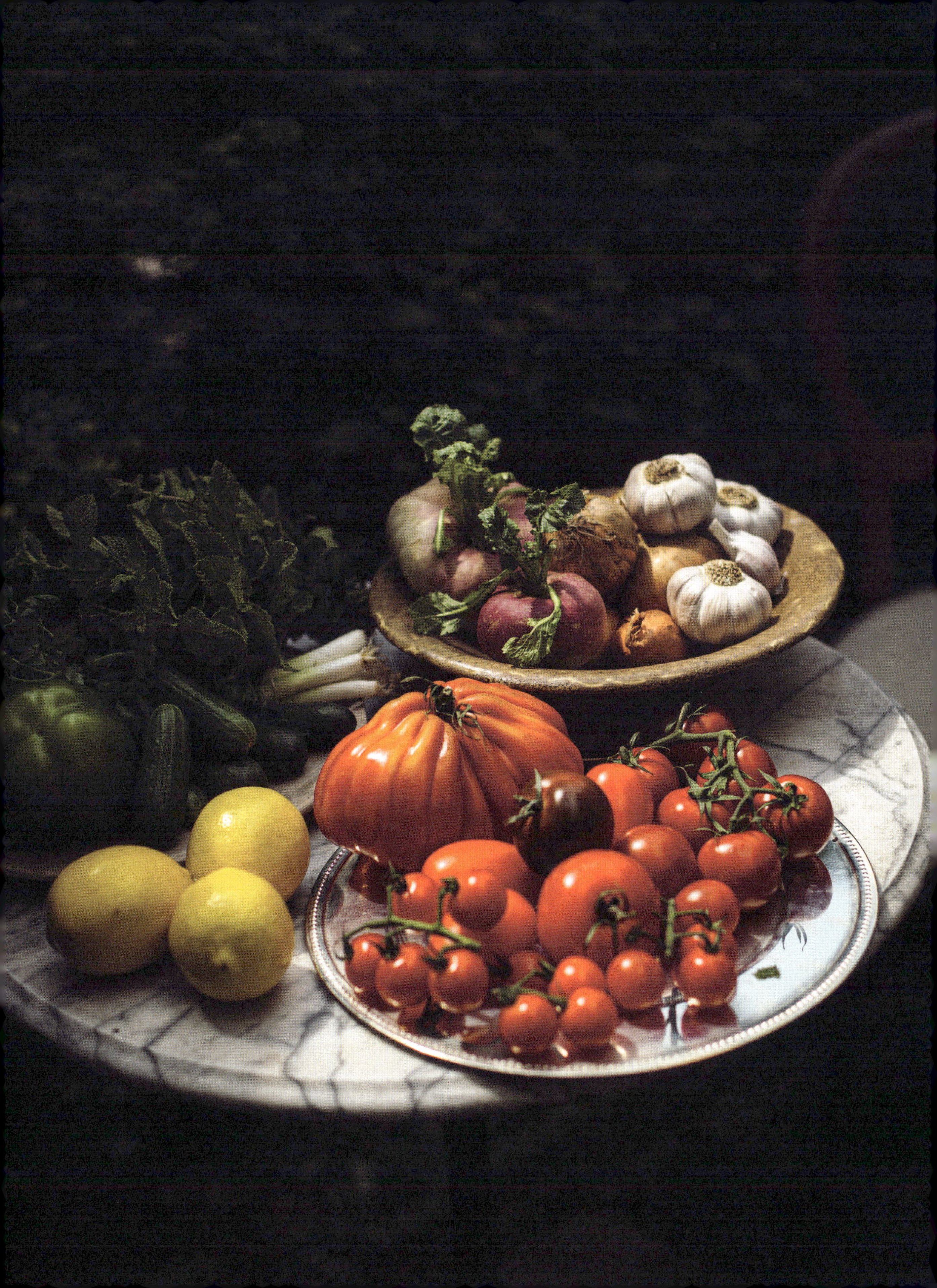

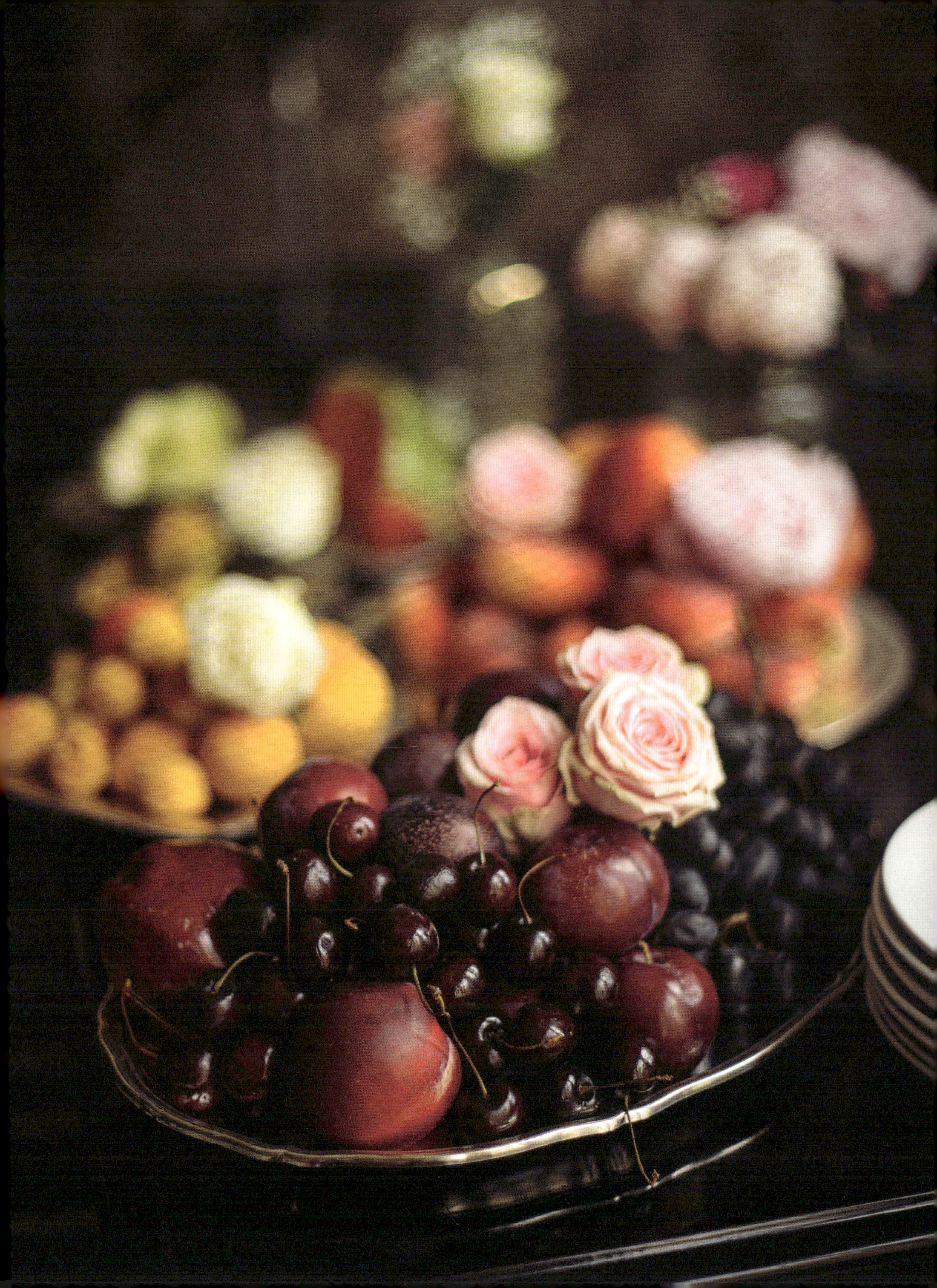

Bijzondere dagen op de kalender

De Suryoye kennen dagen dat er veel wordt gegeten, anders wordt gegeten of helemaal niet wordt gegeten. Dan worden speciale gerechten bereid, meestal op basis van geloof. Neem Pasen, Kerstmis of bijvoorbeeld de tijd na een vastenperiode. Dan wordt alles uit de kast gehaald. Ook bij een bruiloft of een begrafenis staan er specifieke gerechten op het menu. De manier waarop de feest- en herdenkingsdagen worden gevierd is wel aan verandering onderhevig. Niet zo gek, want vele Suryoye, de meeste in feite, zijn geëmigreerd en uitgewaaierd over de hele wereld. In de regio's waar nog grotere gemeenschappen samenleven, worden de tradities voornamelijk bij familiebijeenkomsten en in kerken gevierd en ook dan niet altijd meer in traditionele vorm. Hoe dan ook, mijn moeder en ik hebben geprobeerd de culinaire kalender zo oorspronkelijk mogelijk in te vullen. Hier volgt om te beginnen een overzicht van de bijzondere dagen op de kalender.

Saumo (vastenperiode)

Tijdens een vastenperiode, Saumo genaamd, is het niet toegestaan om voedsel van dierlijke oorsprong te eten zoals vlees, melk en eieren. Vis vormt hierop een uitzondering, en dient als vervanging voor vlees. In plaats van roomboter wordt olijfolie, zonnebloemolie of margarine gebruikt. Daarom kennen wij veel vegetarische gerechten en spelen groenten, granen en peulvruchten een grote rol. Er zijn twee lange vastenperiodes. Vijftig dagen voor Pasen (Saumo rabo) en tien dagen voor Kerstmis (Saumo z'uro). Gerechten die dan populair zijn: tlawhé (blz. 96), hemse (blz. 100), matfuniye doe farmo (blz. 113) en ballo' (blz. 146). Daarnaast bestaat er ook een vastenperiode van drie dagen totale onthouding van eten en drinken, de Saumo d'Ninwe (naar Ninive, de oude Assyrische hoofdstad). Tijdens deze vastendagen wordt het verhaal van Jona herinnerd, die werd opgeslokt door een grote vis en in de buik van het dier belandde. Op bevel van God spuwde de vis Jona na drie dagen weer uit en voorkwam daarmee de vernietiging van Ninive. De Saumo d'Ninwe in acht nemen is zwaar. Om weer op krachten te komen is qawité (blz. 208) het eerste gerecht dat na het vasten gegeten wordt.

Hano Qritho (carnaval)

Het is niet gering: vijftig dagen vasten voordat het paasfeest gevierd kan worden. Geen wonder dat iedereen vooraf nog even uitbundig wil eten en drinken. Dat gebeurt tijdens Hano Qritho, onze versie van het carnaval op de laatste zondag voor de grote vastenperiode. Hano Qritho betekent letterlijk 'meisje van het dorp'. Zij staat voor de vruchtbaarheid, de lente, de nieuwe oogst die eraan komt. Het is een oud gebruik om een pop van het meisje te maken die vol zit met snoepjes. Aan het eind van de dag mogen kinderen de pop stukprikken en de snoepjes verdelen. Maar voor het zover is, gaan ze eerst nog langs de deuren om burghul, eieren en vlees te verzamelen. Tot de dag van vandaag komen traditionele Suryoye op deze dag bijeen in de kerk, waar burghul met roerei en qaliyo (gepekeld vlees) wordt uitgedeeld.

Suboro (aankondiging)

Op 25 maart is het precies negen maanden voor kerst. Ofwel negen maanden voor de geboorte van Christus. Op die dag vieren de Suryoye dit heugelijke feit met Suboro, wat in onze taal 'aankondiging' (van de geboorte van Christus aan Maria) betekent. Er worden dan touwtjes gevlochten van witte en rode wol en uitgedeeld in de kerk. De kleur wit staat voor het goddelijke, het rood voor het menselijke. De zogenaamde suboro-touwtjes worden gedragen om de vingers, de pols of als oorringen. Op paasmaandag gaan de touwtjes pas weer af. Tijdens Suboro worden broodjes van ongezuurd deeg uitgedeeld, bij voorkeur gezegend door een priester.

Hedo Rabo (paasfeest)

Pasen is het grootste, belangrijkste en oudste feest. Een deel van de Suryoye, zoals mijn familie, houdt zich nog aan de juliaanse kalender, waardoor Pasen in sommige jaren later valt dan bij andere kerken. Eerste paasdag vieren we met familie en vrienden, tweede paasdag herdenken we de doden. In Nederland, in het plaatsje Glane bij Hengelo, bevindt zich de grootste Syrisch-orthodoxe begraafplaats van Europa. Ook mijn vader ligt daar begraven. Op tweede paasdag komen duizenden Suryoye uit binnen- en buitenland hier om hun doden te herdenken en het klooster te bezoeken dat ernaast ligt. Uiteraard wordt op beide paasdagen goed gegeten en gedronken. Voor mijn moeder is het de drukste tijd van het jaar. Alles maakt ze zelf. Van yoghurt (blz. 45) en kaas (blz. 52) tot en met gevlochten paasbrood (blz. 196) en koekjes (blz. 199). En natuurlijk zijn er eieren. Wij beschilderen ze niet met verf, maar geven ze een rode kleur door ze te koken met de schil van uien (blz. 136).

Hewolo (huwelijk)

Als er één moment is waarop er uitvoerig wordt gefeest door de Suryoye, dan is het wel op een bruiloft. Na het trouwen wordt er uitbundig gegeten en gedronken, gezongen en gedanst. Vooral de zogenaamde rij- en cirkeldansen zijn populair. Deze dansen zijn ontstaan uit de vreugdesprongen die werden gemaakt als het graan werd geoogst. Gasten staan in een lange rij naast elkaar en vormen een of meerdere cirkels. Niet hand in hand, maar pink in pink. Tegelijkertijd worden een aantal pasjes gemaakt die elke Suryoyo uit zijn hoofd kent. Wie daarna even wil gaan zitten, kan vervolgens genieten van speciale gerechten zoals dobo (blz. 106) of bijvoorbeeld faṣuliye (blz. 149). Bruid en bruidegom worden de dag na de bruiloft 'sabahiye' genoemd. Zij krijgen traditiegetrouw bij het ontbijt samborakat (blz. 64) geserveerd.

Ufoyo (begrafenis)

Als een Suryoyo overlijdt, wordt iedereen mondeling op de hoogte gebracht. Het is ongebruikelijk om kaarten te versturen, want iedereen is welkom. Voor het rouwen wordt uitvoerig de tijd genomen. Nog voor de begrafenis worden er drie dagen lang condoleance-bijeenkomsten georganiseerd in de kerk. Bijzonder onderdeel daarvan zijn de geïmproviseerde liederen, gezongen door de oudste vrouwen. Ze gaan over de overledene en zijn bedoeld om troost te bieden. Tijdens de bijeenkomsten wordt de inwendige mens niet vergeten. Er zijn broodjes, maar ook stoofpotjes met lam, rund of vis komen op tafel. Traditioneel wordt er geen alcohol geschonken maar uitsluitend zwarte koffie en thee, zonder suiker. De bittere smaak symboliseert het verdriet. Veertig dagen na het overlijden, als de rouwperiode voorbij is, wordt traditioneel eigengemaakt brood of dashisto (blz. 204) uitgedeeld.

It is through Aramaic, the language that replaced Akkadian, both in Mesopotamia and as a lingua franca in the wider Near East, that the vast majority of the Akkadian linguistic legacy has been transmitted (...) It is not surprising that such influence is found especially in the Mesopotamian dialects of Aramaic, that is, the forms of Aramaic that were in immediate contact with spoken Akkadian during its final centuries of use.

Het is via het Aramees, de taal die het Akkadisch verving, niet alleen in Mesopotamië maar ook als lingua franca in het gehele Nabije Oosten, dat de Akkadische taalkundige nalatenschap grotendeels is verspreid.

Het is geen verrassing dat deze invloed vooral terug te vinden is in de Mesopotamische dialecten van het Aramees die in directe verbinding stonden met het gesproken Akkadisch dat in de laatste eeuwen werd gebruikt.

(History of the Akkadian Language, deel 8, Afterlife: Akkadian after Akkadian, hoofdstuk 26, The Legacy of Akkadian, Paragraaf 4, Akkadian in Aramaic, blz. 1489)

Een paar woorden over de taal

Ik heb ervoor gekozen alle gerechten in dit boek hun oorspronkelijke Aramese naam te geven, uiteraard vergezeld van een Nederlandse vertaling of omschrijving. 'Aramees' is overigens niet helemaal correct, want de Suryoye spreken tegenwoordig dialecten daarvan, ofwel Surayt (Centraal-Aramees) en Suret(h) (Oost-Aramees). In de 18e eeuw v.Chr. zijn 's werelds oudst bekende culinaire recepten opgetekend op Mesopotamische spijkerschrifttabletten. In het Akkadisch, de taal van het Assyrische Rijk. Demografische ontwikkelingen van omstreeks 1000 v.Chr. leidden ertoe dat het Aramees tot in Assyrië binnendrong. Niet veel later verwierf het een officiële status en verving het geleidelijk het inheemse Akkadisch.
Ondanks deze taalverschuiving herbergen het Surayt en het Suret(h) nog altijd talloze Akkadische woorden en daarmee dus ook een deel van het Mesopotamische erfgoed. Een aantal woorden die van belang zijn voor dit boek heb ik hier op een rijtje gezet.

Woorden uit de hedendaagse dialecten die hun oorsprong vinden in het Akkadisch

Nederlands	Surayt	Suret(h)	Akkadisch
dorsvloer	adro	edra	adru
voedsel	muklo / ukholo	ekhala	akalu
geit	'ezo	ezza	enzu
gerst	s'oré	saré	še'u
granaatappel	raymuno / armunto	armunta	armannu
griesmeel	semdo	smida	samidu
groente	yarqutho	yarquta	arqu
herder	ro'yo	raya	rā'iu
jacht	ṣaydo	ṣayda	ṣådu
kebab	kabab	kabab	kababu
kers	qarsyo	qarsya	girīṣu
knoflook	tumo	tuma	šūmu
koken	busholo	bushala	bašălu
komijn	kamuno	kamuna	kamůnu
koriander	kisbartho	kisbarta	kisibirrītu
kurkuma	kurkmo*	kurkama	kurkanu
lam (schaap)	emro	emra	emmeru
landbouw	zaro'utho	zruta	zarůtu
meel	qamḥo	qimkha	qēmu
munt	nin'o	ninna	naniḫu
oogst	hṣodo	khṣada	eṣādu
oven	tanuro	tanura	tinuru
peer	kantro	kamotra	kamešševru
perzik	khawkho	khokha	ḫaḫḫu
prei	karoto	karata	karašu
saffraan	za'faran	zapiran	azupiranu
sesam	sheshmo	sheshma	šamšamu
sla	ḥassé	Khassé	ḥassū
tijm	ṣatro	ṣatra	ṣataru
ui	shemko**	shemkha	šumku
vijg	ten(t)o	ten(t)a	tittu
vis	nunto	nunta	nūnu
vlees	basro	bisra	šīru
wijngaard	karmo	karma	karmu

* Kan zowel 'saffraan' als 'kurkuma' betekenen.
** Gebruikelijker is: baslo / bisla.

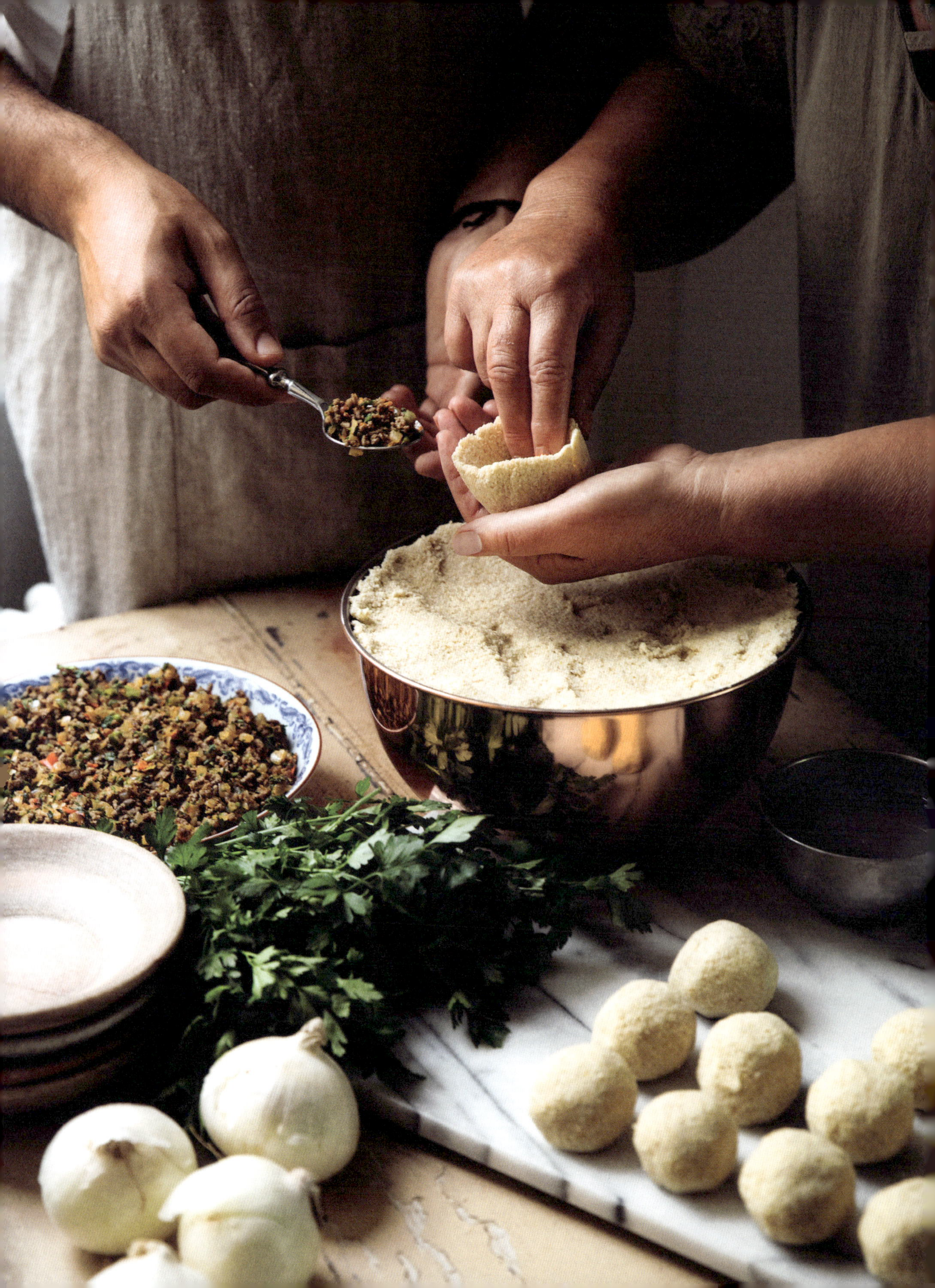

Aan de slag

Dit is het kookboek dat ik al heel lang in mijn hoofd heb. Maar eigenlijk heeft mijn moeder het in haar hoofd. Letterlijk, want alle recepten heeft ze meegenomen van haar geboortegrond en zijn mondeling van moeder op dochter overgedragen. Nergens stond iets op papier, niets werd afgewogen, alles ging en gaat op gevoel. Aan mij de taak dus om al die snufjes, scheutjes, beetjes, tikkeltjes en ietsjes samen te brengen in enigszins begrijpelijke recepten. Net als al het snijden, hakken, roeren, vouwen, kneden, proeven en nog eens proeven.
Mijn moeder heeft zo veel mogelijk de oorspronkelijke namen van de gerechten aangehouden, die ik dan weer heb voorzien van een Nederlandse vertaling.
We kennen de gerechten onder dezelfde namen, maar in elke keuken worden ze anders bereid. Een en ander is mede het gevolg van de diaspora van de Suryoye. Van Duitsland tot Australië, van India tot de VS, overal hebben de Suryoye zich gevestigd. Ook de keuken van mijn moeder heeft haar eigen accenten en karakteristieken, maar toch heeft ze geprobeerd de recepten zo authentiek mogelijk te houden. Elke Suryoyo zal de smaak, geur en textuur van de gerechten meteen herkennen.
Proef dus goed en stem de gerechten af op je persoonlijke smaak. Valt het resultaat de eerste keer tegen? Probeer het dan gewoon nog een keer. Mijn moeder leerde mij traditioneel koken en telkens blijft het bijzonder als zij proeft en een glimlach op haar gezicht verschijnt. Als de smaak niet klopt, dan hoor ik ook meteen wat eraan ontbreekt. Ze is niet snel tevreden.

De recepten in dit boek zijn niet willekeurig gekozen. Bij de selectie vonden mijn moeder en ik het belangrijk dat de gerechten nog steeds bij de Suryoye geliefd zijn en vaak bereid worden. En misschien nog wel het belangrijkst: dat we ze zelf lekker vinden.
Eén ding hebben alle gerechten gemeen. Ze dienen bereid te worden met verse ingrediënten. Ga daarom eens langs bij een van de Midden-Oosterse winkels of Turkse kruideniers die Nederland rijk is. Zo'n bezoek is heel erg leuk en dé manier om nieuwe ideeën op te doen. Ik word altijd verrast door het aanbod, de prijs en vooral de kwaliteit. De groenten bijvoorbeeld bevatten vaak minder water, zijn daarom iets kleiner, maar veel smaakvoller. En plastic verpakkingen? Die hebben ze meestal niet, vrijwel alles is vers.
De Suryoyo keuken is een keuken van het boerenland, eerlijk en pretentieloos. Het gaat om authentieke, niet al te ingewikkelde recepten. De gerechten doen me het meest denken aan comfortfood, ik krijg er altijd een warm gevoel van. Voor mij is het dan ook in eerste instantie een nostalgisch boek dat herinneringen oproept. Een stoofpot die de hele dag langzaam op het vuur staat te garen en heerlijke geuren door het huis verspreidt. Zo wordt het binnen vanzelf gezellig. Niets kan me gelukkiger maken dan dat.

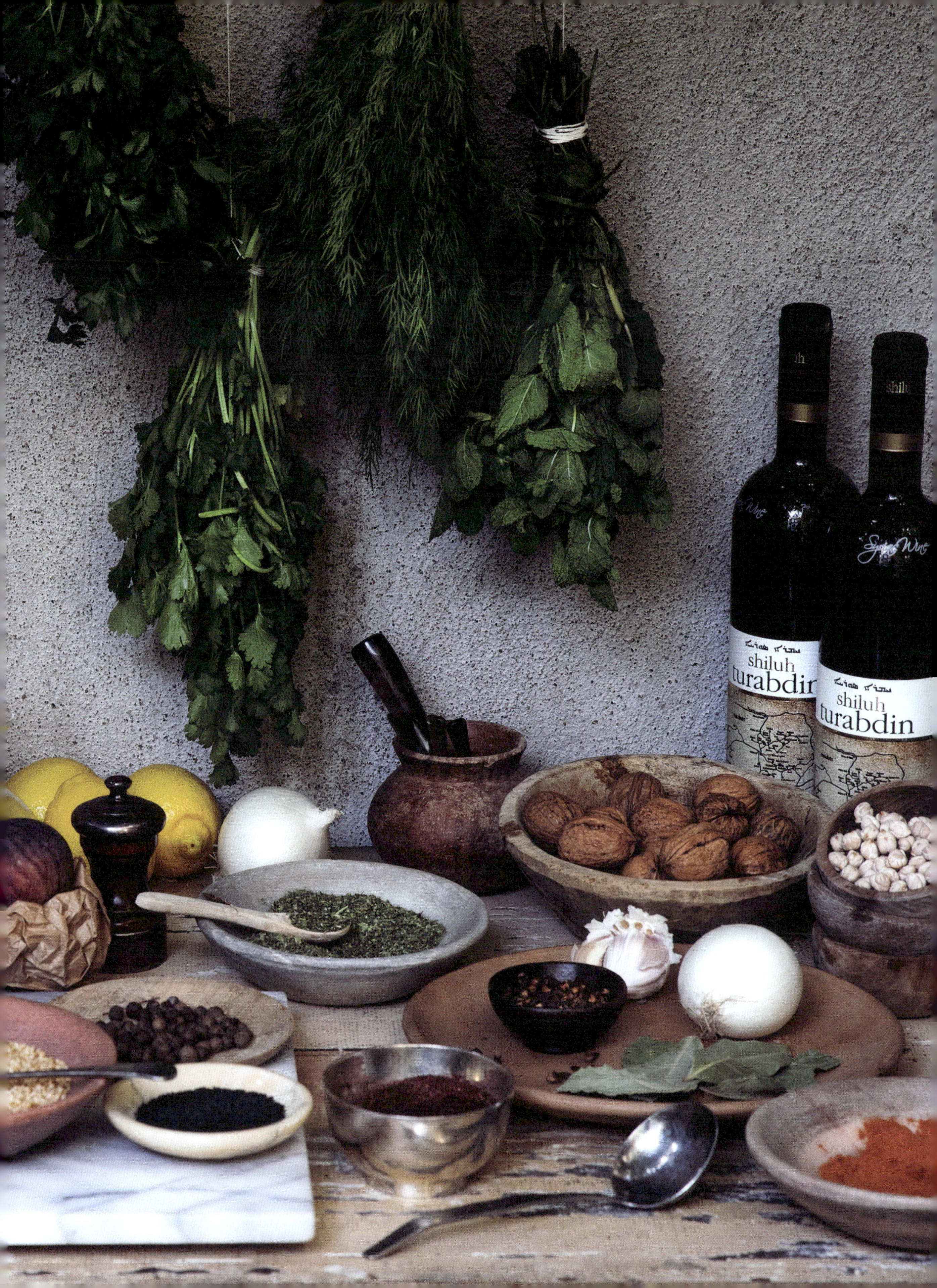
shiluh
turabdin
shiluh
turabdin

De keukenplank van mijn moeder

Toen ik in mijn jeugd huiswerk zat te maken op de zolderkamer, drongen er dagelijks de heerlijkste geuren mijn neus binnen. Dan wist ik: mijn moeder staat weer te koken. En ik wist meteen ook wát ze kookte. Nou ja, in elk geval welke kruiden ze gebruikte, want die waren onmiskenbaar. Ze had alles binnen handbereik: kruiden, specerijen, granen, het stond allemaal op haar keukenplank. Ingrediënten die in elke Suryoyo keuken aanwezig zijn. De meeste voor dagelijks gebruik, maar ook heel specifieke voor niet-alledaagse gerechten zoals paasbrood. Gelukkig zijn ze allemaal lang houdbaar en allemaal in Nederland verkrijgbaar. Ook online, wat extra handig is als je niet in een grote stad woont waar nu zo'n beetje alles verkrijgbaar is. De meeste ingrediënten zoals peterselie of tomatenpuree spreken voor zich, maar sommige hebben enige toelichting nodig.

Aleppo-peper

Grof gemalen gedroogde rode peper. Oorspronkelijk afkomstig uit Aleppo in Syrië, een van de oudste steden ter wereld. De smaak is pittig, maar toch mild en zoet omdat de zaadjes uit de pepers zijn verwijderd. Erg geliefd in het Midden-Oosten, zowel in warme als koude gerechten. Het staat standaard naast zout en peper op tafel.

Druivenmelasse

Ingekookt sap van geperste druiven. Het is stroperig en heeft een donkerbruine kleur. De smaak is karamelachtig. Het wordt vooral in zoete gerechten gebruikt, maar ook als stroop op platbrood. Kies voor de versie zonder toegevoegde suiker.

Gedroogde munt

Gedroogde blaadjes van groene munt die zijn verpulverd. Het heeft een sterkere smaak dan verse munt en wordt voor salades en allerlei warme gerechten gebruikt.

Granaatappelmelasse

Dikke siroop van ingekookt sap van granaatappels met een zoetzure smaak. Zwartrood van kleur en vooral gebruikt voor hartige gerechten. Niet te verwarren met granaatappellimonadesiroop.

Mahlab

Specerij van het zaad van de pitten van de weichselkers, een boom die inheems is in onder meer het Midden-Oosten. Het zaad wordt fijngemalen en smaakt naar bittere amandelen. Populair als smaakversterker in gerechten zoals zoete broodjes en koekjes.

Mastiek

Doorzichtige geelgekleurde korrels, gemaakt van gedroogd hars van de mastiekboom. Deze specerij heeft een unieke dennenachtige smaak en wordt gebruikt als smaakmaker voor feestelijk brood.

Nigellazaad

Specerij van het zwarte zaad van de nigellaplant die groeit in Syrië, Turkije en Irak. De smaak is ietwat nootachtig en peperig. Vooral gebruikt bij het bakken van brood of koekjes. Het is niet verwant aan zwarte komijn of zwart sesamzaad zoals het ook weleens genoemd wordt.

Sumak

Specerij van gedroogde en grof gemalen rode besjes van de sumakplant. Het heeft een kruidige citroensmaak en wordt voor zowel warme als koude hartige gerechten gebruikt.

Turkse groene peper

Licht- of donkergroene lange smalle peper (groter dan de Spaanse groene peper), die vaak rauw gegeten wordt bij het eten, maar ook meegebakken of gegrild. Het lichtgroene exemplaar lijkt op een puntpaprika en is minder pittig dan de donkergroene.

7-kruidenpoeder

Mengsel van zeven gelijke delen fijngemalen kruiden zoals korianderzaad, kruidnagel, kaneel, nootmuskaat, piment, peper en komijn. Het wordt vooral gebruikt bij vleesgerechten en er bestaan verschillende melanges. Het poeder is makkelijk zelf te maken, al is de kant-en-klare versie uit de winkel tegenwoordig ook van prima kwaliteit.

أبو يوسف

برنج بسمتی اعلا

طعم عالی ∗ پخت عالی ∗ عطر عالی

High quality Basmati rice

أرز بسمتی

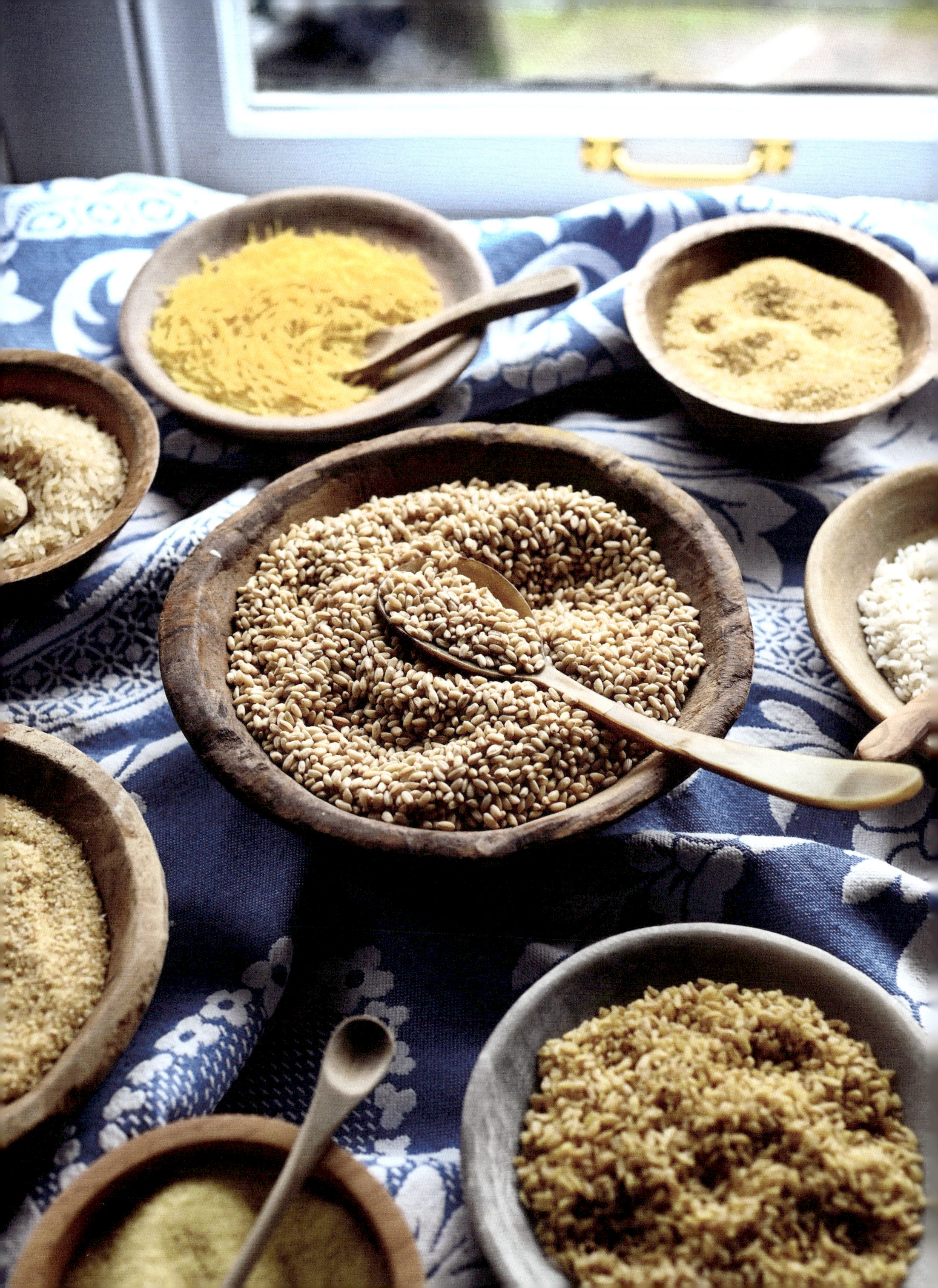

Granen

Op het vruchtbare land tussen de Eufraat en de Tigris kwamen jagers-verzamelaars zo'n tienduizend jaar geleden op het idee om een zaadje in de grond te stoppen, waarna er een voedselrijk grasplantje ging groeien. Dat plantje was tarwe. Opgravingen tonen aan dat in de vroegste oudheid de korrels van deze graansoort al werden gepeld, gebroken, gekookt en vermalen. De oudste recepten in onze cultuur bestaan dan ook voornamelijk uit tarwe. Het is de basis, het startpunt van onze keuken: de matbach Suryoyo.

Soms vertelde mijn moeder met enig afgrijzen dat in haar jeugd koeien werden ingezet om het kaf van het koren te scheiden. En wel door ze met hun hoeven over het pas gemaaide graan te laten lopen. Een even eenvoudige als effectieve methode. De graankorrels kwamen los uit de aren en halmen en werden vervolgens bewerkt en verwerkt in talloze gerechten. Tarwe speelt, naast rijst, nog altijd de hoofdrol in onze keuken. En dan met name de harde soort, ofwel durum. In Noord-Afrika maken ze er couscous van, in Italië pasta, maar wij voornamelijk burghul. De korrels worden dan eerst gekookt, vervolgens buiten gedroogd op platte daken, en dan pas gemalen. Dan kun je er geen brood meer van bakken, maar daar staat tegenover dat burghul zich leent voor de meest verrukkelijke gerechten.
Mijn moeder kan het zich bijna niet meer voorstellen, maar in haar jeugd maalde ze het graan met de hand! Daarvoor gebruikte ze twee kleine molenstenen, waarvan er een voorzien was van twee houten handvatten. Ze draaide de ene steen over de andere, en maalde zo het graan dat ertussen lag. Het was te zwaar om alleen te doen, dus deed ze het samen met haar zusje.
Tegenwoordig gaat dat uiteraard anders. De burghul die je in de winkel koopt wordt in de oven gedroogd en mechanisch gemalen. Dat kun je natuurlijk langer of korter doen en zo varieert burghul van zeer fijn tot zeer grof gemalen. En van elke maling worden weer andere gerechten bereid.
Als vuistregel kun je zeggen dat fijne en extra fijne burghul, bij ons 'hurek' genoemd, wordt gebruikt in salades, koude en warme gerechten. De middelgrove, grove en extra grove malingen worden meestal gegeten als bijgerecht, zoals rijst of aardappels.

Voorbeelden van gerechten per maling vind je overzichtelijk hieronder. Net als de gerechten die worden gemaakt van andere tarweproducten die je veel in de Suryoyo keuken tegenkomt zoals griesmeel, gepelde tarwekorrels, ongekookte grutten en vermicelli, aangevuld met de granen rijst en gerst. De verschillende soorten granen koop je bij een Midden-Oosterse supermarkt, bij een Turkse kruidenier, de natuurwinkel of online.

- *Extra fijn en fijn gemalen* *
  Acin (extra fijn)
  Kötle (extra fijn)
  Kibbeh saniye (extra fijn)

  Tabouleh (fijn)
  Ballo' (fijn)
  Itj (fijn)

- *Middelgrof, grof en extra grof gemalen**
  Bijgerecht (zoals je rijst eet)

- *Gries van harde tarwe, griesmeel*
  Harise (zoete taart)

- *Gepelde tarwe (gheetee)*
  Labaniyeh

- *Tarwegrutten / ongekookte gebroken tarwe (gerso)*
  Kötle (fijn)
  Gerso (grof)
  Gabula (grof)

- *Vermicelli (sh'iraye)*
  Wordt gebakken in boter, daarna meegekookt met burghul of rijst

- *Rijst, meestal langkorrel of basmati, behalve voor:*
  Apprakhe (risotto)
  Fulful hashyo (risotto)
  Dashisto (risotto)
  Maqloubeh (risotto)
  Tlawhé (risotto)
  M'wothé (risotto)

- *Gerst (schoree)*
  Grondstof voor bier
  Voer voor dieren

* De burghul heet in de Midden-Oosterse supermarkt 'köftelik' (fijne maling), 'midyat' (middelgrof), 'pilavlik' (grof) en 'iri pilavlik' (extra grof).

Jeugdherinneringen

Mijn moeder heeft het nog vaak over haar zorgeloze jeugd. Ze groeide op in een klein dorp op het platteland met een eigen moestuin en rondscharrelende dieren, maar zonder koelkast of elektriciteit. Ze weet nog goed hoe lekker alles smaakte, vooral als het van het stuk land kwam van mijn opa en oma. Ze vindt de smaak van toen vaak niet te vergelijken met de producten die je nu op de markt of in de winkel koopt. En ook dat we te snel geneigd zijn om iets in de koelkast te bewaren, want dat komt de smaak vaak niet ten goede. Sauzen zoals mayonaise of ketchup bestonden niet, net als babyvoeding uit een potje, alles werd zelf gemaakt.
Gekookt werd met pannen die op stenen stonden met daartussenin een eigen gemaakt vuur (tfayo). Elke dag werd er vers brood gebakken in een tanuro (traditionele oven met kleefwand) en vleesgerechten werden bereid in een grondoven, het zogenaamde kuilkoken, waarbij het vuur letterlijk onder de grond zat. Een oven zonder timer of temperatuurmeter, maar uitermate geschikt om een grote hoeveelheid eten tegelijkertijd te bereiden. Het gebeurde allemaal buiten, in de openlucht, onder alle weersomstandigheden, zelfs in de sneeuw.

Mijn grootouders verbouwden alles zelf en leefden van hun eigen oogst. Dat waren vooral verschillende soorten granen, met name tarwe en gerst. Tarwe werd gezien als luxeproduct, gerst werd vooral geteeld als voer voor de dieren of als grondstof voor bier. Ook peulvruchten, zoals linzen, kikkererwten en bonen werden verbouwd, ze behoren tot het basisvoedsel in het Midden-Oosten. Hummus, een puree van kikkererwten en tahin, was en is nog steeds een favoriet bijgerecht. Op hun land werd ook ui, knoflook, paprika, komkommer, kool, sla en meloen verbouwd. Vruchten zoals vijg, granaatappel en abrikoos groeiden er volop. Er waren kruiden zoals koriander, peterselie en munt.
Van de melk van schapen, geiten en runderen werd boter en kaas gemaakt. Daarnaast werden de dieren ook geslacht. Overigens werd niet dagelijks vlees gegeten, dat was luxe-eten. Runderen werden vooral ingezet voor het zware werk op het land en geslacht als ze daarvoor te oud werden. Het vlees was dan zo taai dat het voornamelijk voor de honden was. Als rundvlees gebruikt werd, was het voor het vullen van gerechten. Kip werd wel het hele jaar door gegeten. Bij gebrek aan varkens werd gejaagd op wilde zwijnen. Het schaap was veruit het meest favoriet. Of het nou lammetjes of volwassen dieren waren, vet of mager, van de vlakte of uit de bergen.

Ook had de familie een eigen wijngaard, waar naast wijn ook druivenmelasse en rozijnen werden gemaakt en andere lekkernijen zoals oliqé (blz. 207). Het druivenblad werd niet weggegooid, maar gevuld met een gekruid gehaktmengsel (blz. 70).
Een leuk verhaal van mijn moeder is dat de kinderen ook kauwgom kenden. Een pakje Benbits bestond toen natuurlijk nog niet, maar wel was er de mastiekboom (blz. 28). De natuurlijke hars die daaruit werd gewonnen, werd gebruikt als kauwgom. Het ging niet eens om de smaak, die was enigszins dennen-achtig, maar vooral om de ontspanning van het kauwen.

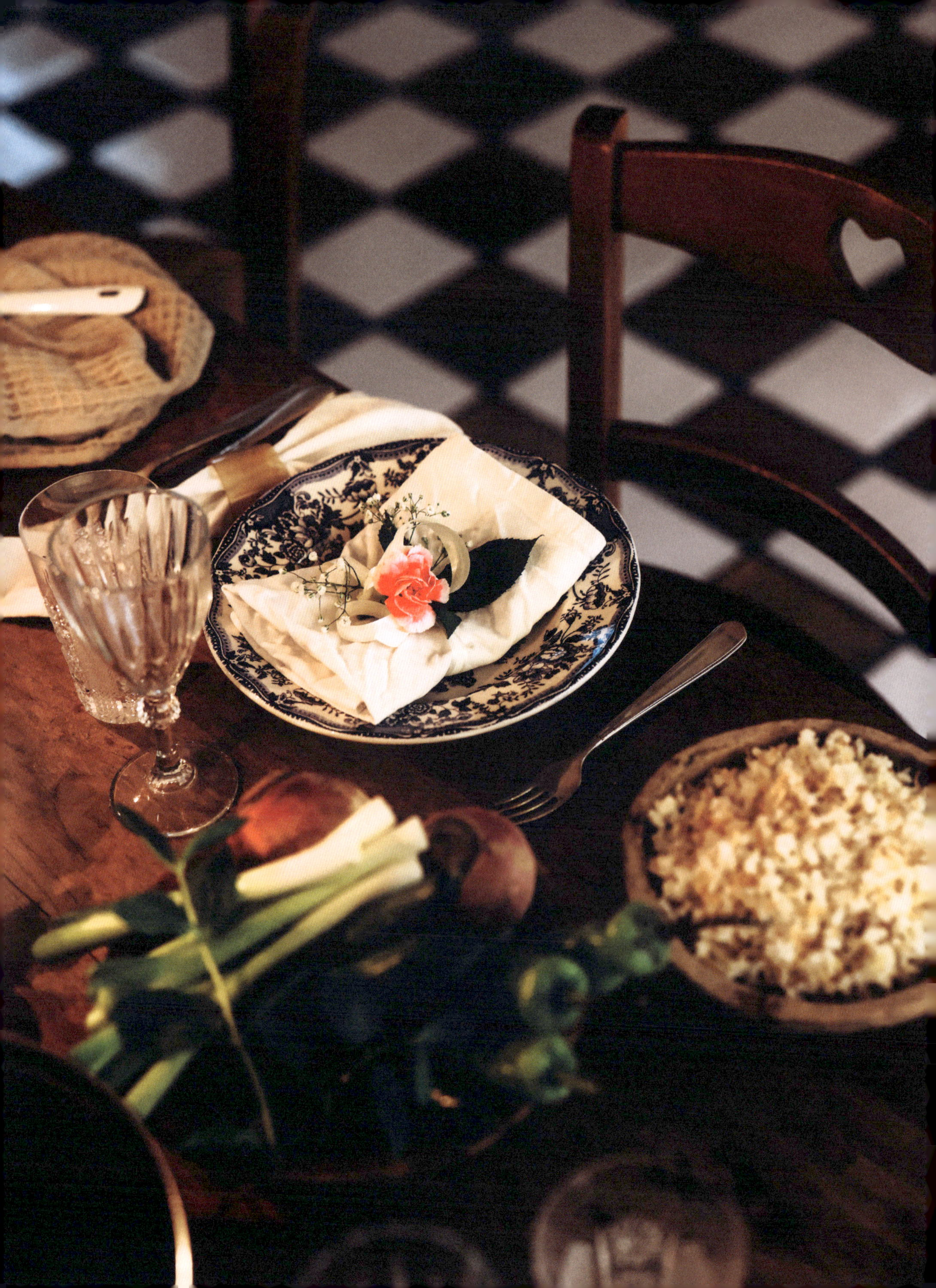

Aan tafel

En dan opeens ging de bel. Een tante, een oom, neefjes, nichtjes, goede vrienden, ze stonden in mijn jeugd vaak onverwacht op de stoep. Suryoyo visite kondigt zich nooit aan, tenzij men van heel ver komt. En natuurlijk blijft iedereen eten. Hoe mijn moeder het voor elkaar kreeg om in een handomdraai een complete maaltijd voor minstens vijf extra mensen te bereiden, heb ik pas later begrepen. Van kinds af aan hadden we een diepvrieskist die vol zat met door mijn moeder bereide gerechten. Immers, ze kookte altijd te veel, en de rest werd ingevroren. Ook stond onze voorraadkast altijd vol granen, olijven, ingelegde groenten en nog veel meer. Mijn moeder ontving iedereen met kolonya (blz. 36) en bonbons op een zilveren schaal. Na een warm welkom met uitgebreid kussen en omhelzen, nodigde mijn vader iedereen aan tafel. Dan golden enkele ongeschreven regels. De gasten gingen natuurlijk voor, zij namen als eersten plaats aan tafel. Dan mijn vader, de oudere en vervolgens de jongere kinderen. Mijn moeder diende het eten op. Als er niet genoeg plaats was, en dat was er nooit met zeven kinderen, hoorde je netjes op je beurt te wachten. Dat betekende in een tweede shift eten, vaak hoorde mijn moeder daarbij.

Voor- en nagerechten kenden wij niet. De pannen kwamen gewoon op tafel en je schepte op totdat je uitgegeten was. Mijn moeder liet overigens nooit na je aan te moedigen nog wat meer te nemen. 'Agoeloe! Agoeloe!' zei ze dan, ofwel: 'Eet! Eet!' Beleefdheidshalve werd dit door de gasten een aantal keren afgeslagen, om even later uiteraard toch overstag te gaan. Voor matigheid is geen plaats aan de Suryoyo tafel.
Tijdens het eten werden herinneringen opgehaald. Vooral aan het thuisland, de Suryoye die nog leven in Noordoost-Syrië, Zuidoost-Anatolië, Irak en Libanon. En over hun hoop op een betere toekomst daar.
Mijn ouders behoren tot de eerste generatie Suryoye die zich in Nederland vestigde en de vele anekdotes en verhalen stonden garant voor lang en gezellig tafelen. Als de pan bijna leeg was, zei mijn vader altijd: 'Neem jij het laatste hapje, dan smaakt het mij beter.' Dat is me altijd bijgebleven.

Na de maaltijd bedankte de gast gewoonlijk met de woorden 'sufra dayme' (moge je tafel altijd gevuld zijn) en verhuisde iedereen naar de woonkamer. Daar stond, net als bij vrijwel alle Suryoye, een grote zitbank waar iedereen kon genieten van een bordje met verse en gedroogde vruchten. Daarbij werd chayé (zwarte thee) gedronken.

De avond werd voortgezet met de Suryoyo borrel. Dan kwamen whisky, likeur, raki en bier op tafel met pistachenoten, walnoten en nog veel meer lekkers. Typisch is het knabbelen op bozar'é (gezouten witte pompoenpitten), waarvoor een speciale techniek vereist is die elke Suryoyo beheerst. Tussen je voortanden 'breek' je de pit, waardoor de eetbare inhoud loskomt. Het is nog altijd een favoriet tijdverdrijf dat de hele avond kan duren. Geen bakje, schaal of glas kwam leeg te staan, want mijn moeder hield nauwlettend in de gaten dat alles voortdurend werd bijgevuld. Gevolg was dat de gasten vaak eindeloos bleven en voor je het wist, stonden ze weer voor deur. Die, uiteraard, altijd weer opening.

Kolonya

Altijd als ik langs een drogist of parfumerie loop, kan ik het niet laten. Even ruiken aan zo'n ouderwets flesje 4711 van Boldoot. Op slag ben ik dan terug in mijn ouderlijk huis, waar je altijd wel ergens de verrukkelijke, aromatische geur rook van kolonya, onze versie van eau de cologne. Niet alleen met de bekende geur van citroen, maar ook met sinaasappel, bergamot, lavendel of rozen. Waar het 'Keulse water' door zijn hoge alcoholpercentage vaak als ontsmettingsmiddel wordt gebruikt, is kolonya in het Midden-Oosten ook onderdeel van een waar sociaal ritueel. En zeker bij de Suryoye. Om te beginnen de fles. Kolonya wordt meestal overgegoten in een prachtig bewerkte glazen fles, die als het even kan een mooi plekje krijgt in de woonkamer. Zo ook bij mijn moeder. Ze wil nu eenmaal dat het haar gasten aan niets ontbreekt. Een diner of feest begint bij ons dan ook altijd met het aanreiken van een fles kolonya om even de handen en het gezicht op te frissen. Vergelijk het met het doekje dat in het Verre Oosten voorafgaand aan de maaltijd wordt uitgereikt. Ook in het vliegtuig kennen we dit gebruik. Los van de hygiëne, is het aanbieden van kolonya in het Midden-Oosten vooral een gebaar van gastvrijheid en wellevendheid. Ach, niets brengt zoveel herinneringen terug als een geur. Dat geldt voor alle gerechten die mijn moeder op tafel zet, maar zeker ook voor 'haar' kolonya!

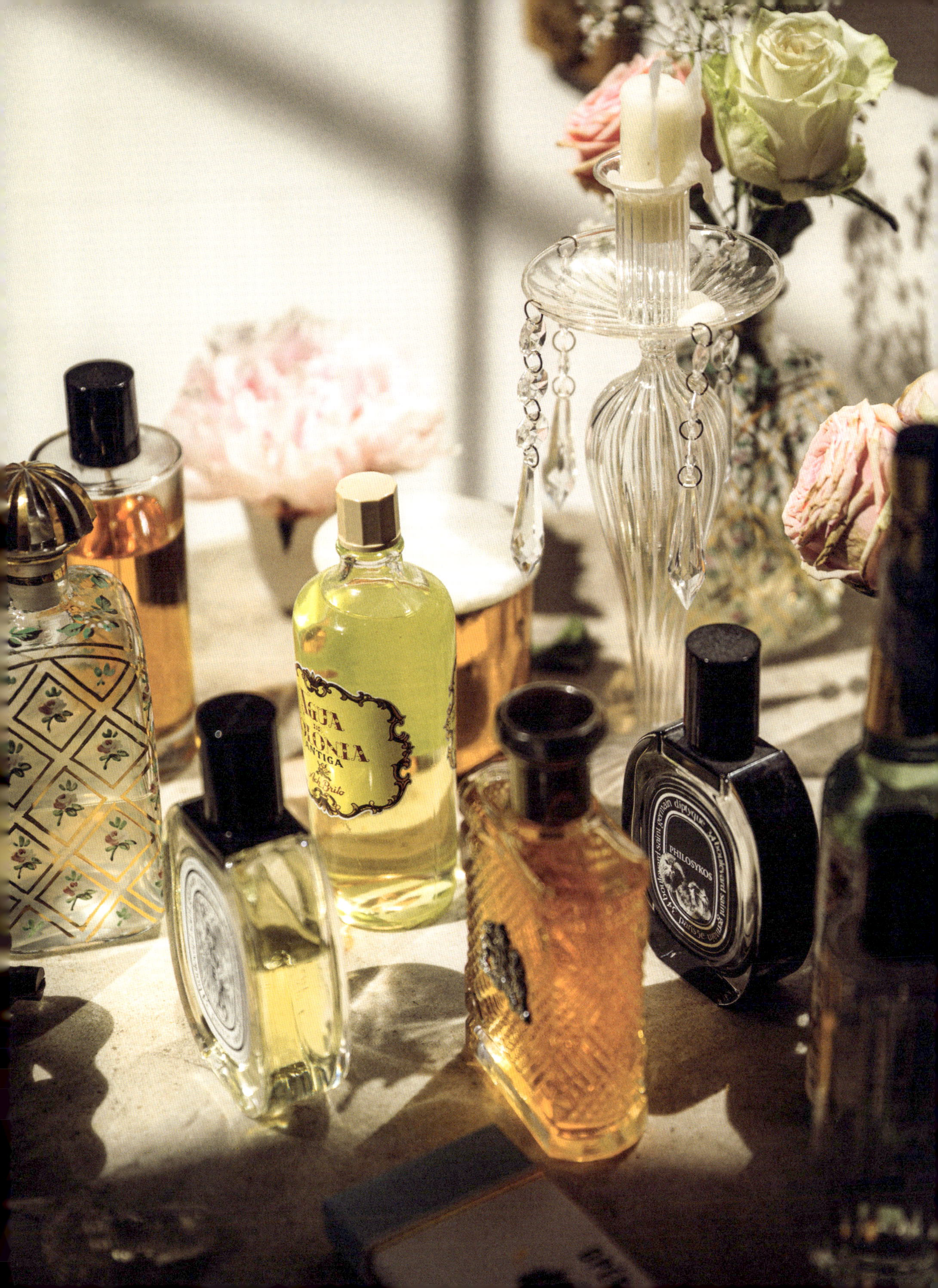
AGUA
ANTIGA
PHILOSYKOS

KUL NAQA

Altijd op tafel

Burghul - Qaṭiro - Khase da bosine - Rezo sh'iraye -
Gweto - Dawqo hamiğe - Yarqunto - Dawğe

Smuni Turan,
mijn moeder.

De oer-Nederlandse naam Simone kent een Assyrische, Aramese variant: Smuni. Het is de naam van mijn moeder. Ze werd geboren in Sare, een dorpje in de provincie Tur Abdin in Zuidoost-Anatolië. Een gebied waar een kleine christelijke minderheid, de Suryoye, zich tot op de dag van vandaag heeft weten te handhaven.

'Wij spraken Surayt. Dat sprak iedereen in die omgeving. Suryoye zijn christenen in het Midden-Oosten, een heel oud volk. Toen ik geboren werd, was het vrede. In ons dorp woonden zo'n dertig of veertig gezinnen, veelal familie van elkaar, dat was het. Een klein dorp dus. Zonder centrum of straten, alleen wat losse huizen. Een heel dorre, droge plek eigenlijk, geen riviertje of niks. Water kwam niet uit de kraan, maar uit waterputten. Geen oven, geen gas. Ook hadden we geen elektriciteit, alleen olielampjes. En een lantaarn om in de nacht de dieren in de gaten te houden. Die leefden onder het huis. Koeien, schapen, geiten, kippen, kalkoenen, ezels, paarden, noem maar op. We woonden in feite boven de stallen. Die moesten wij, de kinderen, elke dag uitmesten. De mest werd bewaard, gedroogd, en later uitgestrooid over het land om het vruchtbaar te maken. Mijn vader ging met mijn broers het land bewerken met een ploeg die werd getrokken door een stier. Ieder gezin uit het dorp had een wijngaard en een stukje grond, dat zelf werd bewerkt. Sommigen verbouwden graan, anderen kikkererwten, linzen, meloenen, komkommer, augurken, tomaten, uien of knoflook. Je kocht of ruilde met elkaar, want winkels kenden we niet in Sare. Wel in Midyat, de dichtstbijzijnde stad. Daar gingen we heen met ezels. Niemand in het dorp had een auto, maar er ging wel een autobus naartoe. Daar zat ik weleens in als ik met mijn vader meeging naar de stad. Daar kochten we zout, olie en suiker. Mijn vader verkocht er op zijn beurt koeien, schapen en geiten, soms ook boter en kaas.

> "Ik heb me er later weleens over verbaasd dat we geen meubels hadden, want er was hout genoeg in de verder gelegen bossen. Een oom maakte er wel lepels, opscheplepels en ander gerei van."

Mijn ouders waren niet arm, maar het leven was heel sober. Zo was de woonkamer een kale ruimte, zonder stoelen, bedden of tafels. Alles gebeurde op kleden op de grond. Ik heb me er later weleens over verbaasd dat we geen meubels hadden, want er was hout genoeg in de verder gelegen bossen. Een oom maakte er wel lepels, opscheplepels en ander gerei van. Slapen deden we met onze ouders in één kamer op dikke matrassen gevuld met schapenwol, die mijn moeder elk jaar bijvulde, net als de kussens.'

Lees verder op blz. 63

Burghul *op twee manieren, met vermicelli of gebakken ui*

Mijn ouders, grootouders en talloze generaties voor hen groeiden op in een regio waar de vruchtbare bodem ideaal was om graansoorten te verbouwen. De bekendste soort is tarwe, die men vooral voor eigen consumptie verbouwde. De tarwe werd volgens een oud, naar men aanneemt Mesopotamisch proces geconserveerd. Het werd voorgekookt en op platte daken in de zon gedroogd. Vervolgens werd het op verschillende manieren gemalen, van zeer fijn tot extra grof (blz. 32). Vanaf dat moment spreken we niet meer van tarwe, maar van burghul (ook wel bulgur of boergoel genoemd). Tegenwoordig kom je burghul met zijn milde, nootachtige smaak steeds vaker tegen en is het gewoon te koop in de supermarkt. Mijn moeder bakt vaak, zoals ze dat ook met rijst doet, wat vermicelli mee, maar ook variaties met tomatenpuree, gebakken ui, pijnboompitten en allerlei specerijen maken burghul helemaal af. Zelf eet ik burghul het liefst met een lepel romige yoghurt.

VOOR 6-8 PERSONEN

burghul met vermicelli:

50 g boter
100 g vermicelli
600 g middelgrove burghul
1,3 liter water
2 theel. zout

Smelt de boter in een middelgrote pan op halfhoog vuur. Bak de vermicelli al roerend 2 minuten tot hij lichtbruin is. Voeg de burghul toe en blijf regelmatig roeren tot alle korrels een vettig laagje hebben. Voeg het water en zout toe, roer goed, leg een deksel op de pan en laat de burghul afgedekt 15-20 minuten op heel laag vuur koken. Open de pan niet.

Neem de pan van het vuur. Al het water moet nu door de burghul zijn opgenomen. Laat 5 minuten staan voor het opdienen.

burghul met gebakken ui en kruiden:

1,3 liter water
600 g middelgrove burghul
1 eetl. tomatenpuree
2 theel. zout
1 eetl. zonnebloemolie
1 witte ui, fijngesneden
1 groene peper, fijngesneden
1 theel. paprikapoeder
1 theel. sambal
½ theel. zout
½ theel. zwarte peper
½ bosje platte peterselie, fijngehakt

Breng het water aan de kook in een middelgrote pan. Voeg de burghul, tomatenpuree en het zout toe en breng weer aan de kook. Roer goed, leg een deksel op de pan en laat de burghul afgedekt 15-20 minuten op heel laag vuur koken. Open de pan niet.

Verhit de olie in een koekenpan op halfhoog vuur. Roerbak de ui en groene peper 5 minuten. Voeg het paprikapoeder, de sambal, het zout en de zwarte peper toe en bak alles nog 1 minuut.

Neem de pan met burghul van het vuur. Al het water moet nu door de burghul zijn opgenomen. Maak de burghul met een vork rul en meng het uienmengsel en de peterselie erdoor. Laat 5 minuten staan en serveer.

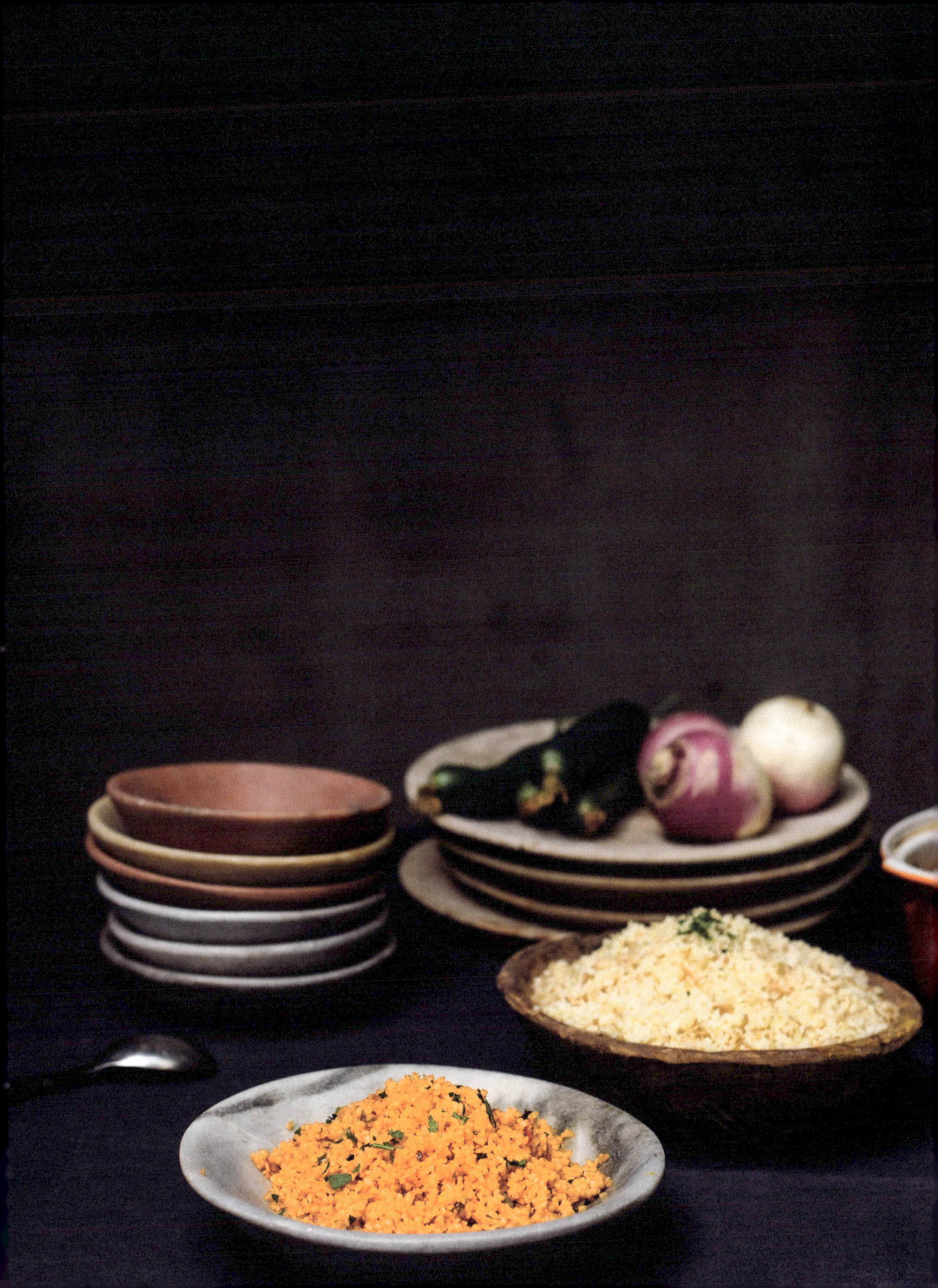

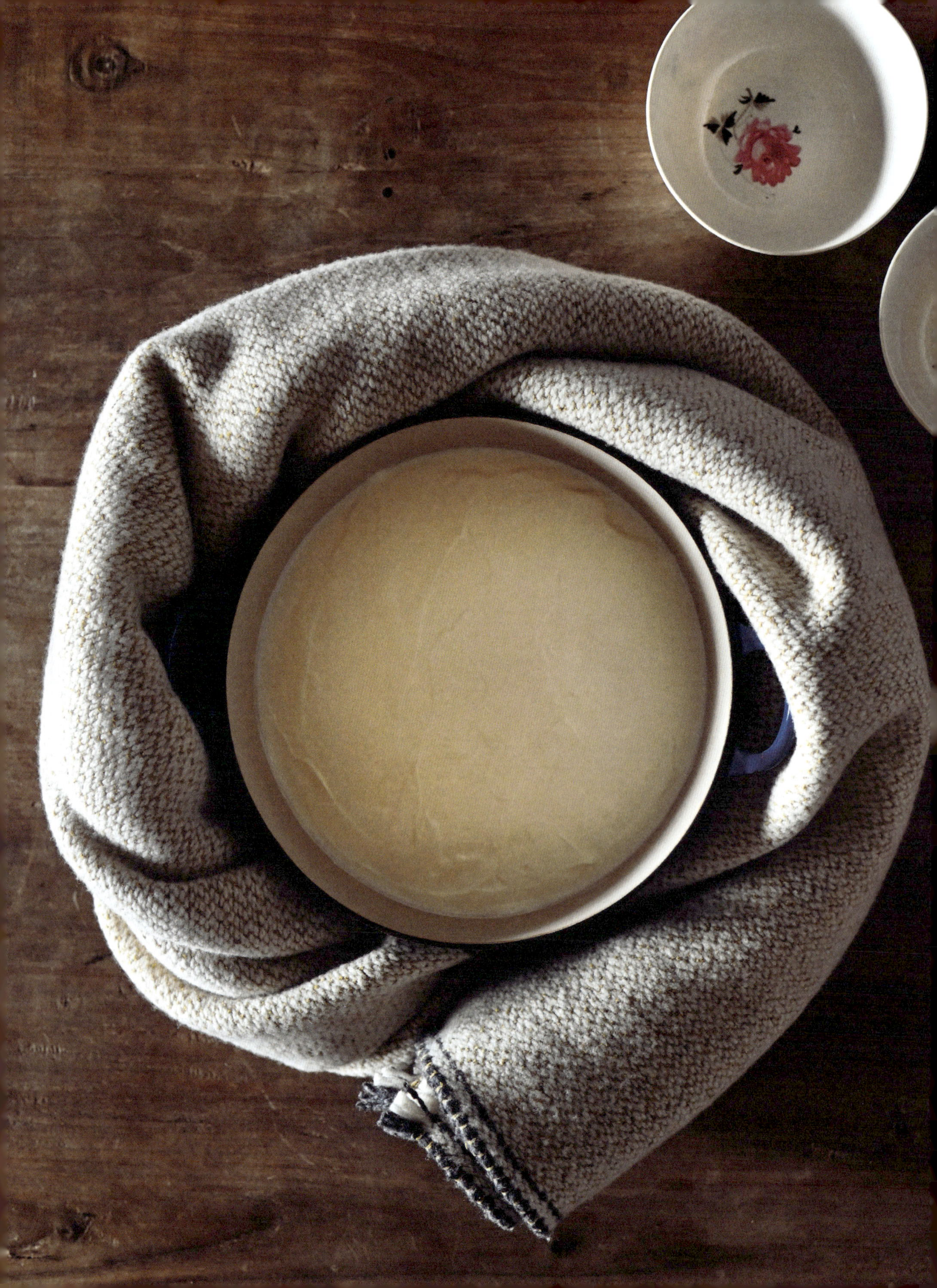

Qaṭiro *romige yoghurt*

Mayonaise zul je niet gauw aantreffen op ons bord, maar wel yoghurt als saus of topping. Die gaat vaak over warme rijst of burghul of dient als basis voor een komkommerdip (blz. 46) of een dorstlessende drank (blz. 59). Yoghurt is een van de oudste melkproducten ter wereld en vindt zijn oorsprong in het oude Mesopotamië.

Zolang ik mij kan herinneren, maakt mijn moeder de yoghurt zelf. Onze boer in Hengelo melkt de koeien om vijf uur 's middags, waarna mijn moeder met haar eigen pan langskomt om de rauwe melk te kopen – direct van de koe. Dezelfde avond dekt ze een grote pan melk af met een dikke, zware deken, waarna de magische transformatie plaatsvindt. De volgende ochtend sta je dan op met heerlijk verse, romige yoghurt. Met een smaak en structuur die niet te vergelijken zijn met die van de yoghurt uit de winkel.

Je kunt de yoghurt ook van geitenmelk maken of bijvoorbeeld vanille toevoegen. Mijn moeder gebruikt altijd haar vingers om de temperatuur te meten van de gekookte melk, maar ik gebruik gewoon een thermometer.

VOOR 8 PORTIES

2 liter volle koemelk, ongepasteuriseerd
6 eetl. volle yoghurt

pan met dikke bodem en deksel
dikke katoenen deken of dik kleed

Breng de melk in een grote diepe pan aan de kook op halfhoog vuur, blijf roeren, de melk mag niet aanbranden. Dit duurt ongeveer 30 minuten. Laat de melk koken tot 85 °C en draai het vuur uit. Laat de melk afkoelen tot ongeveer 45 °C. Dit is de temperatuur waarbij je met je vinger in de melk nog tot tien kunt tellen zonder dat je vinger verbrandt. Je kunt het afkoelen versnellen door de pan ongeveer 30 minuten in een met koud water gevulde gootsteen te zetten.

Voeg de yoghurt toe aan de afgekoelde melk en roer alles goed met een garde.

Leg het deksel op de pan en dek goed af met een deken of kleed. Zet de pan minimaal 12 uur op een tochtvrije plaats, bijvoorbeeld in de oven.

Het geelkleurige laagje wei dat blijft liggen als de yoghurt klaar is, kun je absorberen met keukenpapier. Serveer de yoghurt meteen of bewaar in de koelkast tot ongeveer 5 dagen, daarna wordt het zuur.

Khase da bosine *yoghurt-komkommersalade met dille*

Veel gerechten uit dit boek zijn mild, pittig tot zeer pittig gekruid. Een frisse komkommersalade is dan een zeer welkome afwisseling. Zo'n salade is khase da bosine, wat letterlijk 'sla van komkommers' betekent. De yoghurt maakt hem extra fris en de dille extra smaakvol. Nu kom je deze ingrediënten wel vaker tegen in een salade, maar bij onze versie wordt met behulp van een doek het vocht zowel uit de yoghurt als de komkommer gehaald. Dan blijft de salade langer op smaak. Sterker nog, zet 'm in de koelkast en hij smaakt de volgende dag nog lekkerder.

VOOR 10 PORTIES

½ komkommer zonder zaadlijst
500 g Turkse of Griekse yoghurt (minimaal 10% vet)
1 teen knoflook, fijngehakt
2 eetl. gedroogde munt
2 takjes verse munt, de blaadjes, fijngesneden
10 takjes dille, grof gehakt
zwarte peper en zout

2 schone theedoeken

Leg een zeef bedekt met een schone theedoek op een kom. Schep de yoghurt in de theedoek, vouw de theedoek dicht en druk aan om vocht te onttrekken. Laat ongeveer 30 minuten staan en druk nog een keer stevig aan. Vouw de theedoek open en schep de yoghurt over in een schaal of kom.

Roer de knoflook door de yoghurt.

Snijd de komkommer in kleine blokjes en leg ze op een schone theedoek. Vouw de theedoek tot een bol en druk goed aan tot het water uit de komkommer lekt.

Roer de komkommer samen met de munt en dille gelijkmatig door de yoghurt en breng op smaak met peper en zout.

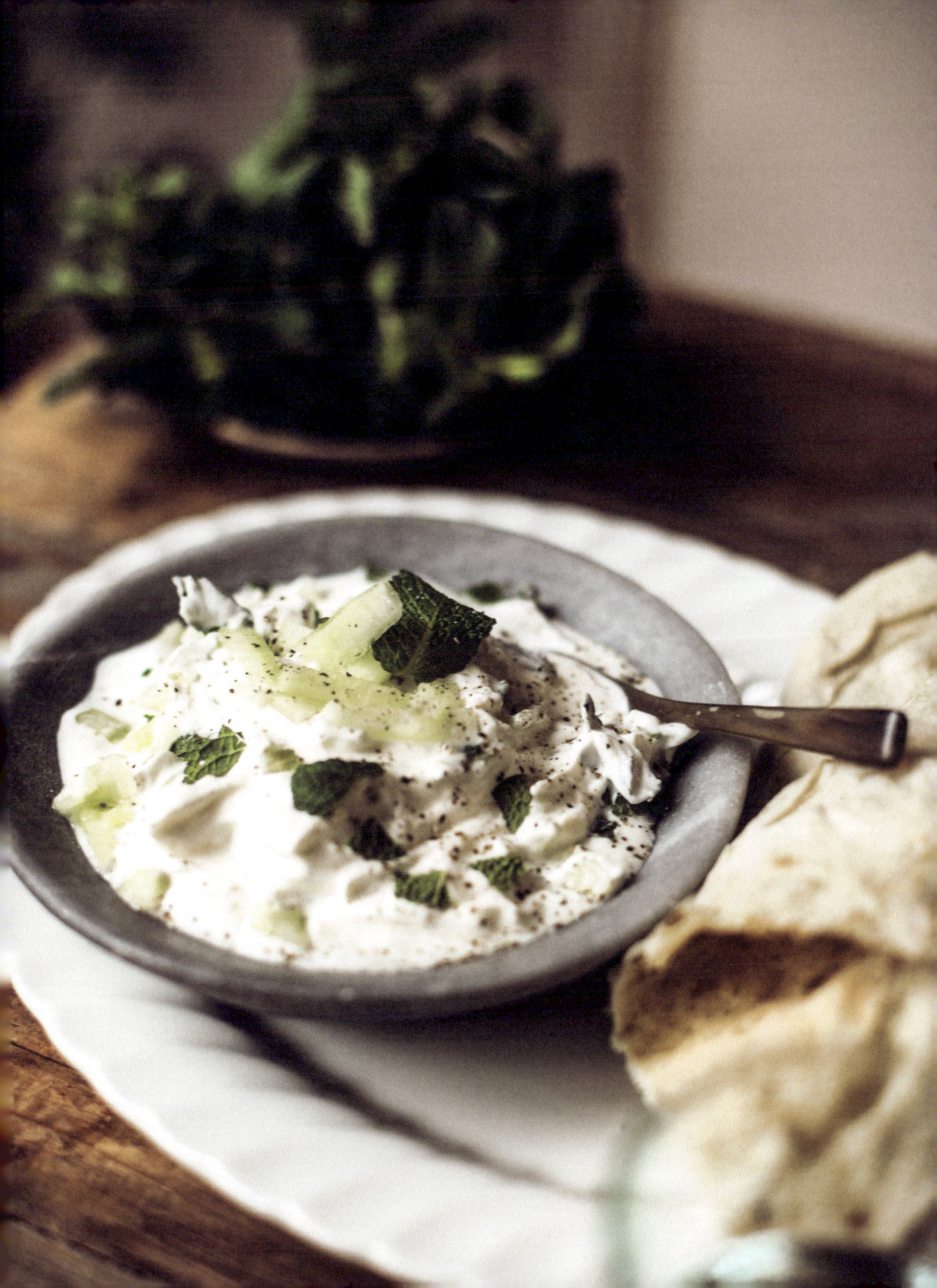

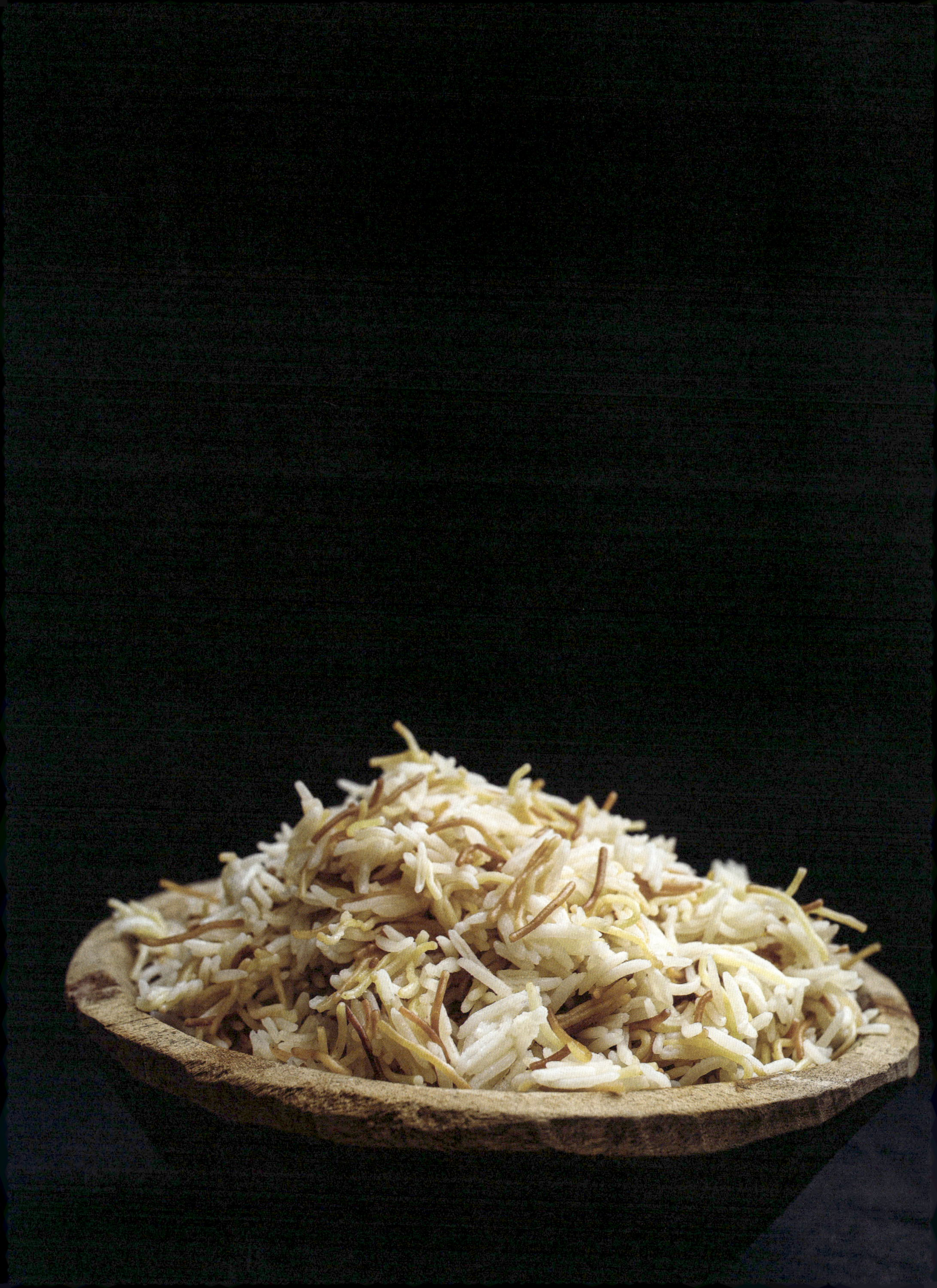

Rezo sh'iraye *vermicellirijst*

Bij mijn moeder staat altijd wel een linnen zak rijst in de voorraadkast van minstens tien kilo. Geen voorbewerkte snelkookrijst, maar échte langkorrelrijst, basmatirijst of risottorijst. Bij de Suryoye staat het, net als burghul, aan de basis van veel maaltijden. Als bijgerecht, als vulling voor tomaten of paprika's, gerold in wijnbladeren of als pudding. Naturel wordt rijst eigenlijk niet gegeten. Traditioneel wordt het altijd vermengd met sh'iraye (vermicelli), die mijn moeder vroeger altijd zelf maakte, samen met de vrouwen uit haar geboortedorp.

De vermicelli wordt eerst met de rijst in boter gebakken, pas dan wordt het water toegevoegd. Vermoedelijk is men ooit rijst met vermicelli gaan combineren om de rijst niet te laten klonteren. Bovendien wordt de rijst er lekker zacht en romig van. Als kinderen konden wij het niet laten al een paar happen uit de pan te nemen voordat we gingen eten. En eigenlijk doe ik dat nog steeds.

VOOR 4 PERSONEN

1 eetl. boter
90 g vermicelli
250 g langkorrelrijst
500 ml water
1 theel. zout

Smelt de boter in een middelgrote pan op halfhoog vuur. Bak de vermicelli al roerend 2 minuten tot hij lichtbruin is. Voeg de rijst toe en blijf regelmatig roeren tot alle korrels een vettig laagje hebben. Voeg koud water en zout toe, roer goed, leg een deksel op de pan en laat de rijst afgedekt 15 minuten op heel laag vuur koken. Open de pan niet.

Neem de pan van het vuur. Al het water moet nu door de rijst zijn opgenomen. Laat 5 minuten staan voor het opdienen.

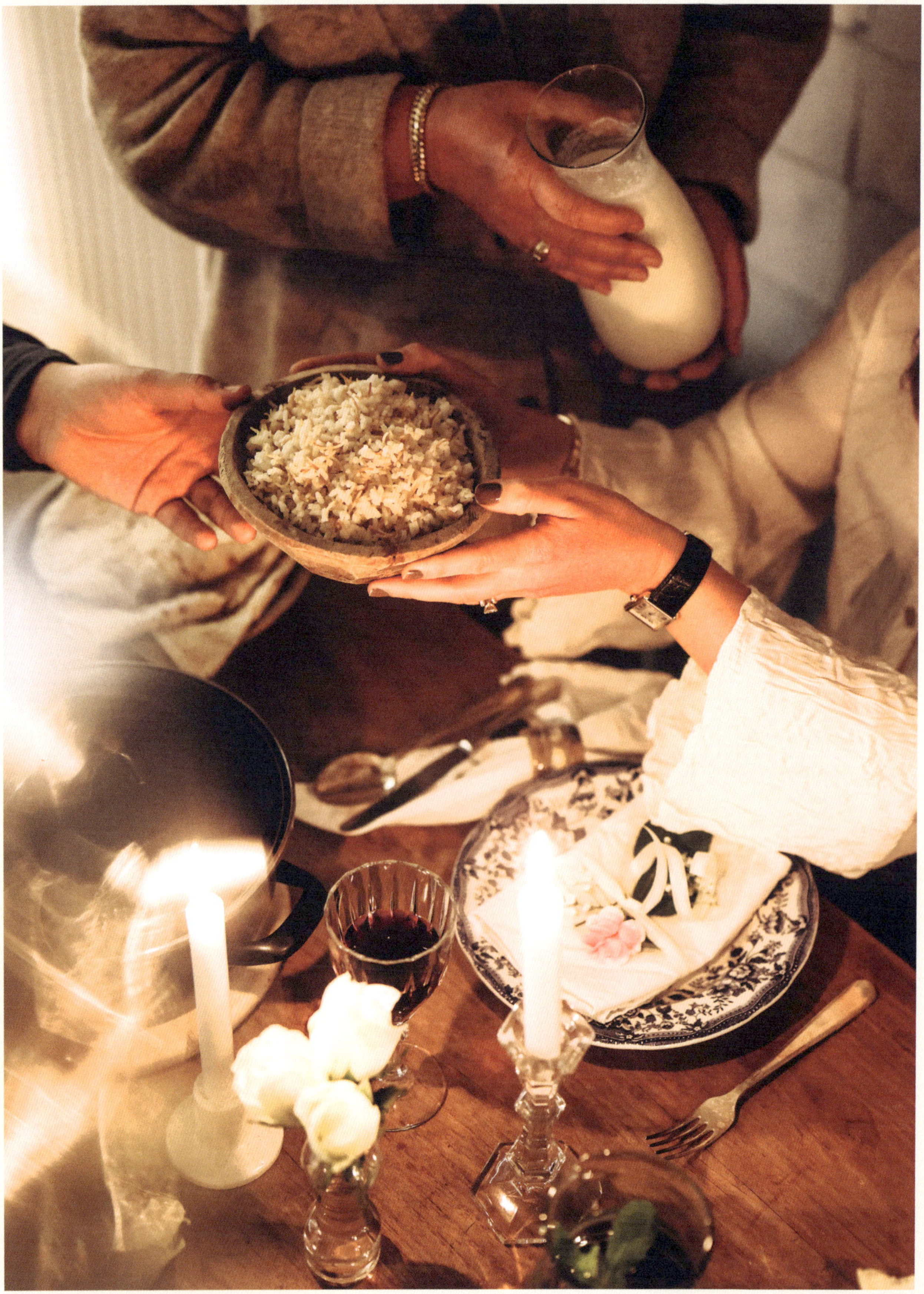

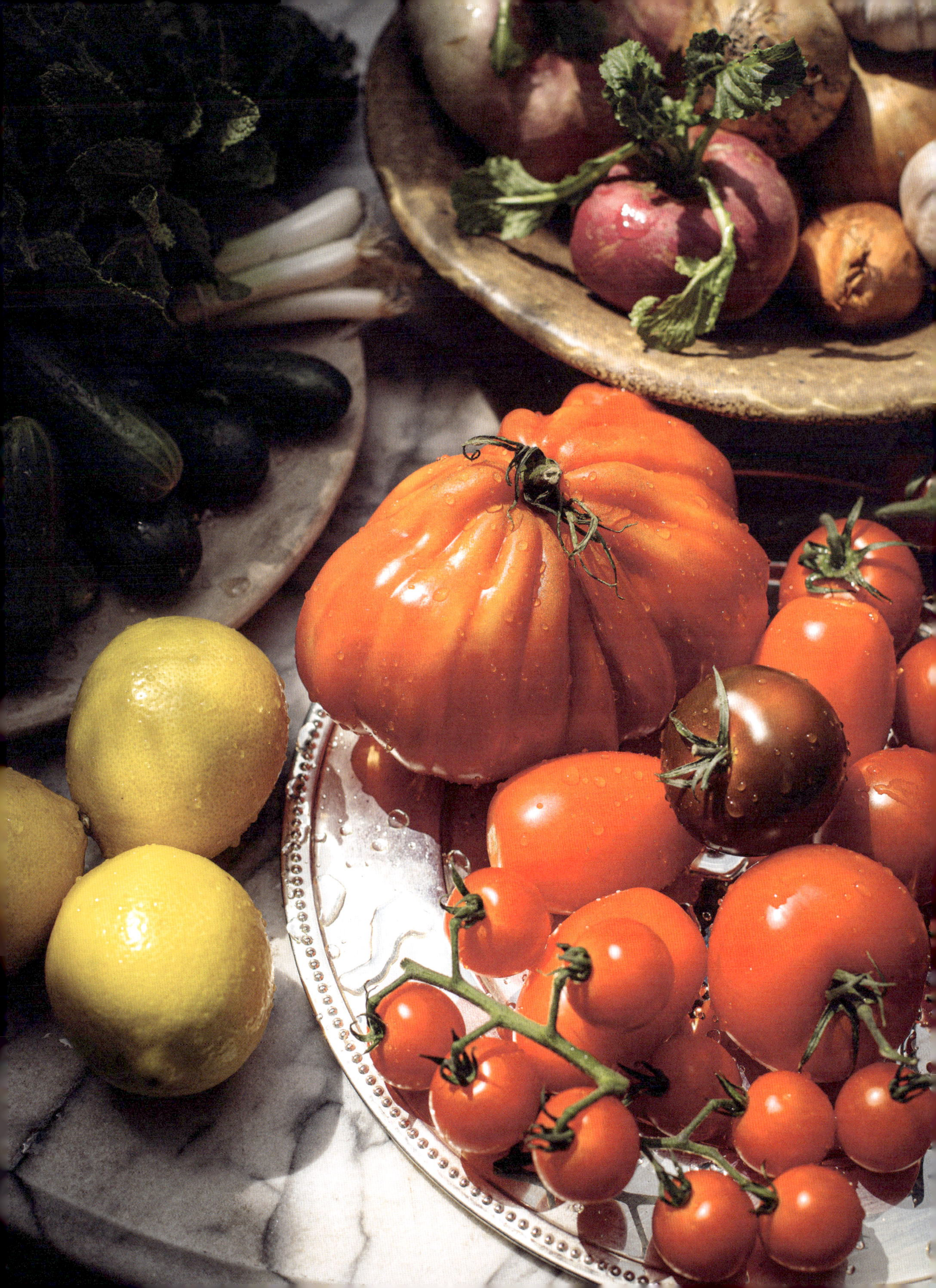

Gweto *witte rauwmelkse kaas*

Toen mijn ouders in 1969 in Nederland uit het vliegtuig stapten, kun je wel zeggen dat er sprake was van een cultuurshock. Alles was anders. De taal, het klimaat, de religie, de omgangsvormen, maar vooral ook: de keuken. Zo kon mijn moeder, juist in het land dat wereldberoemd was om zijn kaas, nergens de kaas vinden die haar het liefst was: gweto. Een witte kaas, die nog het meest lijkt op Griekse feta of Turkse peynir. Maar dan minder vet en minder droog. De vorm is ook anders. Waar feta rechthoekig is en peynir rond, heeft gweto altijd een andere, ongelijkmatige vorm. Elk stukje gaat door de handen en wordt in brokken gesneden.

Mijn moeder wilde gweto, net als vele andere gerechten, zelf maken. Maar dat was nog niet zo eenvoudig, omdat de bereiding zeer traditioneel is. Zo wordt er een enzym uit de maag van een pasgeboren en geslacht kalfje gehaald, dat dient om stremsel van te maken. Het stremsel wordt door een pan rauwe melk geroerd en bewaard. Na korte tijd is de melk dan ingedikt tot wrongel. Deze methode zou in Nederland wel heel ingewikkeld worden. Daar moest ze iets anders op verzinnen.

Ze vond plantaardig microbieel stremsel dat ze aan de uitstekende Nederlandse rauwe melk kon toevoegen, waarna de wrongel vele malen in doeken geperst moest worden. Veel en zwaar werk dus, wat haar er uiteindelijk, 35 jaar geleden, toe deed besluiten om samen met mijn vader en mijn tante eens langs te gaan bij de Hengelose melkboerin Snuverink. Ze kregen haar zover om het halffabricaat, de wrongel, te produceren. Dat doet ze nog steeds. De omvangrijke Suryoyo gemeenschap in Twente stapt tot op de dag van vandaag nog dagelijks bij haar de boerderijwinkel binnen.

Gweto hoeft niet, zoals Hollandse kaas, te rijpen. Na twee dagen pekelen en kort koken is het meteen klaar voor gebruik. Rauwmelkse kaas heeft vaak meer smaak dan kaas van gepasteuriseerde melk en bevordert de spijsvertering. Bij ons thuis kwam de witte kaas standaard bij het ontbijt op tafel, vaak vergezeld van komkommer, tomaten, olijven en brood of in combinatie met jam, vijgen en zachte zoete broodjes (blz. 196).

VOOR 4 KILO KAAS

400 g zout
wrongel van 30 liter rauwe melk met 4,5% vet, onverhit met 1 theel. plantaardig stremsel

Leg het zout klaar op een bord. Snijd de wrongel in stukken van ongeveer 15 bij 15 centimeter en pekel ze een voor een aan beide kanten in het bord zout. Leg de gepekelde stukjes in een grote kom. Bedek de kom met een theedoek en dek daarna goed af met aluminiumfolie. Zet de kom weg voor 48 uur op een droge donkere plek, bijvoorbeeld in de oven.

Breng een grote pan water aan de kook. Giet het vrijgekomen vocht af uit de kom met kaas. Doe ongeveer 7 stukken kaas in de pan en kook ze 5 minuten. Haal ze uit de pan en leg ze in een schone kom om af te koelen. Herhaal dit totdat alle kaas kort gekookt is. Pers, na een aantal minuten afkoelen, elk stukje kaas tussen beide handen en druk er zo veel mogelijk vocht uit. De kaas is nu klaar om meteen te serveren.

De kaas kan 2 tot 3 maanden bewaard worden in de vriezer. Let op bij het ontdooien: was de kaas na het ontdooien goed in heet water en spoel daarna kort af met koud water; herhaal dit een paar keer. Anders is de kaas te zout.

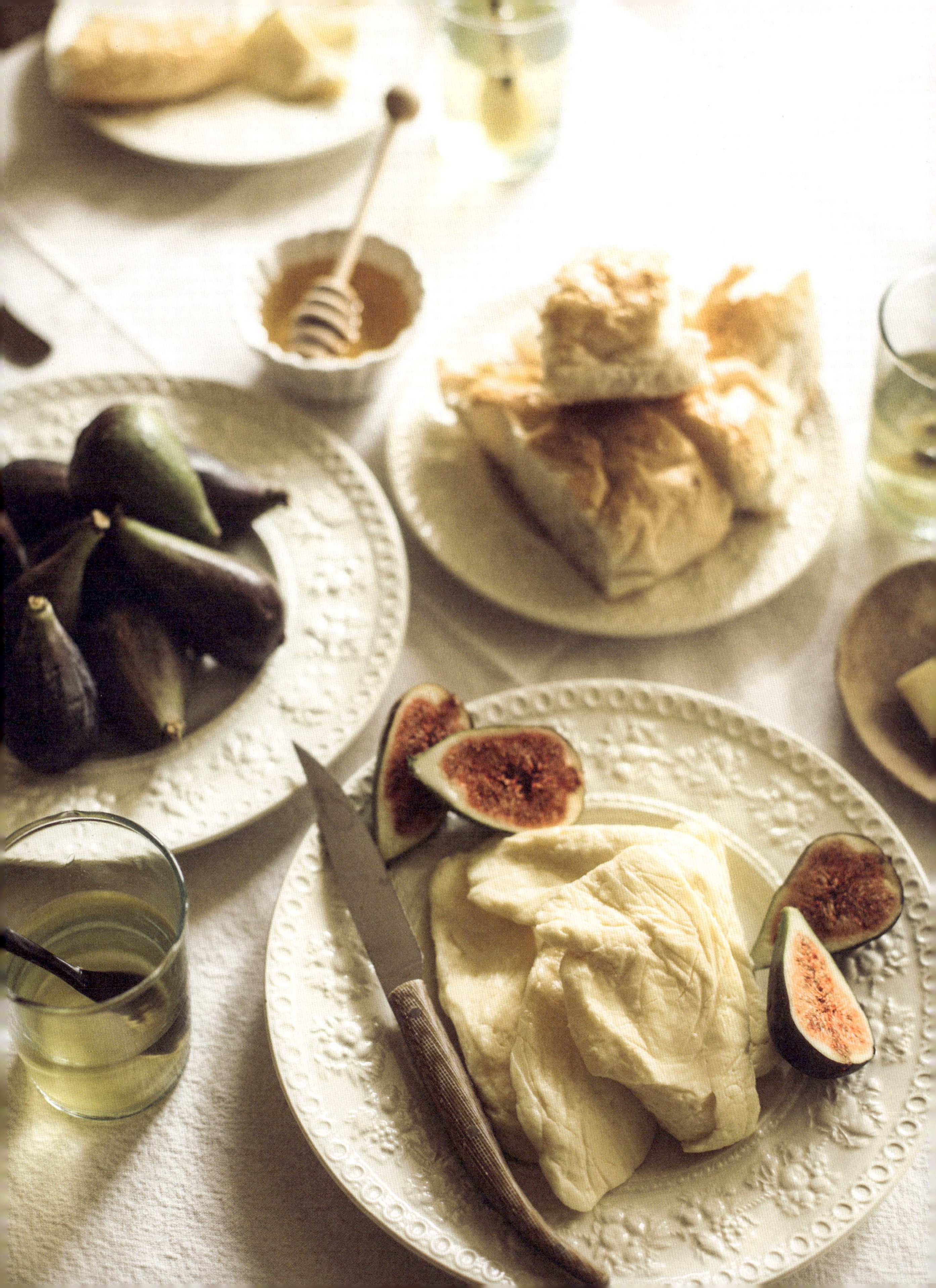

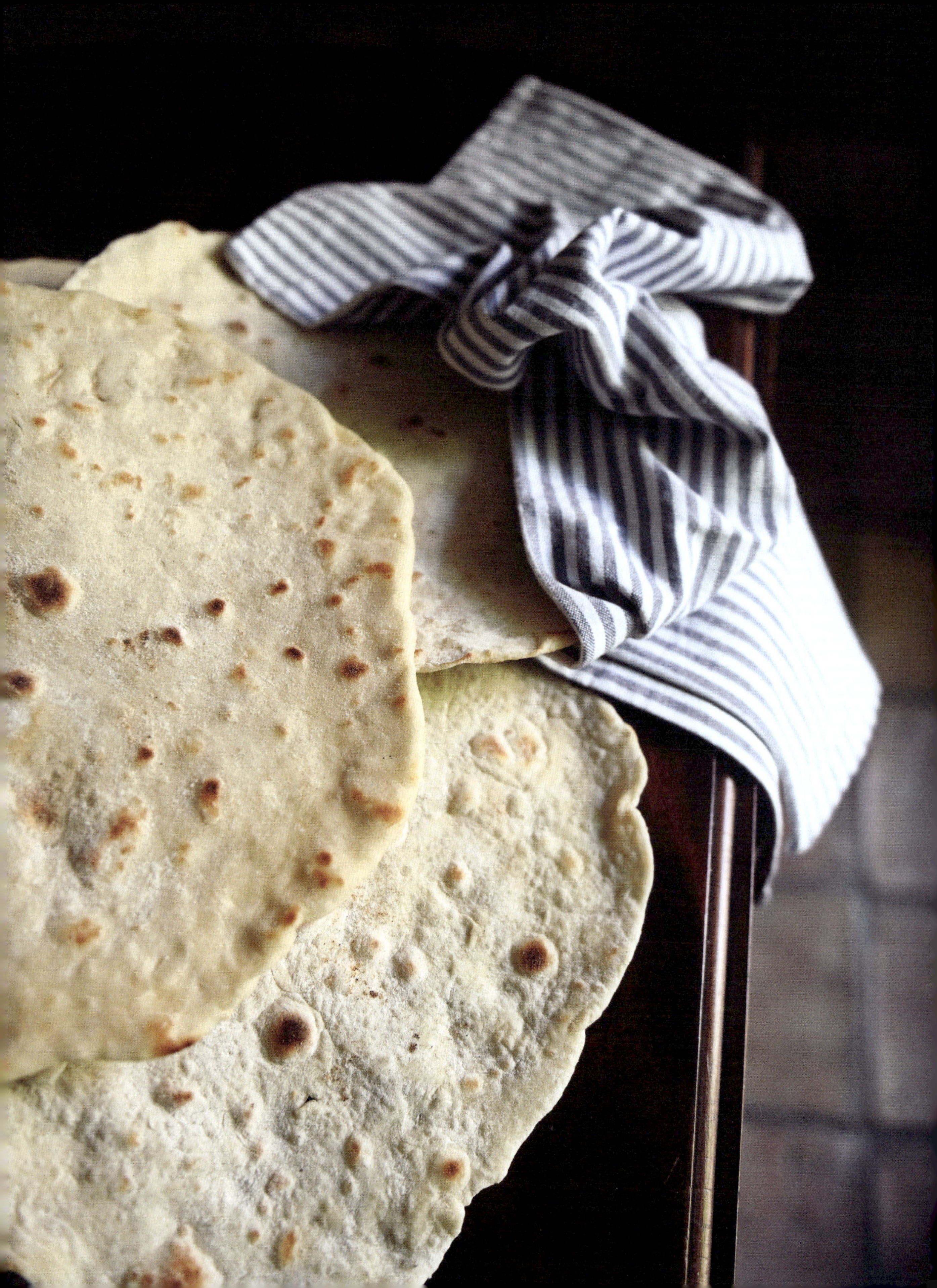

Dawqo hamiğe *platbrood uit de pan*

Eigenlijk staat het altijd op tafel. Brood. Op elk moment van de dag, in honderd-en-een soorten en maten. Wij Suryoye bakken het als tanuro (uit de oven), als dawqo (uit de pan), hamiğe (met gist) of skawa (zonder gist). Los uit de hand, om mee te dippen en zelfs om een gerecht mee te eten. De makkelijkste versie is dawqo, platbrood uit de pan. De truc is, en dat is meteen het moeilijkste, om het deeg zo elastisch mogelijk te houden. Een beetje gist helpt. En bedenk: hoe platter en dunner, hoe krokanter het brood.

VOOR 8 PLATBRODEN

1 theel. verse gist
170 ml warm water
300 g biologische bloem, plus extra om te bestuiven
½ theel. zout
1 eetl. zonnebloemolie

Meng de gist door ongeveer 150 ml warm water en roer tot hij is opgelost.

Meng de bloem met het zout in een grote kom. Giet een beetje gistmengsel bij de bloem en meng alles met de hand. Voeg de rest beetje bij beetje toe en kneed tot een soepel elastisch deeg dat niet aan de handen blijft plakken. Als het deeg te droog of te nat is, voeg dan meer water of meer bloem toe.

Zet de kom afgedekt met een droge theedoek 30 minuten op een tochtvrije plek zodat het deeg kan rijzen.

Bestuif je werkblad met een beetje bloem en verdeel het deeg in 8 bolletjes van gelijk formaat. Rol elk bolletje plat en dun uit met een deegroller of met de palm van je hand.

Bestrijk het deeg aan één kant met een heel dun laagje zonnebloemolie. Verhit een koekenpan en bak het platbrood op halfhoog vuur in ongeveer 2 minuten aan beide kanten (begin met de kant met het laagje olie) gaar en goudbruin. Serveer de platbroden meteen of bewaar ze even in een droge theedoek.

Yarqunto *eenvoudige Assyrische groentesalade*

Als de Suryoye een eigen land zouden hebben, dan zou yarqunto de nationale salade zijn, zoals de Griekse salade dat is voor Griekenland. Hij staat eigenlijk altijd op het menu, past bij elk gerecht en is in al zijn eenvoud onmisbaar.

VOOR 4 PERSONEN

8 mini-komkommers, in kleine blokjes
3 trostomaten, in kleine blokjes
1 rode ui, in dunne ringen
sap van 1 biologische citroen
4 eetl. extra vierge olijfolie
2 theel. zout

Doe alle ingrediënten in een kom en meng met de hand alles losjes door elkaar. Proef en breng de salade eventueel extra op smaak met citroensap en zout.

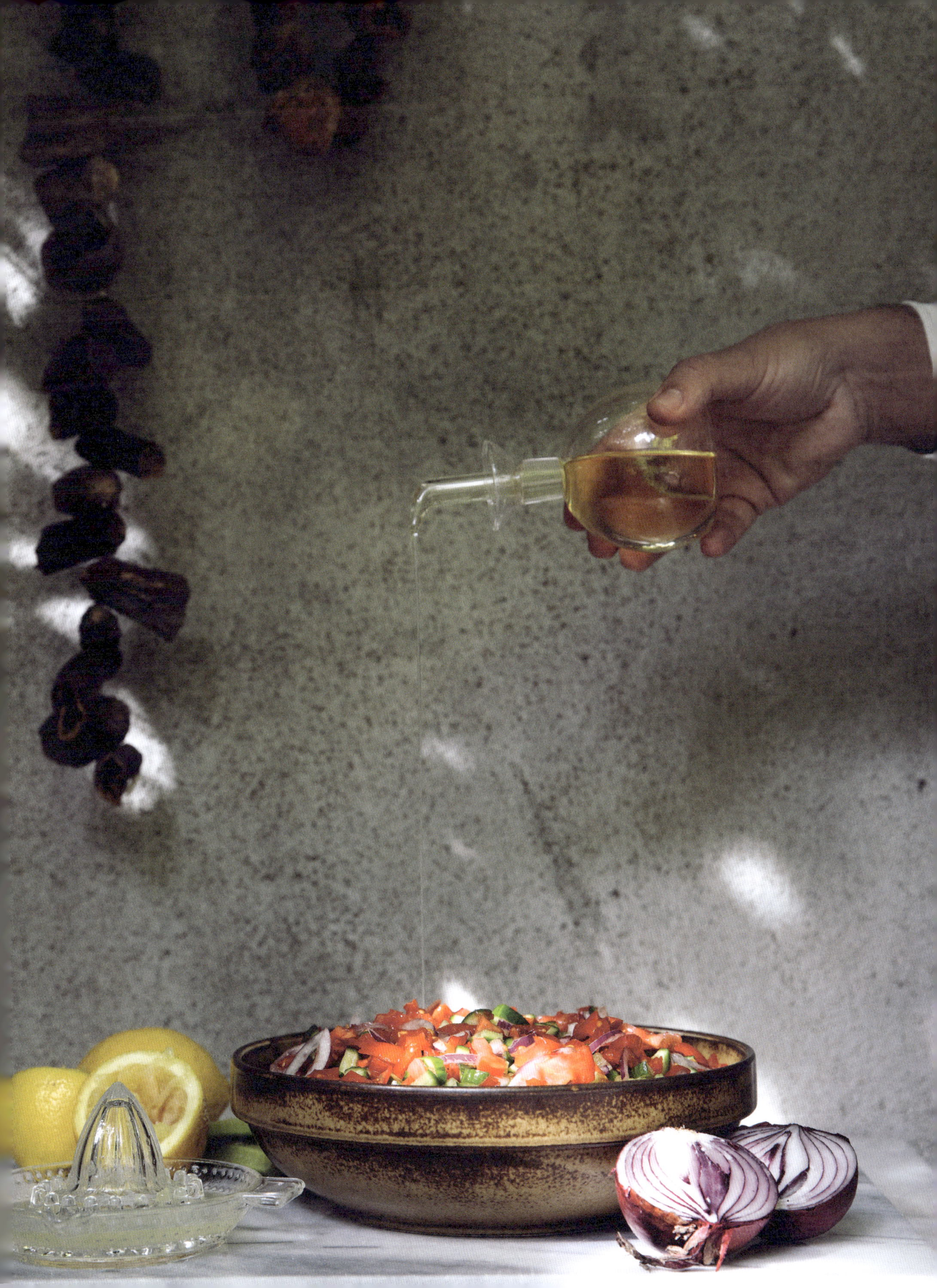

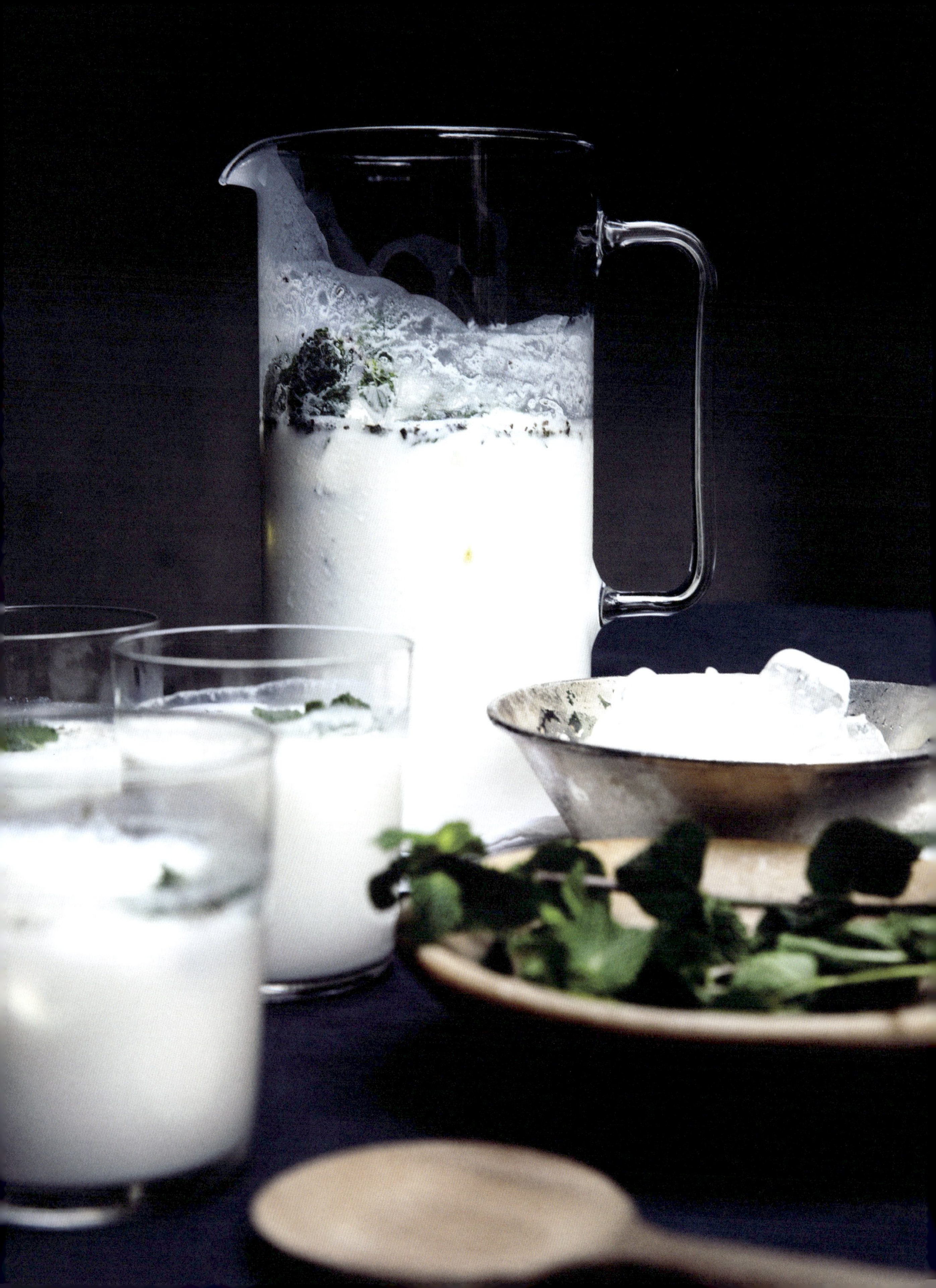

Dawġe *frisse yoghurtdrank*

De zomers zijn heet in het Midden-Oosten en vooral uitputtend als er op het land gewerkt moet worden. Dan is niets lekkerder dan een ijskoud glas dawġe (spreek uit dauree). Het is de oerversie van drinkyoghurt, maar dan zonder suiker. Wel wordt er een vleugje zout aan toegevoegd wat geen overbodige luxe is in zo'n warm klimaat. Dawġe wordt door alle Suryoye altijd en overal gedronken, het is de populairste drank na zwarte thee. Heerlijk bij pittig eten, vooral als je er een paar gedroogde blaadjes munt bij doet.

VOOR 800 ML

1 liter Griekse yoghurt
400 ml koud water
2 takjes verse munt, de blaadjes, grof gehakt
½ theel. zout
ijsklontjes

Giet de yoghurt in een grote kan. Voeg het water, de munt en het zout toe en roer alles goed. De verhouding yoghurt/water is heel belangrijk.

Voeg een paar ijsklontjes toe en serveer de drank voordat de yoghurt en het water gaan scheiden.

A KLASIKOYE

De klassiekers

Samborakat - Tawa - Apprakhe - Fulful hashyo - Kibbeh ṣeniye -
Basle hashye - Kötle - Labaniyeh - Lahmo doe tanuro -
Maqloubeh - M'wothé

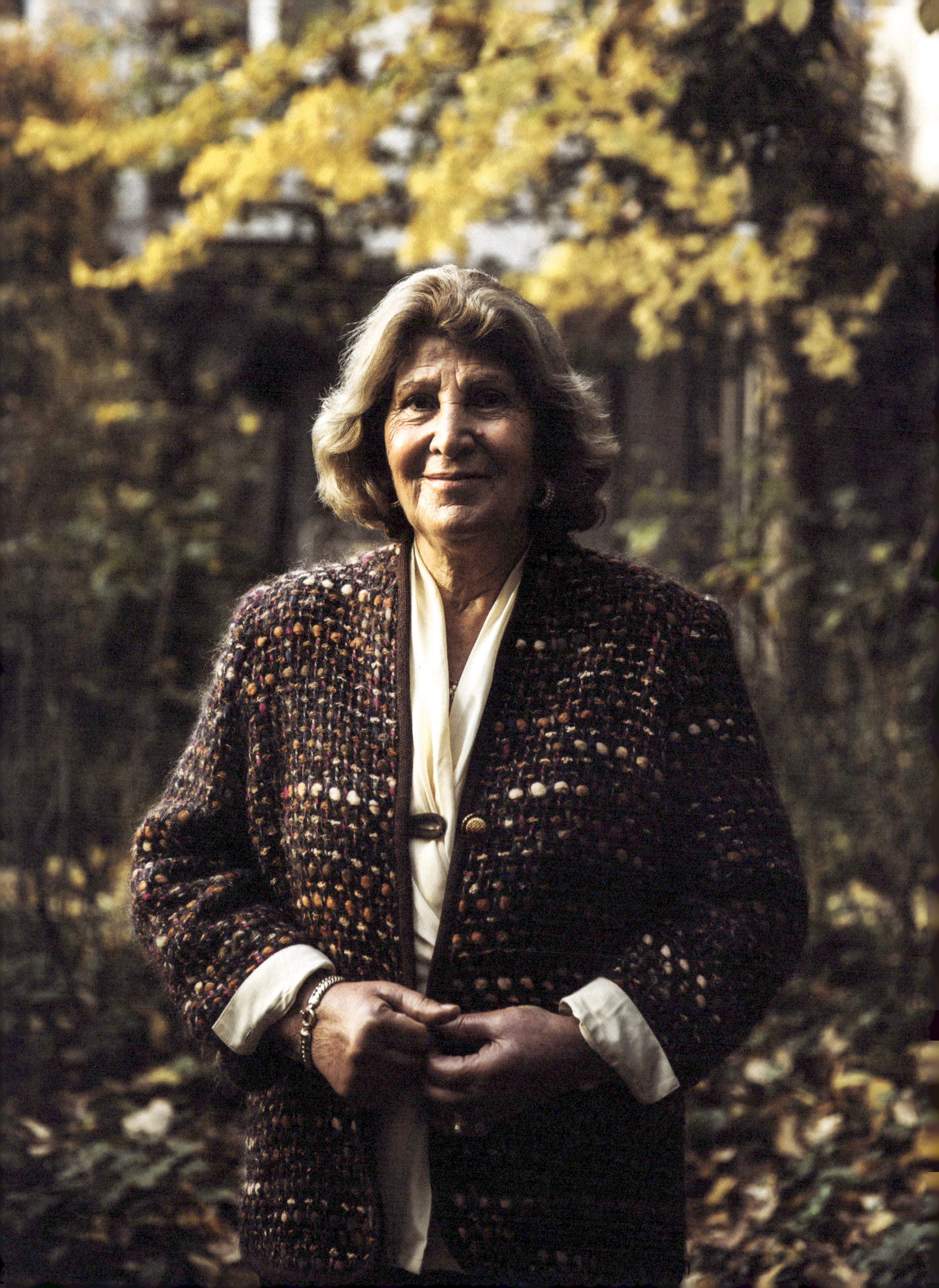

Smuni Turan, *mijn moeder.*

Turan, de achternaam van mijn moeder, is bekend bij alle Suryoye. Haar grootvader van vaderskant, Semun Hanne Haydo Turan, was een verzetsstrijder tijdens de Sayfo, zoals de genocide wordt genoemd waar niet alleen Armeniërs, maar ook vrijwel alle Suryoye slachtoffer van zijn geworden. Gawriye, haar grootvader van moederskant, heeft, samen met zijn dochter – de moeder van mijn moeder dus –, als enige van zijn familie de Sayfo overleefd. Zijn vrouw en al haar overige familieleden zijn gemarteld, doodgeschoten of op andere wijze vermoord.

'Mijn moeder en mijn opa wilden nooit over deze dingen praten. Zij wilden niet dat wij wisten wat ze allemaal meegemaakt hadden, het was te pijnlijk om deze verhalen naar boven te halen. Mijn moeder heeft nooit iets over haar vermoorde familieleden gezegd. Ik heb de verhalen hier en daar opgepikt, van een buurvrouw, van een kennis, zo ben ik de verhalen te weten gekomen. Mijn grootvader, Semun Hanne Haido Turan, was een verzetsheld. Hij probeerde tijdens de gruwelen van de Sayfo zo veel mogelijk mensen te beschermen en te voorkomen dat hele dorpen werden aangevallen. Uiteindelijk is mijn opa zelf gevangengenomen. Hij is met een vriend, die overigens moslim was, ontsnapt uit de gevangenis door dekens aan elkaar te knopen en uit een hoog raam te springen, zoals in een film. Ze verscholen zich tussen het graan en de mais in

> "Hij is met een vriend, die overigens moslim was, ontsnapt uit de gevangenis door dekens aan elkaar te knopen en uit een hoog raam te springen, zoals in een film."

de velden. Het waren net twee broers. Ze vertrouwden elkaar. Deur aan deur vroegen ze om water en brood, maar vaak aten ze ook gras en brandnetels. Mijn moeder vertelde ooit dat haar vader zich tussen de lijken van anderen stilhield alsof hij ook dood was. Hij kreeg schoppen van soldaten die wilden controleren of hij echt niet meer leefde. Ik kan hier nog uren over vertellen, maar alles over Semun staat ook in het boek dat over hem geschreven is. Er bestaat ook een Hanne Haydo-prijs om het bewustzijn over de Sayfo te vergroten en onze cultuur in Tur Abdin en de Aramese taal te behouden. Hoe dan ook, het is vooral voor de jeugd belangrijk om kennis te hebben van de Sayfo van 1915 en die elk jaar te herdenken. Zodat we het lijden van onze voorouders nooit zullen vergeten.'

Lees verder op blz. 94

Samborakat *halvemaantjes van gevuld deeg*

Op een bruiloft van de Suryoye wordt altijd uitbundig gegeten en gedronken. En dat gaat eigenlijk de ochtend erop gewoon door. Gehuwden worden de ochtend na de bruiloft sabahiye genoemd, wat letterlijk 'zij van die ochtend erop' betekent. Traditioneel werden dan bij het ontbijt samborakat geserveerd. Die worden weleens vergeleken met kleine gevulde pannenkoeken, maar zijn toch echt anders. Pannenkoeken maak je met beslag, samborakat met een flinterdun deegje. Dat wordt gevuld met een mengsel van gehakt, uien, peterselie en kruiden, en vervolgens dubbelgevouwen in de vorm van een halvemaan. Daar moet je echt op oefenen, want de kunst is om het deeg zo dun mogelijk te houden, zonder dat het scheurt. Mijn moeder maakt er altijd minstens vijftig. Zo nodig vriest ze een deel in, want samborakat worden het hele jaar door gegeten en zeker niet alleen bij speciale gelegenheden. Overigens leuk om te weten dat ze voor dit gerecht nog altijd de eerste pan gebruikt die ze bijna vijftig jaar geleden in Nederland kocht. Net aangekomen miste ze dit typische familiegerecht. En geef haar eens ongelijk, samborakat zijn onweerstaanbaar.

VOOR 17 STUKS

voor de vulling:
500 g rundergehakt
2 eetl. boter
1 eetl. tomatenpuree
1 theel. sambal
2 theel. 7-kruidenpoeder
1 theel. paprikapoeder
2 theel. zout
1 theel. zwarte peper
2 witte uien, fijngehakt
1 bosje platte peterselie, grof gehakt

voor het deeg:
900 g patentbloem, plus 100 g extra om te bestuiven
1 theel. zout
550 ml warm water
1 eetl. zonnebloemolie
vloeibare boter

Braad het gehakt in 1 eetlepel boter in een braadpan op halfhoog vuur tot het vocht volledig is verdampt en maak het rul met een lepel. Voeg de overige ingrediënten behalve de uien en peterselie toe en bak al roerend 1 minuut mee. Draai het vuur uit, schep het gehakt op een bord en zet opzij.

Gebruik dezelfde pan zonder af te wassen en fruit de ui in de tweede eetlepel boter op halfhoog vuur in 5 minuten zacht en glazig. Voeg het gebraden gehakt toe en roerbak alles nog 2 minuten. Draai het vuur uit en meng de peterselie door het gehakt-uienmengsel. Laat het goed afkoelen.

Meng de bloem met het zout in een grote kom. Giet een beetje van het water bij de bloem en meng alles met de hand. Voeg de rest van het water beetje bij beetje toe en kneed tot een soepel elastisch deeg. Voeg een eetlepel zonnebloemolie toe en vorm een deegbol die niet aan de handen blijft plakken. Als het deeg te droog of te nat is, voeg dan meer water of meer bloem toe.

Bestuif je werkblad met een beetje bloem en verdeel het deeg in 17 bolletjes van gelijk formaat. Pak een bolletje en rol het plat en dun uit met een deegroller of met de palm van je hand tot je een cirkel hebt met een doorsnee van 18 centimeter. Verdeel 1½ eetlepel van het gehakt-uienmengsel over ruim de helft van de deegcirkel. Houd de onderste helft en een rand van ongeveer 1 centimeter vrij. Vouw de onderste helft van het deeg over de vulling heen zodat er een halvemaanvorm ontstaat. Druk de rand dicht met je vingers en daarna met de bolle kant van een vork zodat de afdrukken van de tanden erin staan. Herhaal met de rest van de deegbolletjes.

Verhit boter in een antiaanbakpan en bak de samborakat op halfhoog vuur ongeveer 2 minuten aan beide kanten goudbruin. Bak er meerdere tegelijkertijd. Schep de samborakat uit de pan op een bord, en vorm zo een hele stapel.

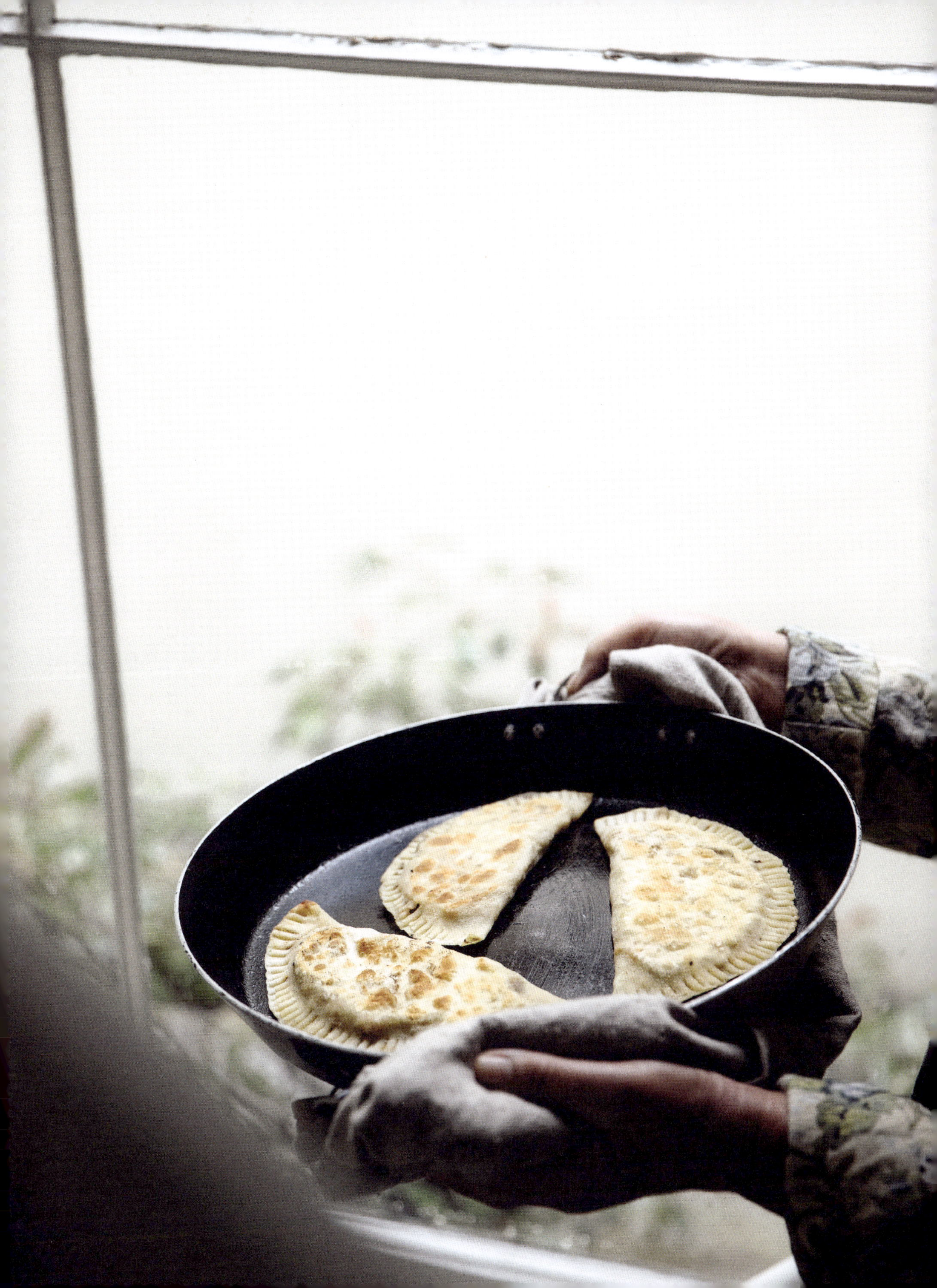

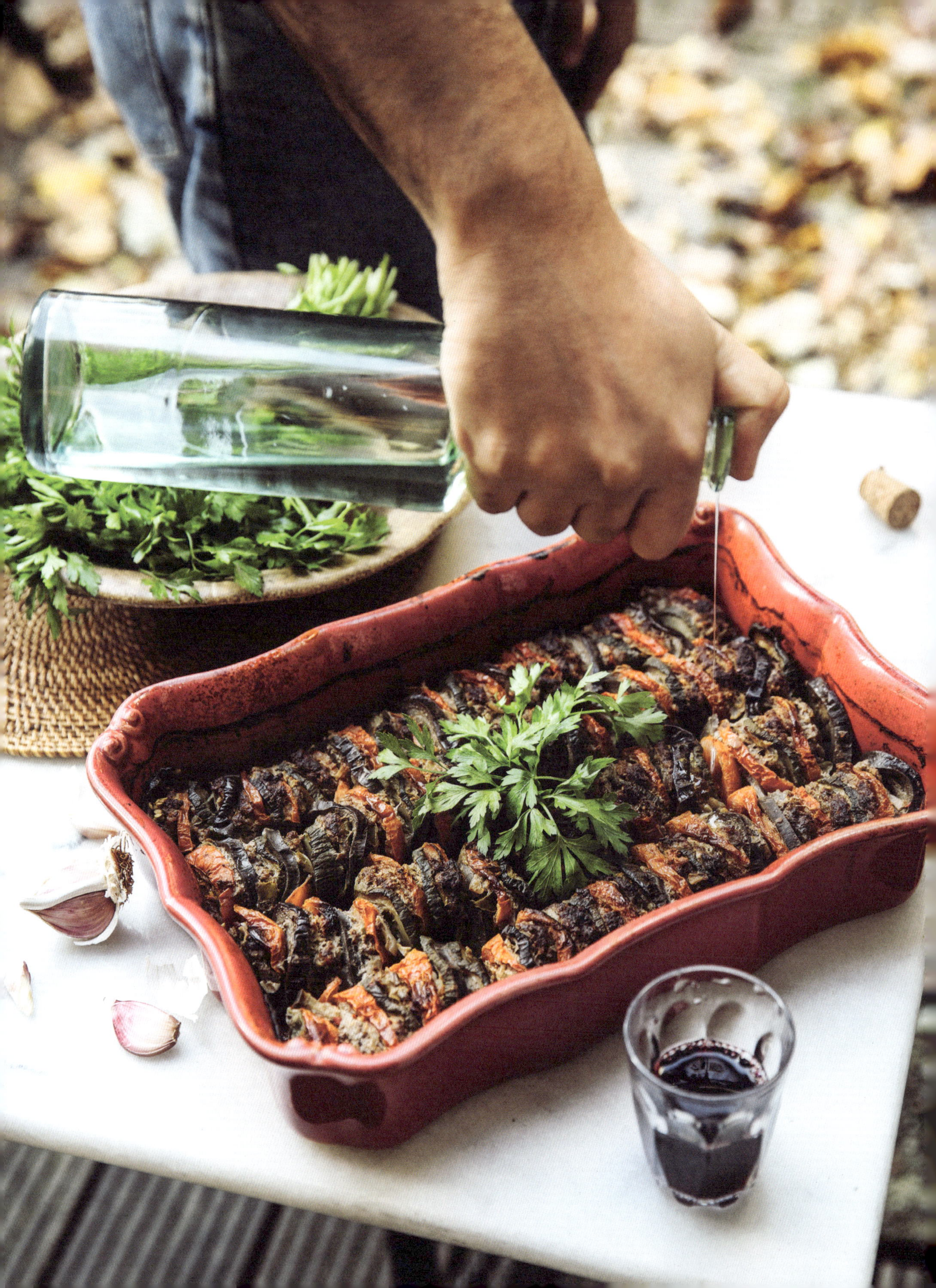

Tawa *ovenschotel met gehakt en groenten*

Vraag aan een willekeurige Suroyo wat zijn lievelingsgerecht is, en de kans is groot dat dat tawa is. Tawa is zo'n ovenschotel waar je van blijft eten en waar iedereen gelukkig van wordt. Comfortfood op z'n Suroyo dus. *Tawa* betekent in het Aramees simpelweg 'ovenschaal' en die van mijn moeder was van zwaar gietijzer met een dikke bodem. Ze vertelde dat zij als kind de tawa eigenlijk altijd in de klei-oven zag staan. En heel opmerkelijk: hij werd nooit afgewassen. Nou ja, een keer per jaar dan, met Pasen, dan werd-ie helemaal opgepoetst. Nog steeds gebruikt mijn moeder een gietijzeren ovenschaal, die ze altijd met een feestelijk gebaar op tafel zet. Zelf gebruik ik een gewone ovenschaal, al is mijn moeder het daar eigenlijk niet mee eens.

VOOR 6 PERSONEN

voor het vlees:
800 g biologisch rundergehakt
3 tenen knoflook, fijngehakt
1 witte ui, fijngesnipperd
2 groene pepers, zonder zaadlijst, fijngehakt
1 eetl. tomatenpuree
3 theel. sambal
1 theel. paprikapoeder
1 theel. zwarte peper
1 eetl. zout

voor de groenten:
1½ courgette, in ronde plakken
3 aubergines, in ronde plakken of halvemaantjes
6 romatomaten, in ronde plakken of halvemaantjes

verder:
2½ eetl. zonnebloemolie
300 ml water
1 eetl. sap van biologische citroen
1 theel. paprikapoeder
1 theel. zout
1 eetl. extra vierge biologische olijfolie
1 bosje platte peterselie, grof gehakt

grote ovenschaal van 5 cm diep

Verhit de oven tot 200 °C.

Meng in een grote kom het gehakt met de knoflook, ui, groene pepers, tomatenpuree, sambal, het paprikapoeder, de zwarte peper en het zout en kneed met de hand goed door elkaar.

Vul de ovenschaal met meerdere rijen van groenten en het gehaktmengsel. Let op: de groenteplakken komen rechtop te staan en mogen niet boven de rand van de ovenschaal uit steken. Als de ronde plakken te groot zijn, halveer ze dan tot halvemaantjes. Begin bovenaan en werk van links naar rechts. Maak de eerste rij in de volgorde van een plakje aubergine, gehakt, plakje tomaat, gehakt, plakje courgette, gehakt, plakje tomaat, gehakt en plakje aubergine. Ga verder met tomaat, gehakt, aubergine, gehakt, tomaat, gehakt, courgette, gehakt, aubergine. Druk goed tegen elkaar aan. Altijd gehakt tussen de groenten, tenzij je een nieuwe rij vormt, dan mag het ook tomaat zijn. Zolang aubergine en courgette maar niet naast elkaar liggen. Ga door tot de schaal gevuld is met nette rijen.

Schenk de zonnebloemolie over alle rijen groenten en gehakt heen. Meng het water met het citroensap, paprikapoeder en zout en giet dit gelijkmatig over de rijen groenten en gehakt heen.

Verlaag de oventemperatuur tot 180 °C en zet de schaal voor 2-2½ uur in de oven. Controleer na 1½ uur of het vocht goed wordt opgenomen en of de tawa niet aanbrandt. Dek de schaal zo nodig goed af met aluminiumfolie en zet de schaal terug in de oven tot het vocht bijna helemaal is opgenomen en de tawa mooi bruin en gaar is.

Besprenkel de tawa met een beetje olijfolie en bestrooi met gehakte peterselie.

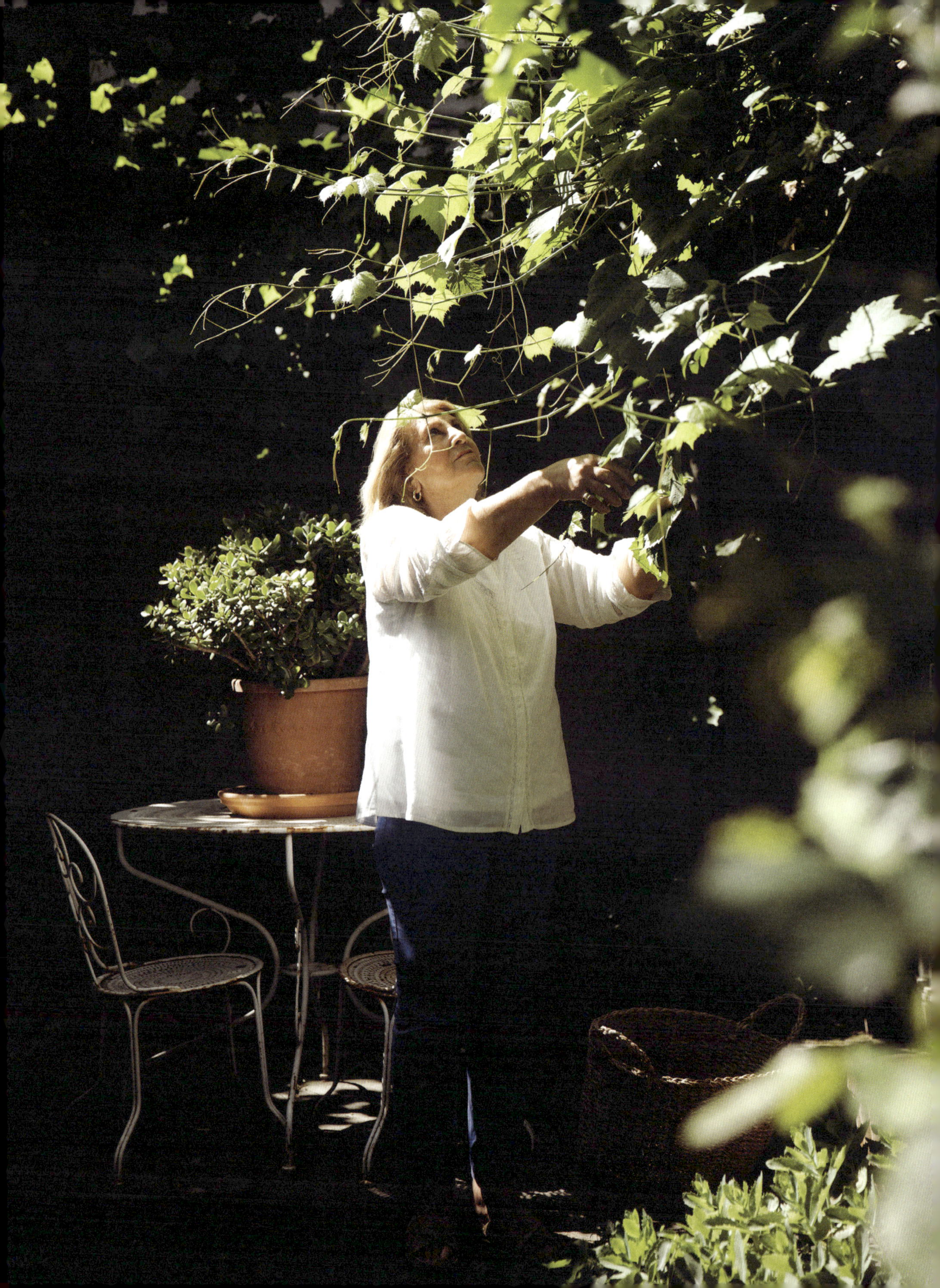

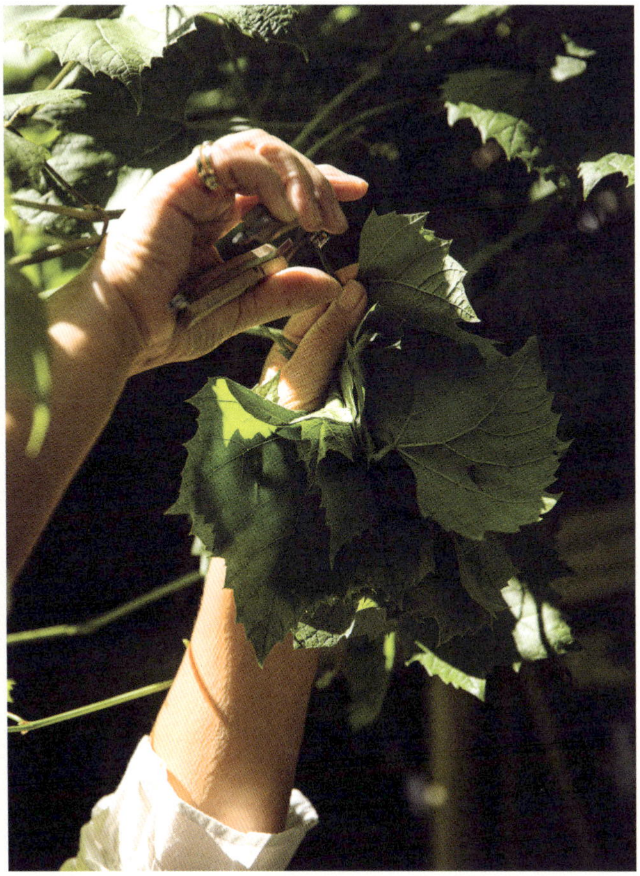

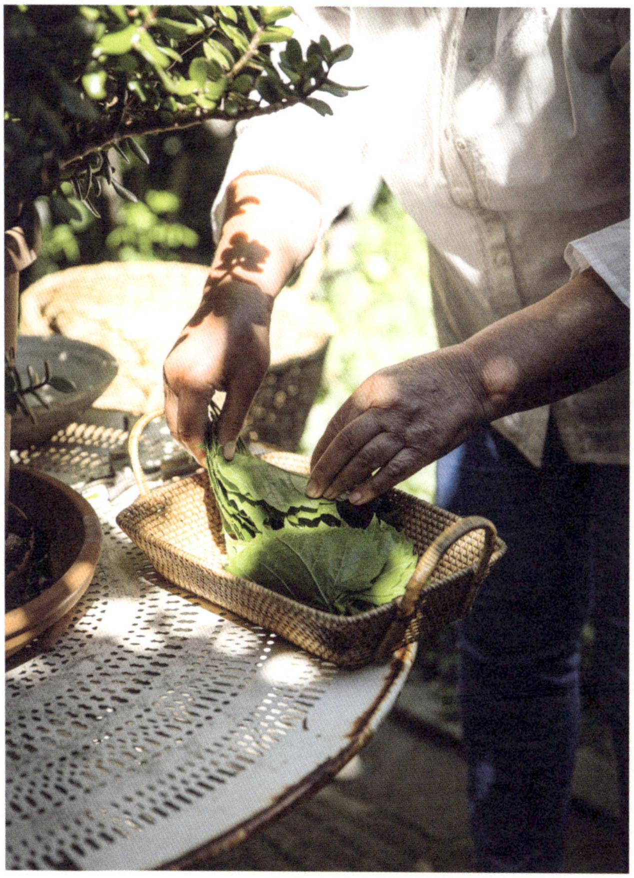

Apprakhe *gevulde wijnbladeren*

Duizenden jaren voor Christus werd het al gedaan: de bladeren van met name druiventakken vullen met vlees, granen en kruiden. Mijn moeder groeide op tussen de wijngaarden in de regio Tur Abdin, waar de beste Assyrische of Aramese wijnen vandaan komen. Ook in Hengelo had ze, net als alle andere Suryoye in Nederland, een druivenstok in de tuin. Niet zo zeer voor de druiven, maar om verse bladeren te knippen voor de apprakhe (spreek uit appraagee) dat 'gerold' betekent. Apprakhe gaat terug tot de oervorm: wijnbladeren gevuld met rijst, runder- of lamsgehakt, verschillende kruiden zoals sumak en verse munt en besprenkeld met citroensap. Warm zijn ze het lekkerst, vooral met een goed glas Tur Abdin wijn erbij (die in Nederland te koop is en geproduceerd wordt door de Suryoyo wijnboer Shiluh).

VOOR 50 STUKS

50 verse wijnbladeren
2 eetl. zout
1 liter kokend water
2 eetl. zonnebloemolie
525 ml koud water
partjes citroen

voor de vulling:
250 g risottorijst, gespoeld
50 ml water
½ theel. chilipoeder
1 theel. sumak
1 theel. granaatappelmelasse
1 theel. sambal
1 theel. sap van biologische citroen
1 eetl. tomatenpuree
2 theel. zout
½ theel. zwarte peper
½ ui, fijngehakt
2 tenen knoflook, fijngehakt
1 groene chilipeper, fijngehakt
6 takjes munt, de blaadjes, fijngehakt
½ rode tomaat, fijngehakt
200 g rundergehakt

Maak 5 stapels van 10 wijnbladeren en vouw elke stapel dubbel met de bovenkant naar binnen. Leg de 5 stapels op elkaar in een grote bak, strooi er zout over en dek af met een zwaar bord. Vul de bak met het kokende water zodat het blad onder water staat. Haal de bladeren na minimaal 4 uur weken uit het waterbad en laat ze uitlekken of knijp met je hand het water uit elke stapel. Leg de bladeren opzij op een bord.

Meng alle ingrediënten voor de vulling in een kom en kneed met de hand tot een glad gehaktmengsel.

Pak een wijnblad en verwijder de steel. Leg het blad met de onderkant naar boven op een snijplank, leg onder aan het blad een beetje vulling in een horizontale strook. Houd links en rechts van de vulling een ruimte van ½ centimeter vrij. Rol de onderkant van het blad strak over de vulling dicht. Vouw dan een stukje van de rechter- en linkerkant naar binnen en rol het blad verder naar de punt dicht, eventueel met je handpalm, tot een opgerolde dunne sigaar ontstaat. Herhaal dit voor de rest van de apprakhe.

Leg de rolletjes zo strak mogelijk tegen elkaar aan op de bodem van een diepe braadpan. Leg rolletjes die niet meer op de bodem passen boven op de onderste laag, soms krijg je zelfs meerdere lagen afhankelijk van de grootte van je pan. Besprenkel met de zonnebloemolie en de tweede eetlepel zout, leg een bord op de rolletjes en schenk het koude water erbij. Leg een deksel op de pan en breng aan de kook op halfhoog vuur.

Draai het vuur laag en laat ze ongeveer 60 minuten sudderen. Al het water moet in die tijd ongeveer zijn opgenomen. Neem de pan van het vuur. Laat 10 minuten staan voor het opdienen.

Serveer warm met een paar citroenpartjes.

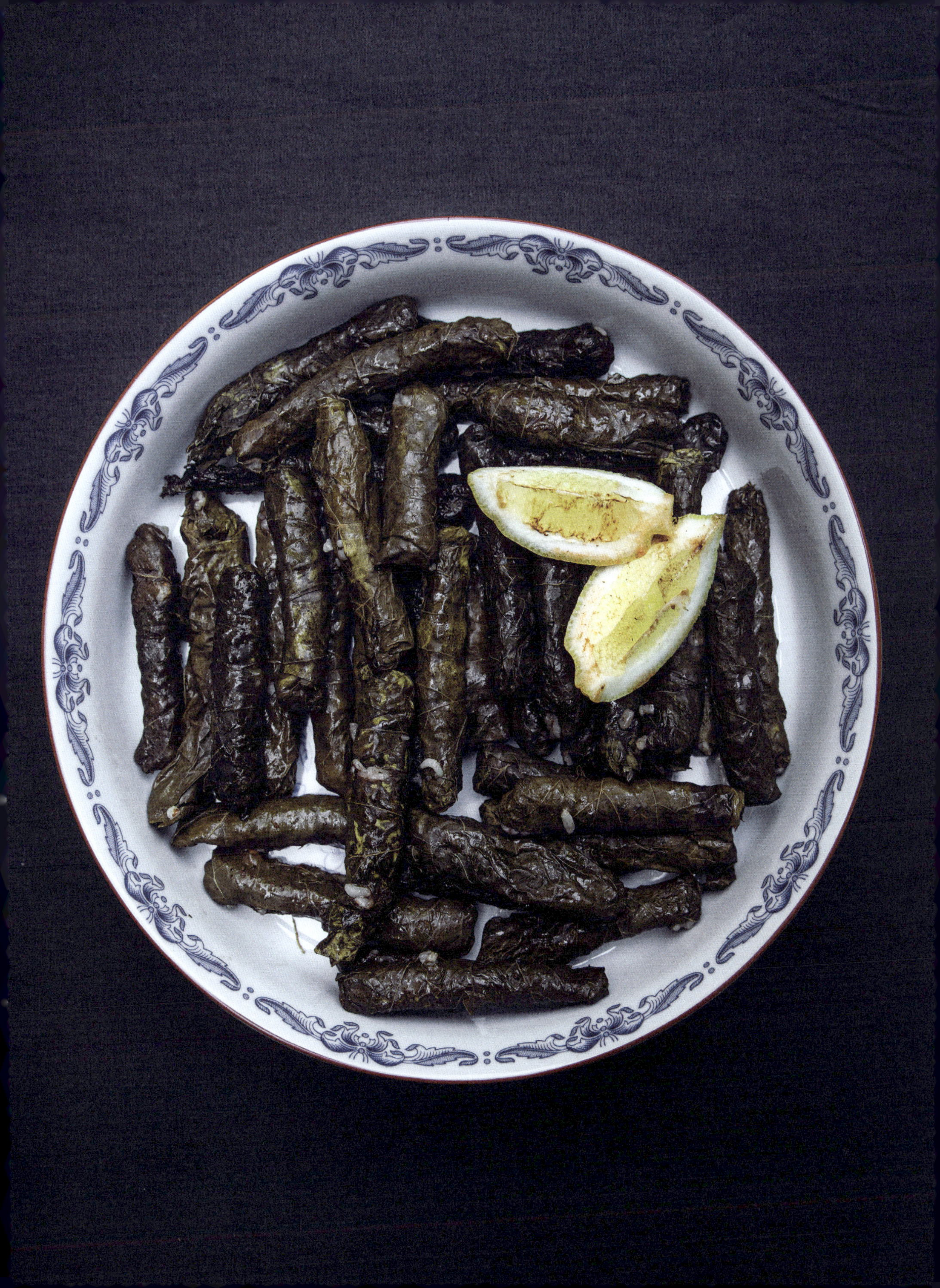

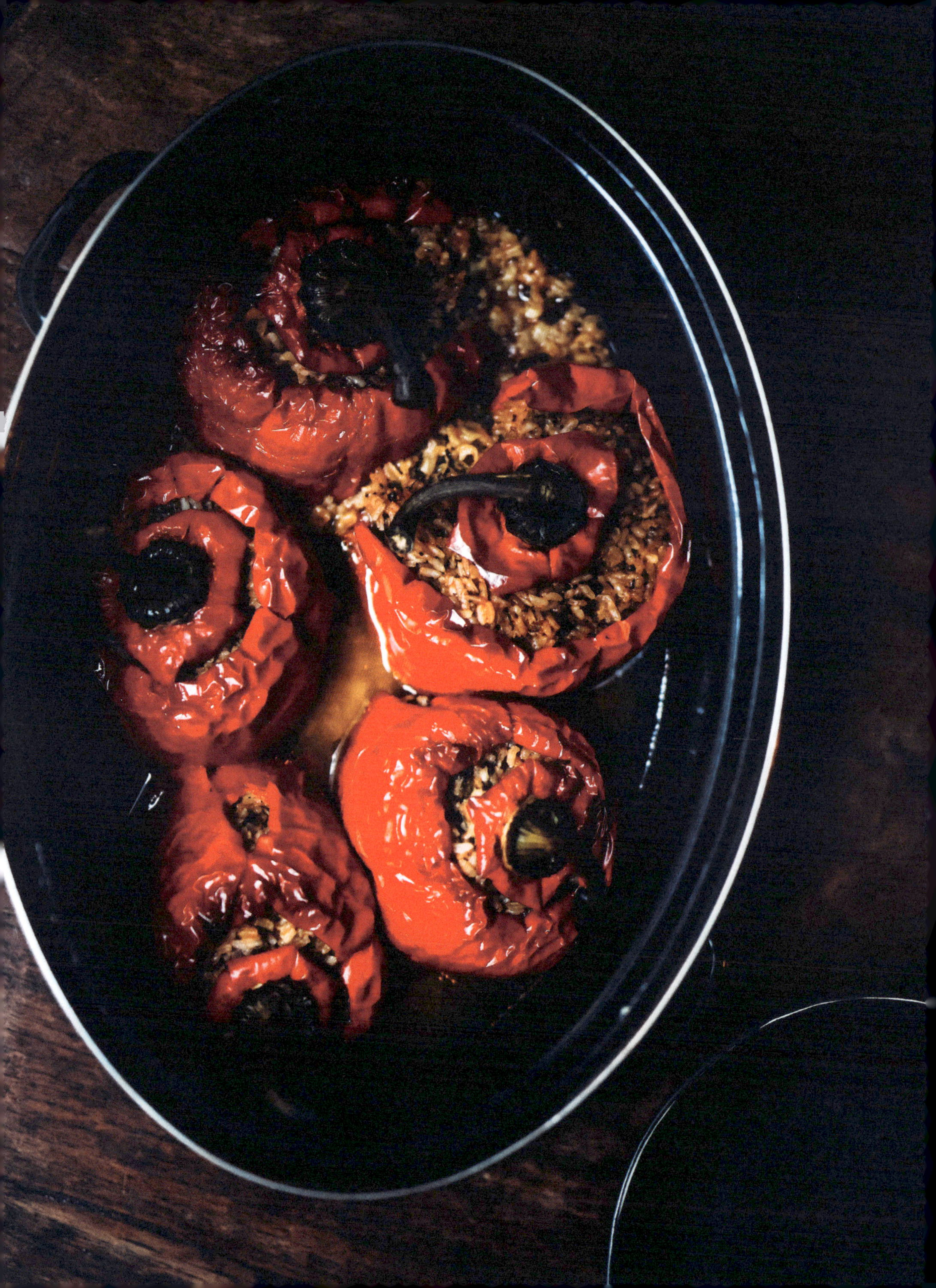

Fulful hashyo *gevulde paprika's*

Ik zie mijn moeder nog de kamer binnenkomen met een grote schaal gevulde paprika's die net uit de oven kwam. Door het hele huis rook je al uren de heerlijke geur van knoflook, munt en citroen. Ik pikte er altijd de rode paprika's uit, want die zijn net iets zoeter, en gecombineerd met de pittige inhoud nog net iets contrastrijker. Hoe dan ook, ze smelten op je tong.

VOOR 6 PERSONEN

- 5 eetl. zonnebloemolie
- 300 g risottorijst, gespoeld
- 2 theel. zout
- 1½ theel. zwarte peper
- 300 ml kokend water
- 2 middelgrote witte uien, fijngesneden
- 3 tenen knoflook, fijngehakt
- 1 groene chilipeper, zonder zaadlijst, fijngehakt
- 1 theel. paprikapoeder
- 1 theel. sumak
- 1 eetl. tomatenpuree
- sap van ½ biologische citroen
- 1 eetl. gedroogde munt
- 4 eetl. platte peterselie, fijngehakt
- 6 rode paprika's
- glas koud water

Verhit 2 eetlepels zonnebloemolie in een grote pan op halfhoog tot hoog vuur. Roer de rijst, 1 theelepel zout en ½ theelepel peper erdoor en blijf regelmatig roeren tot alle rijstkorrels na ongeveer 3 minuten een vettig laagje hebben. Voeg het kokende water toe, roer door en breng het geheel aan de kook. Leg een deksel op de pan en laat de rijst afgedekt op laag vuur koken. Zet het vuur uit als het water door de rijst is opgenomen. De rijst is nog hard.

Verhit de oven tot 220 °C.

Verhit nog 2 eetlepels zonnebloemolie in een koekenpan op halfhoog vuur. Fruit de ui, knoflook en groene peper in ongeveer 5 minuten zacht. Voeg het paprikapoeder, de sumak, tomatenpuree, 1 theelepel zout en 1 theelepel peper toe en roerbak alles nog 10 minuten. Zet het vuur zachter als het te hard gaat.

Voeg het uienmengsel met het citroensap, de munt en peterselie toe aan de harde rijst. Roer goed door en proef. Breng eventueel op smaak met wat meer zout en peper.

Snijd de bovenkanten van de paprika's af en leg ze apart. Verwijder de zaadjes en zaadlijsten. Giet het koude water in een ovenschaal en roer de laatste eetlepel zonnebloemolie erdoorheen. Vul de paprika's met de rijst en zet ze rechtop in de ovenschaal. Leg de hoedjes op de paprika's. Dek de schaal met paprika's af met aluminiumfolie en zet in de oven.

Verwijder na 30 minuten de folie. Verhoog de oventemperatuur naar 250 °C en zet de schaal nog 15 minuten terug tot de paprika's echt zacht zijn. Haal de paprika's uit de oven en serveer warm.

Kibbeh ṣeniye *burghul-gehakttaart uit de oven*

De kibbeh ṣeniye, letterlijk 'bal in een ronde ovenschaal', is zo'n typisch voorbeeld van hoe je burghul op weer een heel nieuwe, verrassende manier kunt bereiden. In dit geval als hartige ovenschotel die bestaat uit drie lagen. Een laag extra fijne burghul, vervolgens een laag gehakt gemengd met pijnboompitten en specerijen en ten slotte weer een laag burghul. Een mooi patroon, dat je er met een vork in kerft, maakt de kibbeh ṣeniye helemaal af.

VOOR 6 PERSONEN

voor het burghuldeeg:
475 g extra fijne burghul
2 theel. komijnpoeder
2 theel. korianderpoeder
2 theel. sambal
1 eetl. tomatenpuree
½ theel. zout
½ theel. zwarte peper
400 g rundertartar
150 g vloeibare boter

voor het gehaktmengsel:
500 g rundergehakt
60 g pijnboompitten, geroosterd
2 theel. cayennepeper
1 theel. chilipoeder
1 theel. 7-kruidenpoeder
1 theel. paprikapoeder
1 theel. tomatenpuree
1 theel. zout
1 theel. zwarte peper
1 eetl. olijfolie
3 witte uien, gesnipperd

schone theedoek
ronde metalen bakvorm (doorsnee ca. 37 cm)

Doe de burghul in een grote kom en schenk er zoveel water bij tot hij onderstaat. Kneed er met je hand doorheen en giet het water af. Meng de vochtige burghul met het komijnpoeder, korianderpoeder, de sambal, tomatenpuree, het zout en de zwarte peper en laat het mengsel wellen in de kom, afgedekt met een droge theedoek.

Bak het rundergehakt zonder olie of boter in een koekenpan goed gaar en meng de cayennepeper, chilipeper, het 7-kruidenpoeder, paprikapoeder, de tomatenpuree, het zout en de zwarte peper erdoor. Verhit in een andere koekenpan de olijfolie op laag vuur en fruit de uien in 5 minuten zacht. Voeg het gehakt toe aan de ui en bak alles in 10 minuten rul en gaar tot het vocht verdampt is. Meng de geroosterde pijnboompitten door het gehakt en laat het mengsel afkoelen.

Haal de theedoek van de kom gewelde burghul, voeg 100 ml koud water toe en kneed de burghul met je handen, tot het vocht is opgenomen. Voeg weer 100 ml water toe en kneed goed door. Herhaal dit tot een soepel deeg ontstaat. Voeg de rundertartar toe aan het deeg en kneed het tot een elastisch geheel. Verdeel het deeg in twee gelijke porties.

Verhit de oven tot 200 °C.

Vet met de helft van de vloeibare boter de bodem en wanden van de bakvorm in. Verdeel nu de eerste helft van het deeg gelijkmatig over de bodem van de bakvorm. Verdeel vervolgens het gehaktmengsel over de deegbodem en druk zachtjes aan.

De tweede helft van het deeg moet nu gelijkmatig over het gehaktmengsel worden verdeeld. Deze derde laag is de moeilijkste om te maken. Het beste is om het deeg tussen 2 vellen bakpapier te leggen en met een deegroller uit te rollen tot de grootte van de bakvorm. Snijd het deeg in 2 stukken en laat het van het bakpapier in de bakvorm glijden. Duw de laag en rand flink aan zodat de naden goed aansluiten.
Vet de bovenkant in met de rest van de boter. Snijd de taart met een scherp mes in blokjes en bak in de oven in 60 minuten mooi bruin.

De kibbeh serveer je samen met een flinke lepel romige yoghurt en een salade uit dit boek.

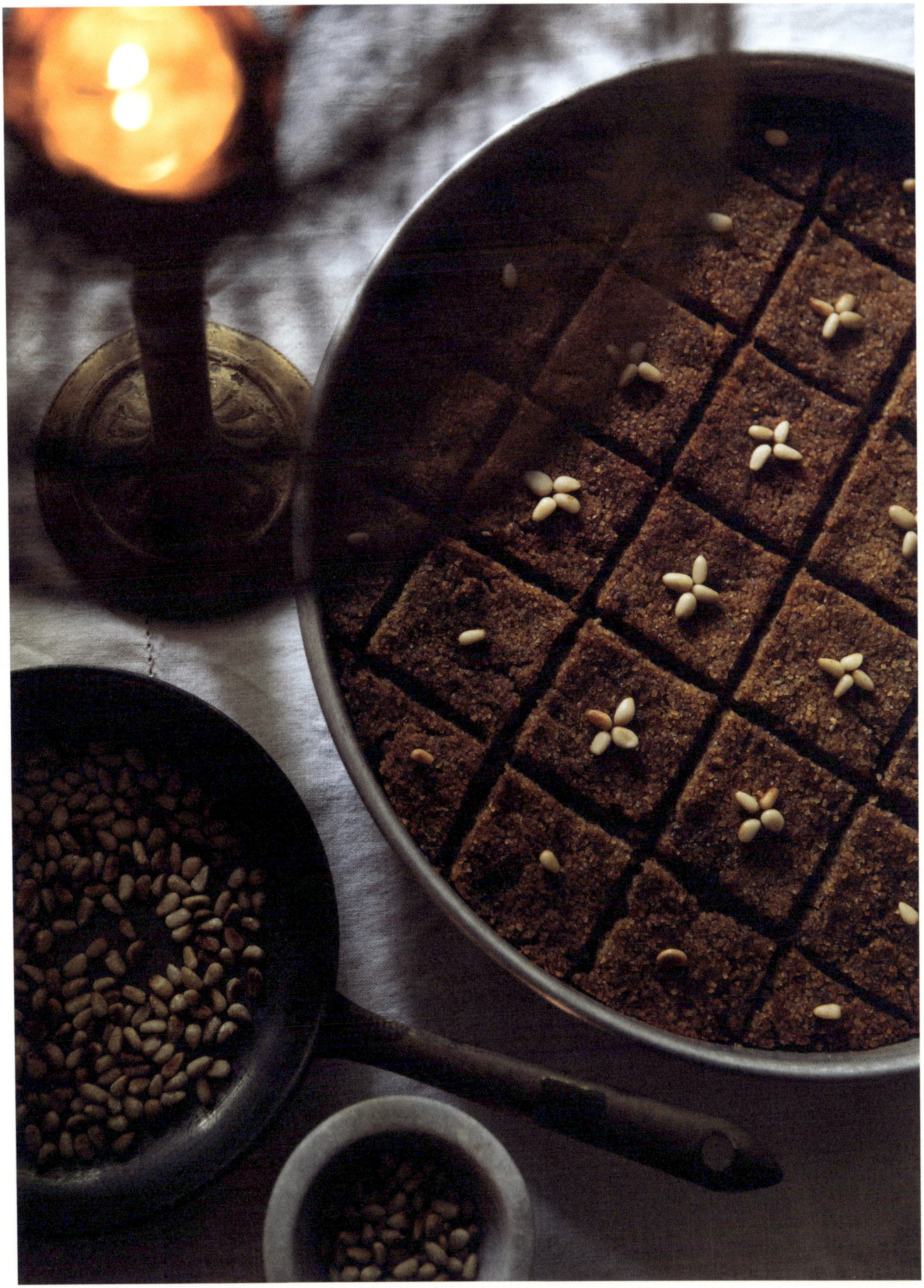

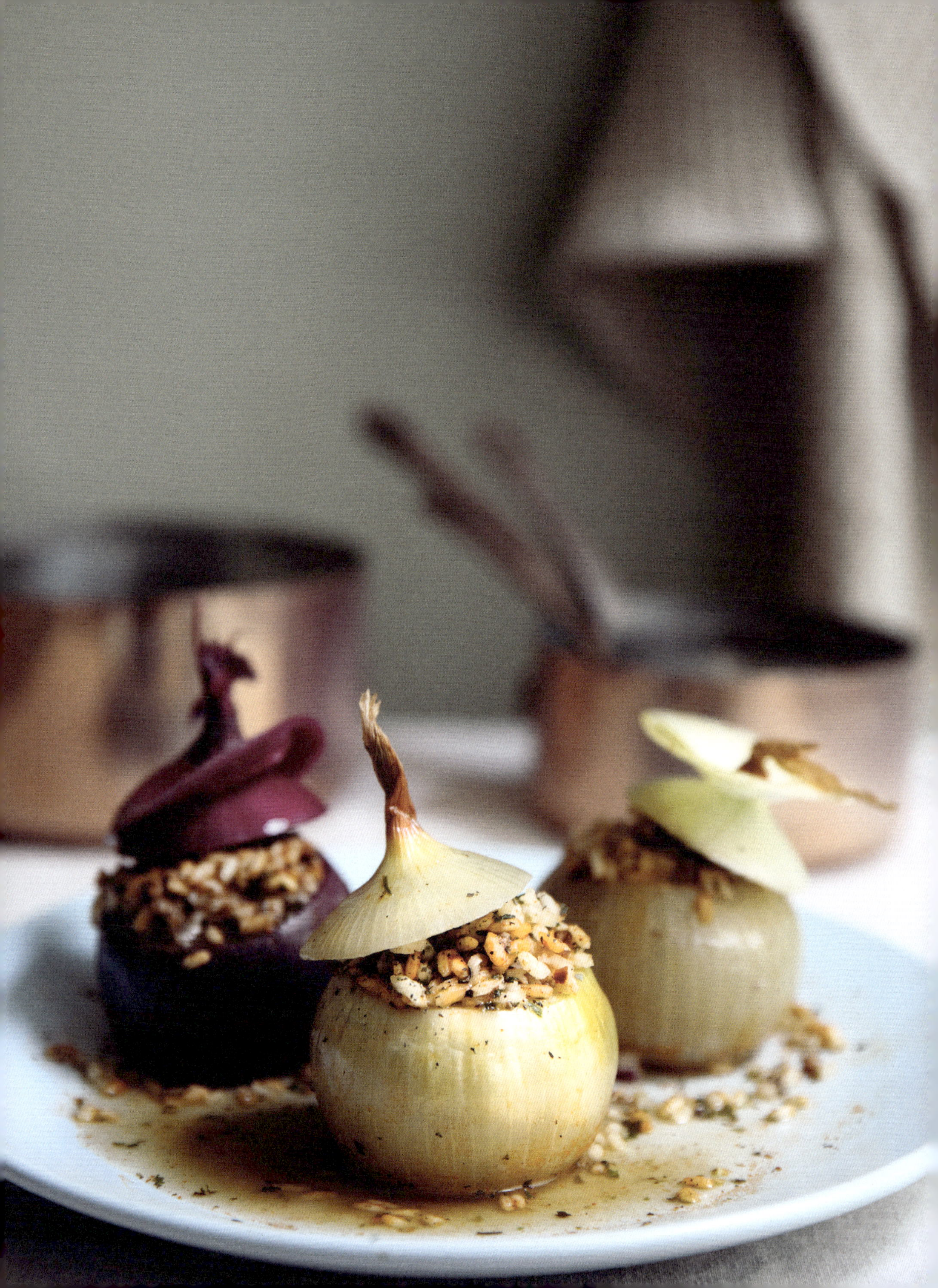

Basle hashye *gestoofde gevulde ui*

Ze zijn geliefd en overbekend: gevulde wijnbladeren, paprika's, courgettes en aubergines. Minder bekend, maar zeker niet minder tong- en oogstrelend, zijn gevulde uien. Jazeker, ook die simpele ui, zowel de rode als de witte, kun je op de meest uiteenlopende manieren vullen. Wij doen dat meestal met een mengsel van rijst, groenten, kruiden en gehakt. Zelf kies ik ook weleens voor de vegetarische versie, dan voeg ik wat kikkererwten of pijnboompitten toe.

VOOR 5 PERSONEN

- 5 grote uien, een mix van rode en witte
- 80 g rundergehakt
- 100 g risottorijst, gespoeld
- 2 theel. rode chilipoeder
- 2 theel. zwarte peper
- 2 theel. zout
- 2 theel. tomatenpuree
- 1 teen knoflook, fijngehakt
- 2 theel. sumak
- 1 theel. paprikapoeder
- 10 takjes platte peterselie, grof gehakt
- 1 theel. gedroogde munt

Pel de uien en snijd van de bovenkant een kapje van 2 centimeter af; bewaar de kapjes. Snijd een dun plakje van de onderkant van de uien zodat ze rechtop blijven staan. Zet de uien met de kapjes erbovenop naast elkaar in een pan, schenk er zoveel water bij tot ze voor driekwart onderstaan en breng aan de kook op halfhoog vuur. Kook de uien ongeveer 25 minuten. Schep de uien met een schuimspaan uit de pan en laat ze afkoelen. Giet het water niet af.

Braad het gehakt zonder boter of olie in een koekenpan op halfhoog vuur en maak het rul met een lepel. Voeg de rijst, het chilipoeder, de zwarte peper en het zout toe en bak 5 minuten mee op laag vuur. Roer de rijst goed door het gehakt.

Voeg de tomatenpuree en het water toe, roer goed, breng het gehaktmengsel aan de kook en laat doorkoken tot het vocht volledig is verdampt.

Doe de knoflook, sumak en het paprikapoeder erbij en schep alles goed om. Draai het vuur uit. De risottorijst is nu halfgaar. Meng de peterselie en munt erdoor.

Hol de uien uit door de binnenste uienrokken te verwijderen met een theelepel of met een mesje. Ga niet verder dan de twee buitenste lagen. Steek niet door de schil heen.

Vul de uien met het gehaktmengsel, druk goed aan en leg de kapjes erop. Zet de uien tegen elkaar aan terug in de pan, vul het water aan tot ze weer voor driekwart onderstaan en leg het deksel op de pan. Breng het water aan de kook en kook op laag vuur tot de rijst gaar is en de uien zacht zijn. Voeg zout en peper toe naar smaak. Serveer de gevulde uien warm.

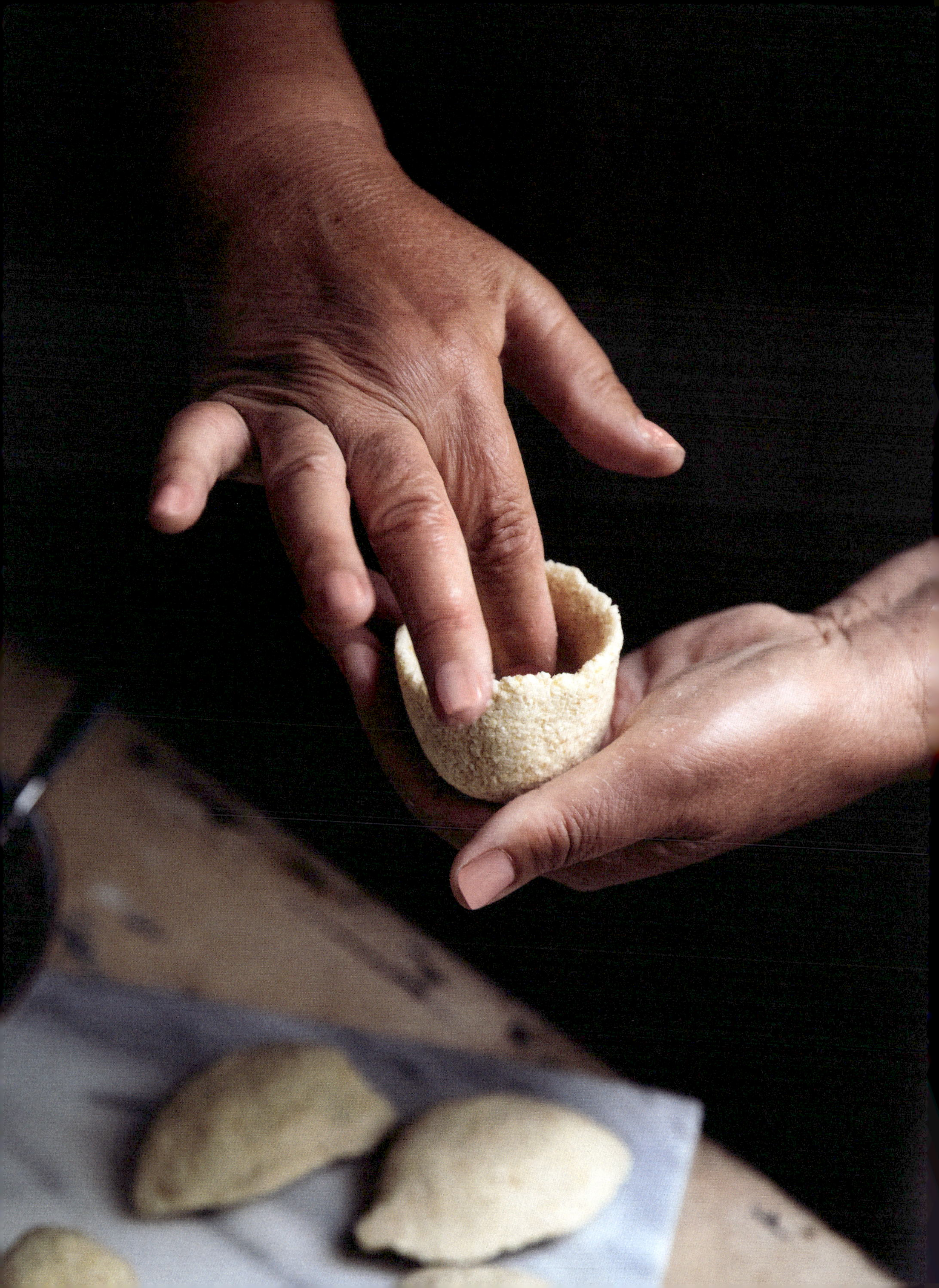

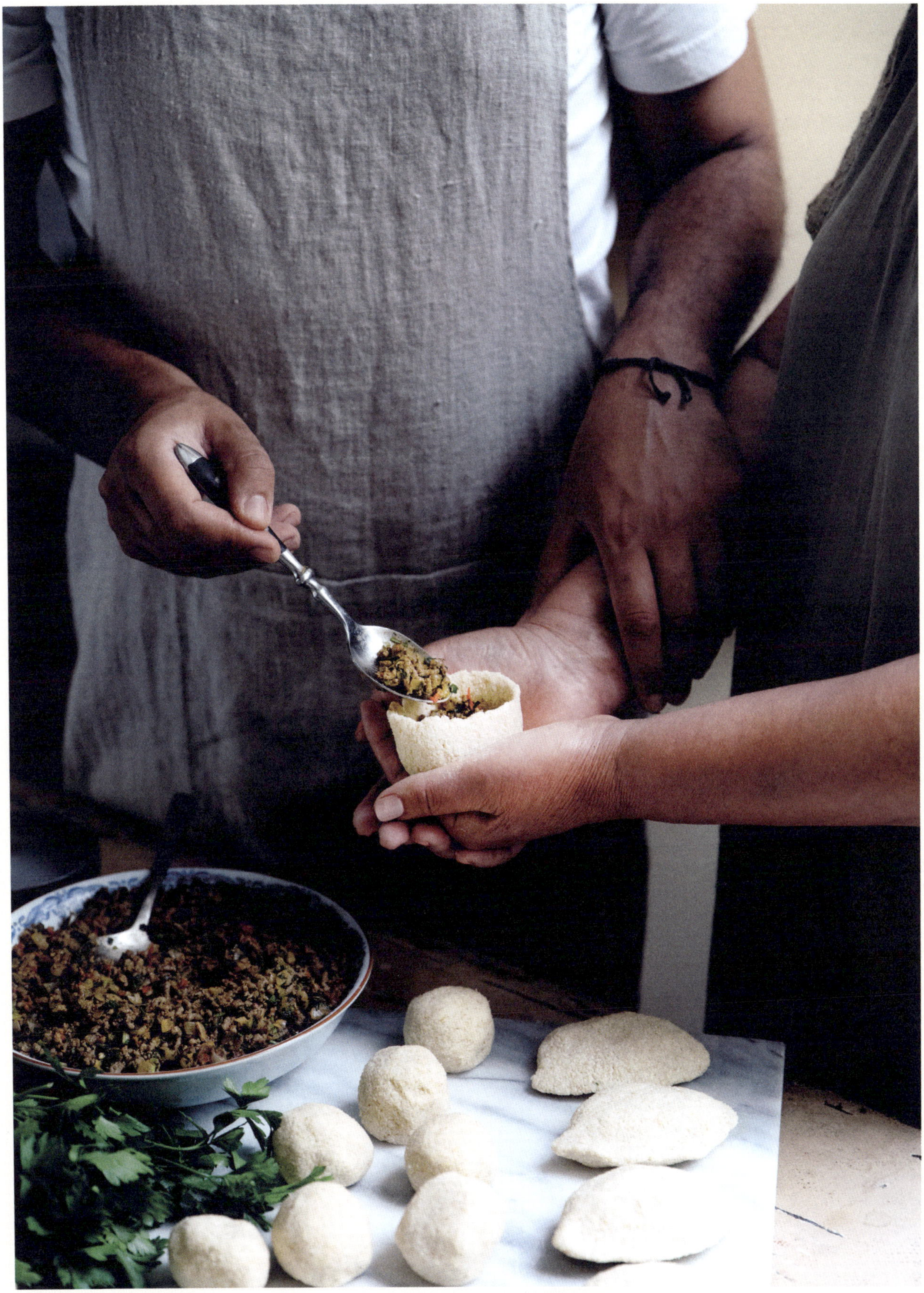

Kötle *gevulde tarwebuideltjes*

Het is misschien wel het meest favoriete gerecht van de Suryoye: kötle (niet te verwarren met köfte, dat is iets heel anders). Niet omdat het zo'n simpel gerecht is, integendeel. Voor de ogenschijnlijk eenvoudige deegbuideltjes met gehakt heb je uiterste concentratie nodig, lenige vingers en jarenlang oefenen. De truc is om het deeg zo dun en delicaat mogelijk te maken, maar toch soepel zonder dat het scheurt. En dat vereist een heel specifieke manier van kneden, vooral met je vingertoppen. Het voornaamste ingrediënt van dit gerecht is dan ook tijd, je moet geen haast hebben.

Vroeger was het maken van kötle vooral een vrouwenaangelegenheid en hét moment om gezellig met elkaar te roddelen, te lachen en bij te kletsen. En, niet onbelangrijk, van elkaar de techniek te leren. Je bedrevenheid daarin was zelfs een maatstaf voor je huishoudelijke kwaliteiten in het algemeen. Het was, laten feministen het maar niet horen, een voorwaarde om als goede huisvrouw beschouwd te worden. Die tijden hebben we vanzelfsprekend achter ons gelaten, maar gelukkig niet de liefde voor dit gerecht.

VOOR 27 STUKS

voor het deeg:
1,2 liter lauwwarm water
500 g extra fijne burghul
500 g ongekookte gebroken harde tarwe, fijn
2 theel. korianderpoeder
1 eetl. zout

voor het gehakt:
500 g rundergehakt
2 theel. pimentpoeder
2 theel. paprikapoeder
1 theel. chilipoeder
1 eetl. cayennepeper
1 eetl. zwarte peper
1 eetl. tomatenpuree
2 theel. zout

voor het uienmengsel:
2 theel. boter
3 uien, gesnipperd
1 groene chilipeper, fijngehakt
2 theel. zout
1 bosje platte peterselie, fijngehakt

optioneel (gebakken):
4 eetl. boter
2 geklutste eieren

Schenk het lauwwarme water in een grote diepe kom en voeg de burghul en de ongekookte harde tarwe toe. Meng alles ongeveer 2 minuten. Schep met de hand het deeg beetje bij beetje uit de kom, druk het vocht eruit en leg het in een andere droge kom. Voeg het korianderpoeder en zout aan het deeg toe en zet de kom 60 minuten op een droge, tochtvrije plek.

Braad het gehakt zonder boter of olie in een braadpan 7 minuten op halfhoog vuur gaar en maak het rul met een lepel. Blijf braden tot het vocht volledig is verdampt. Draai het vuur uit en roer alle overige gehakt-ingrediënten er door. Schep het gehakt op een bord en zet opzij.

Was de braadpan niet af. Verhit voor het uienmengsel de boter in dezelfde pan op halfhoog vuur en smoor de uien 3 minuten. Voeg de groene chilipeper en het zout toe en bak nog 2 minuten. Meng het gehakt erdoor en roerbak alles nog 3 minuten. Neem de pan van het vuur, schep de inhoud op een bord en laat afkoelen. Roer de peterselie door het afgekoelde mengsel.

Zet een kom koud water klaar, bevochtig je handen en kneed het deeg een paar minuten. Het moet een kleverig deeg zijn. Voeg zo nodig voorzichtig nog een klein beetje water toe.

Verdeel het deeg in 27 balletjes van ongeveer 5 centimeter doorsnee. Houd je handen vochtig tijdens het kneden van het deeg. Leg een balletje in je handpalm en maak met een draaiende duimbeweging een holletje in het deeg tot een doorsnee van 2 vingers breed ontstaat. Vorm met wijs- en middelvinger een buideltje en doe er 1½ tot 2 eetlepels vulling in. Druk de vulling aan met je vingers zonder het deeg te laten scheuren. Bevochtig je vingers, duw de randen dicht met duim en wijsvinger tot een gesloten buideltje. Vorm alle balletjes op deze manier.

Breng een grote pan water met zout aan de kook op halfhoog vuur. Leg 5 tot 7 gevulde stukjes deeg voorzichtig een voor een op de bodem, zonder dat ze aan elkaar vastplakken. Kook de kötle tot ze uitzetten en van de bodem loskomen. Schep ze uit het water met een schuimspaan en leg ze op een schaal. Serveer warm.

Optioneel (zoals op de foto):
Verhit de boter in een pan op halfhoog vuur. Bestrijk de gekookte kötle met geklutst ei en bak ze per portie van ongeveer 7 stuks in een koekenpan op halfhoog vuur aan beide kanten goudbruin.

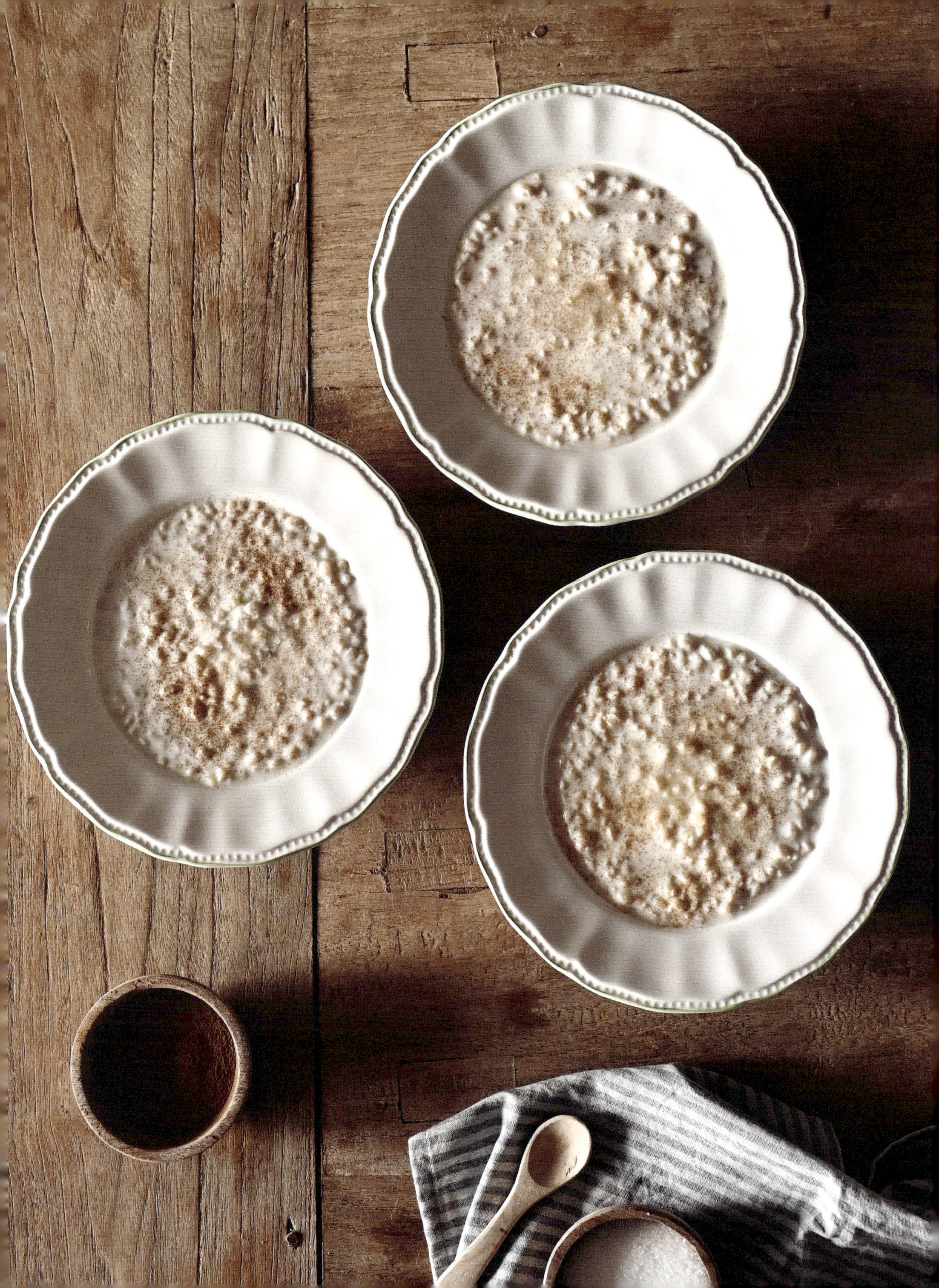

Labaniyeh *yoghurt met gepelde tarwe*

De schappen van de supermarkt staan er vol mee. Cornflakes, muesli, havermout en eindeloze varianten ontbijtgranen. Persoonlijk geef ik de voorkeur aan onze eigen labaniyeh, de oervorm van de combinatie yoghurt en graan. In het oude Mesopotamië werd dit al toegepast voordat een andere techniek zijn intrede deed: het bakken van brood. Labaniyeh eet je niet alleen als ontbijt, maar op elk moment van de dag. De gepelde tarwe (in onze taal 'gheetee') houdt, zelfs vermengd met yoghurt, een heerlijke bite. Wij kennen een zoete en een hartige variant. De zoete versie is lauwwarm en eet je meestal in de winter. De hartige eet je juist ijskoud in de zomer.

VOOR 6 PERSONEN

1 liter water
250 g gepelde tarwe, afgespoeld en uitgelekt (ik heb het merk Mis gebruikt)
600 ml volle yoghurt
2 theel. zout

voor de zoete versie:
kaneel (naar smaak)
suiker (naar smaak)

voor de hartige versie:
2 tenen knoflook, geperst
2 eetl. gedroogde munt
2 ijsklontjes per bord

Breng in een pan het water met de tarwe aan de kook op halfhoog vuur en laat hem 45 minuten, regelmatig roerend, koken. Schep met een lepel het schuim af dat naar boven komt drijven en blijf dit herhalen.

Neem de pan van het vuur en meng de yoghurt en het zout door de warme tarwe in het kookvocht. Verdeel de yoghurt met tarwe over de borden en laat afkoelen tot kamertemperatuur.

Garneer met een snufje kaneelpoeder en suiker voor de zoete variant, met knoflook en munt voor de hartige versie. Zet de hartige labaniyeh eerst 30 minuten in de koelkast om koud te laten worden of serveer meteen met ijsklontjes.

Lahmo doe tanuro   *brood uit de oven*

In de regio Tur Abdin, waar mijn moeder opgroeide, bakte iedereen zelf zijn brood. Zo ook mijn grootmoeder. Niet in een Atag- of Miele-oven, maar in een tanuro, een oven die al duizenden jaren gebruikt en gedeeld wordt door meerdere families. Hij is gemaakt van modderklei en lijkt een beetje op een gigantische bijenkorf waar houtvuur in brandt. De tanuro heeft een klein gat aan de onderkant en een groter gat aan de bovenzijde. Als het vuur alleen nog smeult en bijna gedoofd is, wordt brooddeeg tegen de binnenwanden geplakt. Het resultaat is lahmo doe tanuro ('brood uit de oven'), een soort platbrood, maar dan met een luchtiger textuur. Het wordt eigenlijk bij alle maaltijden gegeten. Of beter gezegd: er wordt *mee* gegeten, want met lahmo doe tanuro worden stoofpotten leeggeschept, sauzen geproefd en borden schoongeveegd. Maar het is ook heerlijk met een beetje boter of kaas die dan vanzelf smelt. Voor onze moderne ovens moet het deeg eerst 1½ uur rijzen, maar wie eenmaal het knapperige lahmo doe tanuro heeft geproefd, heeft dat er graag voor over.

VOOR 12-15 BROODJES

3 x 200 ml warm water
42 g verse gist
1 kg biologische bloem, plus extra om te bestuiven
3 theel. nigellazaad
1 theel. zout
2 eetl. zonnebloemolie

Schenk 200 ml warm in een grote kom, meng met de gist en roer tot die is opgelost.

Voeg de bloem, het nigellazaad, het zout en nog eens 200 ml water toe aan het gistmengsel en meng alles met de hand ongeveer 5 minuten. Voeg nog een laatste keer 200 ml water toe en kneed 15 minuten. Voeg de zonnebloemolie toe en kneed tot een gladde en soepele deegbal ontstaat. Voeg wat extra bloem toe als het deeg aan je handen blijft plakken.

Dek de kom af met een droge theedoek en een dikke jas (dat doet mijn moeder altijd) en laat 90 minuten rijzen op een tochtvrije plek tot het volume minimaal verdubbeld is.

Verhit de oven tot 200 °C en bekleed een bakplaat met bakpapier.

Verdeel het gerezen deeg in ongeveer 12 tot 15 bollen van gelijk formaat. Dek af met een theedoek en zet opzij. Bestuif het werkvlak licht met bloem en vorm elke bol met je handpalm in dikke deegrondjes (diameter ongeveer 14 centimeter). Leg ze per 4 op de beklede bakplaat met 3 centimeter ruimte tussen de rondjes deeg.

Zet de bakplaat in de oven en bak het deeg in 30 minuten goudbruin. Laat het licht knapperige brood even afkoelen. Serveer meteen of bewaar de broodjes in een goed gesloten zak in de vriezer maximaal 2 maanden. Ideaal om gelijk een hele voorraad te maken, net als mijn moeder.

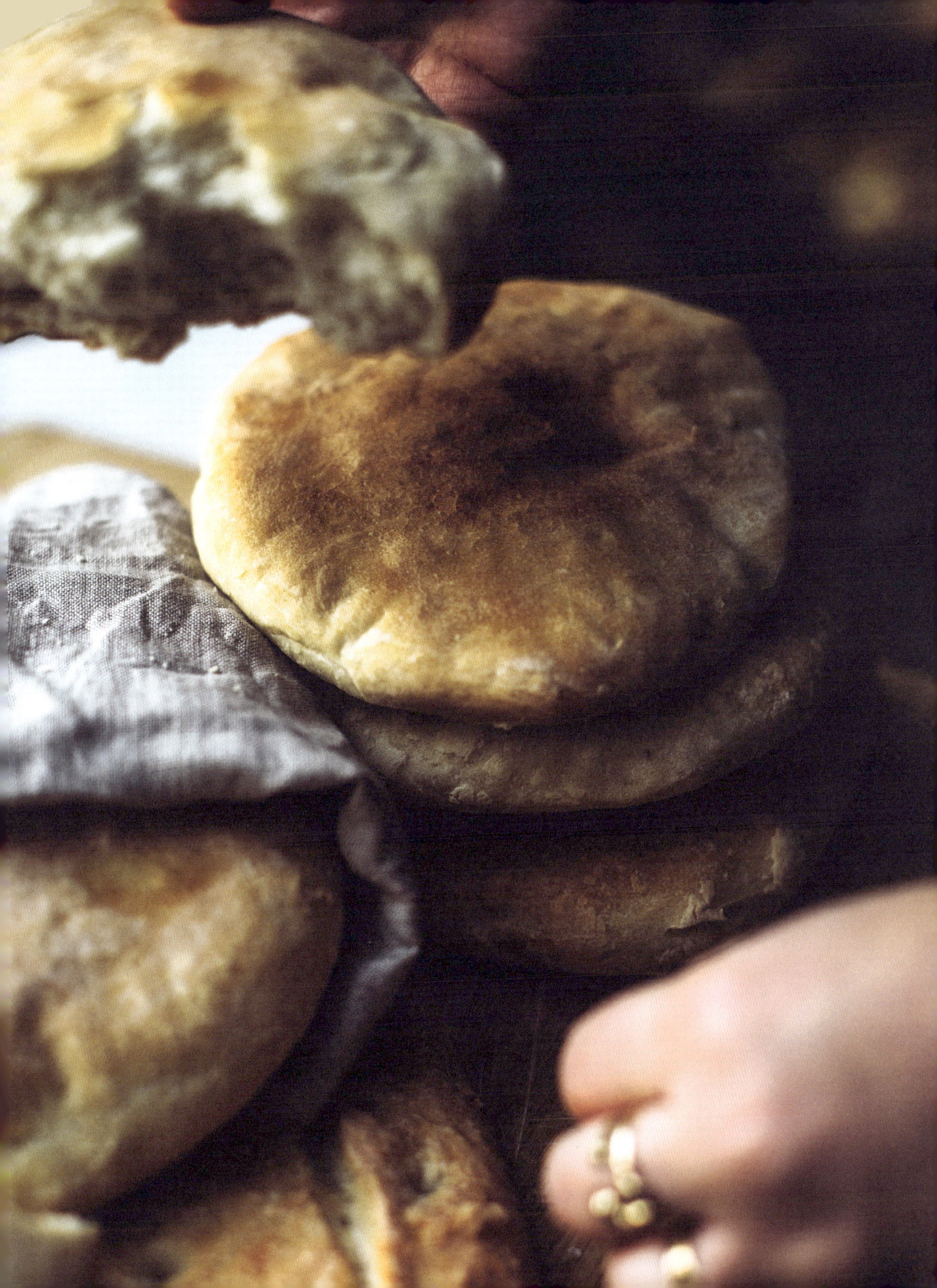

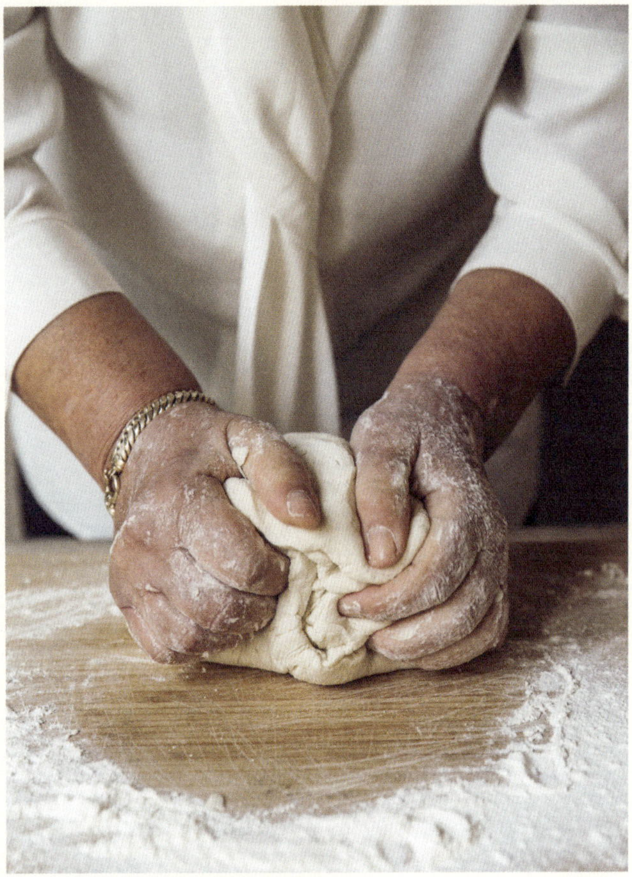
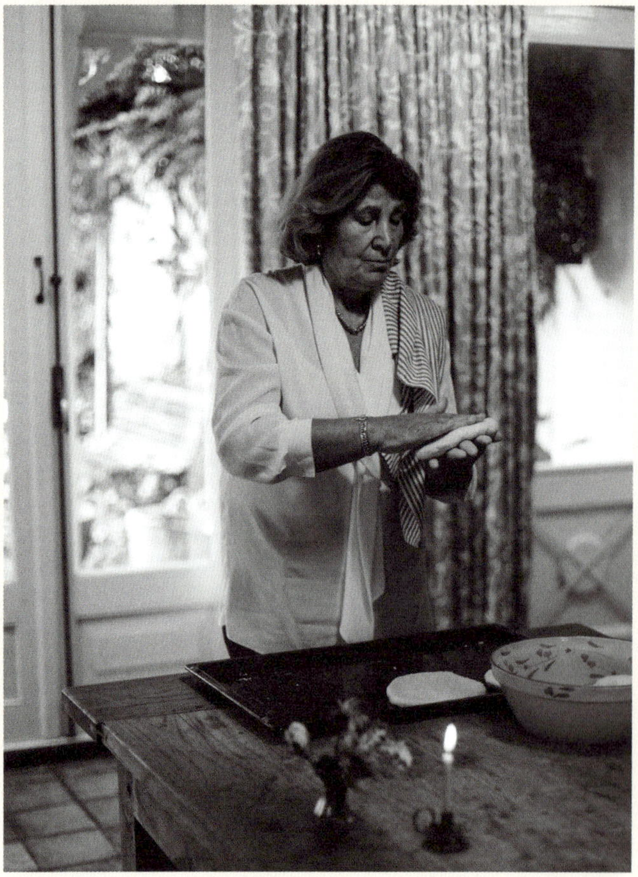
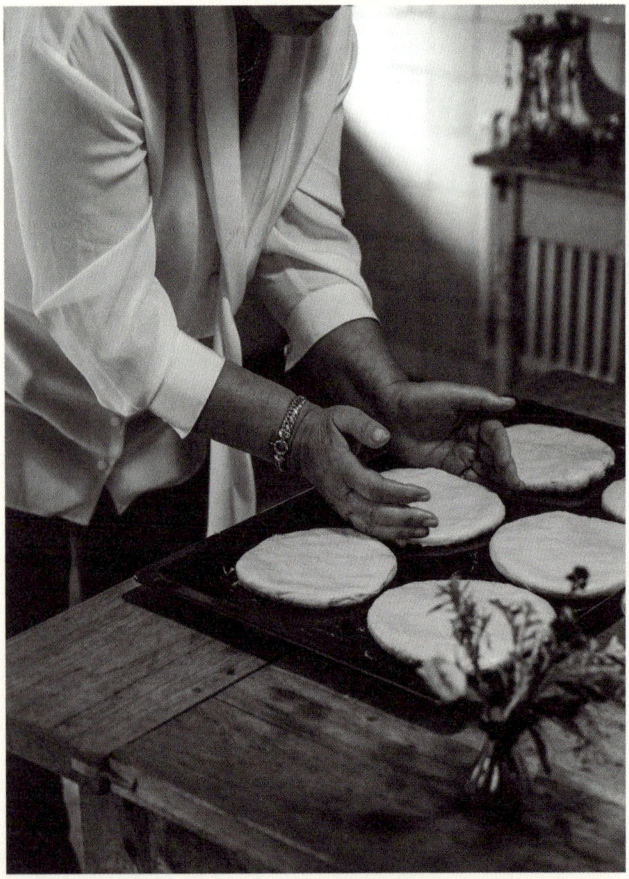
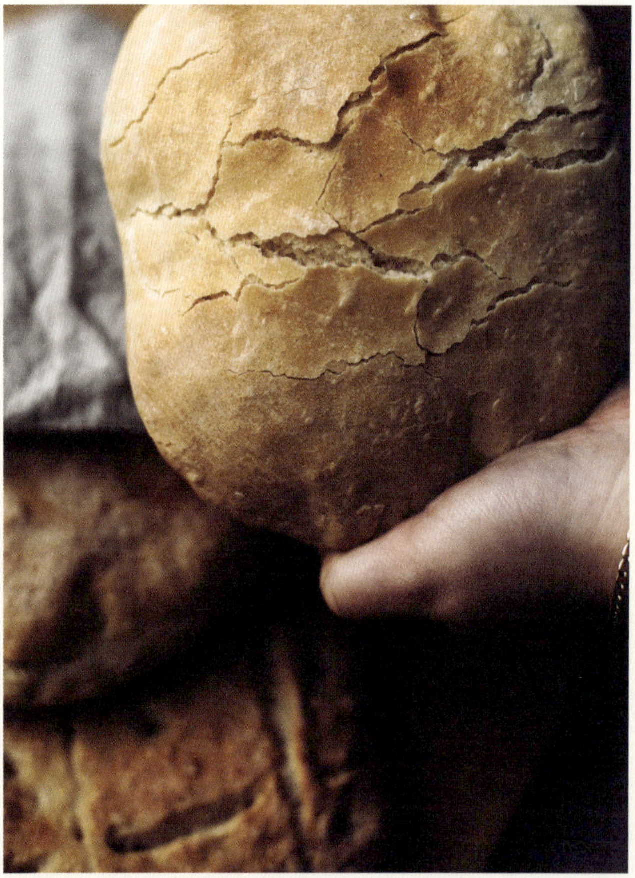

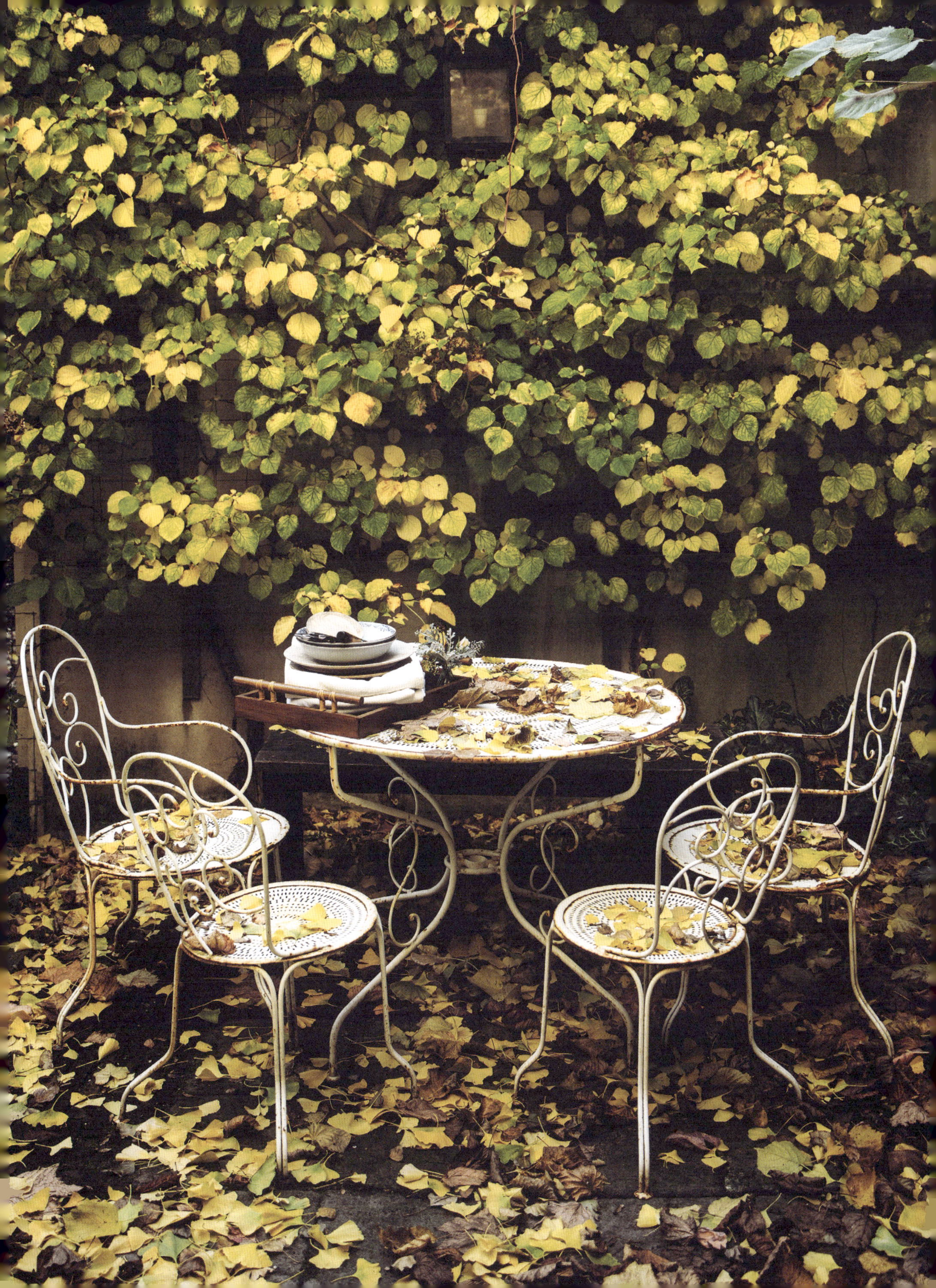

Maqloubeh *hartige taart ondersteboven*

De Fransen hebben hun tarte tatin, de omgekeerde appeltaart, wij hebben maqloubeh. Letterlijk betekent het 'op zijn kop gekeerd' of 'ondersteboven'. Een taart op zijn kop dus, maar dan hartig, vol kruiden en specerijen. De bereiding is eenvoudig, maar dat geldt niet voor het allerlaatste onderdeel: het omkeren van de taart op een bord. Dat moet in één machtige beweging en je hebt maar één kans om het goed te doen. In mijn jeugd zorgde dat altijd voor veel opwinding, alle zeven kinderen wilden erbij zijn. Bleef de maqloubeh in model, dan zag hij er prachtig uit, gebeurde dat niet, dan zag ik de teleurstelling op het gezicht van mijn moeder. De taart smaakte er overigens niet minder om en mijn moeder was meteen vastbesloten om snel weer een nieuwe te maken. Een hele geruststelling dus.

VOOR 4 PERSONEN

1½ aubergine, in plakken
zout om aubergine te bestrooien, plus 2 theel. extra
3 eetl. zonnebloemolie, plus extra om in te vetten
4 grote tomaten, in plakken
200 g risottorijst, gespoeld
400 ml heet water
25 g pijnboompitten, geroosterd

voor het gehaktmengsel:
350 g rundergehakt
1 ui, gesnipperd
2 tenen knoflook, geperst
2 theel. tomatenpuree
1 theel. pimentpoeder
1 theel. kurkumapoeder
1 theel. komijnpoeder
1 theel. paprikapoeder
1 eetl. chilipoeder
1 eetl. zwarte peper
1 theel. zout

braadpan van ongeveer 22 cm doorsnee en 9 cm hoog

Leg de plakken aubergine op een vel keukenpapier, bestrooi ze met wat zout en laat ze 15 minuten liggen.

Ga verder met het gehaktmengsel. Braad het gehakt zonder boter of olie in een koekenpan 5 minuten op halfhoog vuur. Maak het rul met een lepel, voeg de ui toe en bak al roerend 3 minuten door. Schep de knoflook en tomatenpuree erdoorheen en voeg dan alle overige ingrediënten voor het gehaktmengsel toe. Blijf braden tot het vocht volledig is verdampt.

Verhit de zonnebloemolie in een koekenpan en bak de plakken aubergine aan beide kanten ongeveer 10 minuten op halfhoog vuur.

Vet de binnenkant van een braadpan (liefst met een doorsnee van 22 centimeter en een hoogte van 9 centimeter) in met een beetje olie. Schik de plakken tomaat en aubergine om en om op de bodem van de pan, begin langs de buitenrand en werk naar het midden toe. Laat ze iets overlappen. Schik een tweede laag op dezelfde manier. Verdeel het gehakt hierop en druk rustig met de hand aan. Schep de rijstkorrels op het gehakt, giet het hete water over de rijst, voeg 2 theelepels zout toe en druk het geheel met een lepel goed aan. Breng de inhoud van de pan onafgedekt aan de kook op halfhoog vuur. Leg een deksel op de pan, draai het vuur laag en laat 25 minuten koken.

Controleer of de rijst gaar is en neem de pan van het vuur. Dek de pan af met een droge theedoek, leg het deksel erop en laat de pan 15 minuten staan. Verwijder deksel en theedoek. Zet een groot plat bord of een serveerschaal op de pan, houd beide stevig tegen elkaar en keer het geheel in één beweging om. Laat de pan 5 minuten omgekeerd staan. Til de pan voorzichtig op en bestrooi de maqloubeh met de geroosterde pijnboompitten.

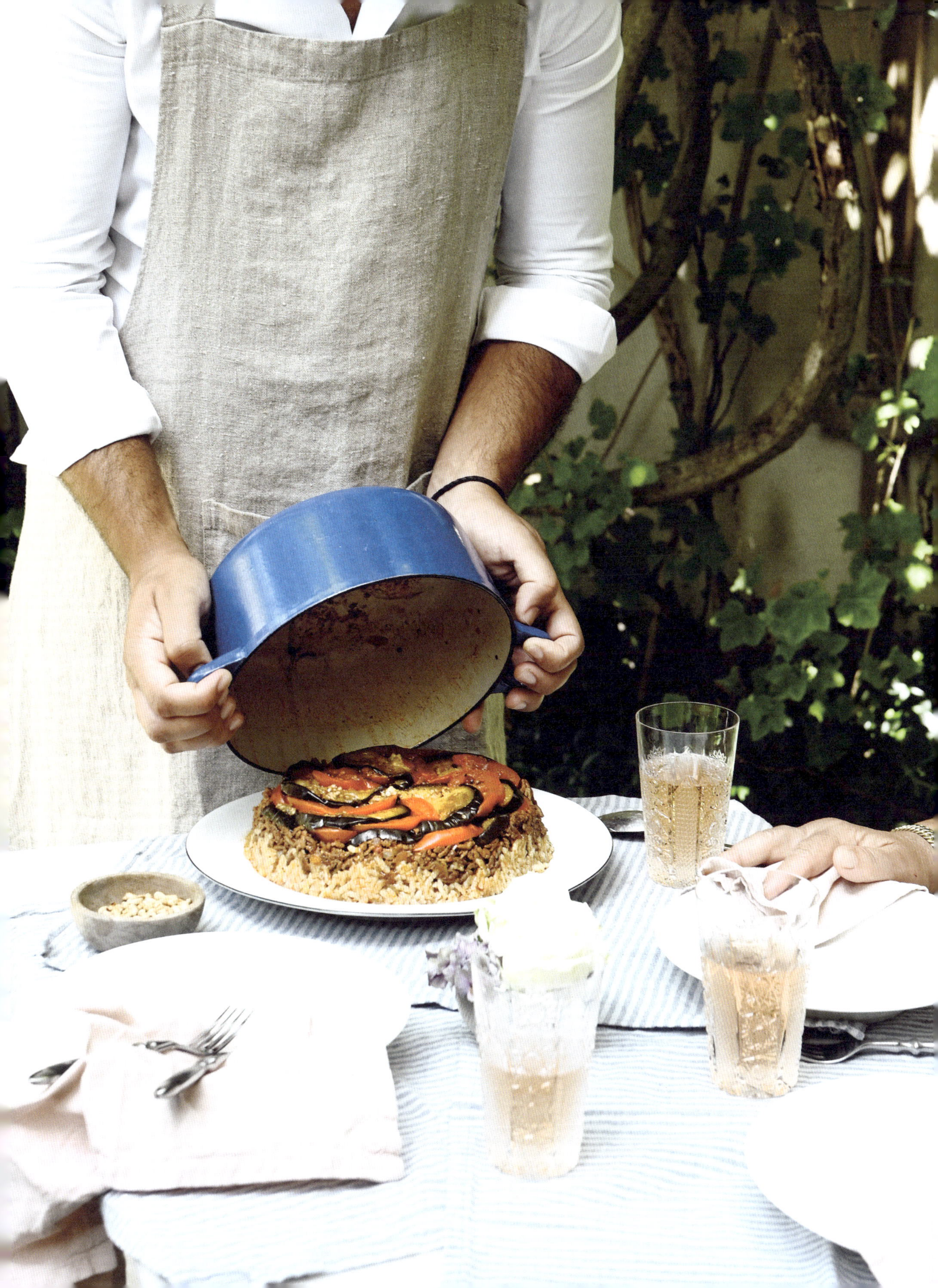

M'wothé *schapendarmen gevuld met gehakt en granen*

Op kleitabletten met de oudst gevonden recepten ooit, werd ook orgaanvlees zoals maag en darmen beschreven. Mesopotamiërs waren er kennelijk dol op, want orgaanvlees werd niet alleen gevuld met vlees, maar ook met granen. Schapendarmen zijn dunner dan die van het varken en daarom iets moeilijker te vullen. Maar mijn moeder doet het zonder enige moeite en nog net zo als de oude Mesopotamiërs: met de hand. Deze oerversie wordt niet gebakken, maar gekookt in een bouillon van ui, piment, citroen en laurier. Dat ruikt, hoe zal ik het zeggen, authentiek. Iets té authentiek voor de jongere generatie. Desalniettemin: probeer het gewoon, en je zou zomaar zeer aangenaam verrast kunnen worden door dit gerecht dat vierduizend jaar geleden al op menu stond.

VOOR 5 PERSONEN

700 g natuurlijke schapendarmen, grondig gereinigd
2 eetl. zout

voor de vulling:
200 g burghul, grof
200 g risottorijst
500 g koud rundergehakt
1½ eetl. gedroogde munt
1 eetl. zout
1 eetl. gemalen piment
1 eetl. chilipoeder
½ eetl. zwarte peper
½ eetl. paprikapoeder
50 g vloeibare boter

voor de bouillon:
1 citroen, in partjes
1 eetl. pimentkorrels
4 laurierblaadjes
1 ui, in repen

Koop de schapendarmen die grondig zijn gereinigd (vaak gepekeld in zout) en zorg dat de darmen goed nat zijn. Knip elke darm los in twee delen en leg ze in een schone spoelbak. Laat de uiteindes open en leg hier geen knoop in.

Begin met het verwijderen van het zoute vocht van de darmen. Zoek de opening van een darm en duw deze tegen de mond van de kraan. Vervolgens laat je de kraan langzaam lopen en spoel je elke darm goed door met koud water. Laat de darm door je vingers glijden om zo het overtollige zout te verwijderen. Keer de darmen binnenstebuiten en spoel nog een keer door. Knijp alle lucht uit de darmen en leg ze binnenstebuiten in een vergiet. Spoel het vergiet met de darmen nog een keer na.

Meng de rijst en burghul goed met de hand in een grote kom gevuld met water en giet af. Voeg het koude gehakt toe samen met alle overige ingrediënten voor de vulling en kneed het gehaktmengsel goed door.

Vul nu voorzichtig de darm met het mengsel. Houd een uiteinde van de darm in de vuist vast en druk de opening van de darm met de hele wijsvinger naar binnen (dus de buitenste rand gaat naar binnen). Schep een eetlepel vulling in de opening van de darm en druk het met de hele wijsvinger naar binnen. Zodra 10 centimeter gevuld is, verplaats je deze 10 centimeter met de vingers richting het andere uiteinde van de darm. Blijf dit herhalen tot het gehakt gelijkmatig is verdeeld over de darm. Maak hem niet te vol of te dik, omdat de vulling uitzet tijdens het koken. Kneed eventuele luchtbelletjes eruit. Afbinden van de darm is niet nodig. Laat daarvoor 2 centimeter darm aan het begin en eind ongevuld. Leg de gevulde darm apart in een schaal en vul op dezelfde manier de rest van de darmen.

Vul een grote pan met voldoende water (zodat de darmen onder water staan) en voeg de citroen, piment, laurier en ui toe. Verwarm de pan met water tot net aan de kook en doe de darmen een voor een in het water. Dek de pan af, draai het vuur op middelhoog vuur en laat

50 minuten pruttelen. Doe een raam open als het niet fris ruikt. Haal een klein stukje darm uit de pan en proef het. Als de rijst en burghul gaar zijn dan is het gerecht klaar.

Serveer in een schaal met een salade erbij.

TIP

Duw de buitenkant van een uiteinde van de darm ongeveer 5 centimeter naar binnen. Duw je wijsvinger in het uiteinde naar binnen, en rol met een vinger van de andere hand de rest van de buitenkant naar binnen door de kraan te laten lopen. Zo keer je ze vanzelf binnenstebuiten. Het is belangrijk binnenstebuiten te eindigen om de darmen straks gemakkelijker te kunnen vullen.

BUSHOLÉ U MUKLONÉ MBASHLÉ

───── Soep en stoof

Tlawhé - Gerso - Hemse - Bamya - Dobo - Marga -
Matfuniye faṣuliye yaroqo - Matfuniye doe farmo

Smuni Turan, *mijn moeder.*

Gelukkig heeft mijn moeder een vredige, relatief zorgeloze jeugd gehad – vergeleken met de heftige tijd waarin haar (groot)ouders opgroeiden. De keuken van haar moeder speelde in haar jeugd een centrale rol. De keuken waarop dit boek gebaseerd is.

'Als we aten, zaten we in een kring rond een pan, waar we allemaal uit aten. Mijn moeder begon om vier uur in de ochtend al met koken. Er moest eten klaarstaan voor de herders die mijn ouders in dienst hadden, die gingen al heel vroeg van huis. Ze maakte vaak linzen- of kikkererwtensoep, tarweyoghurt of schotels met witte bonen. Ze bakte onder meer haar eigen brood, maakte romige yoghurt, boter, vermicelli, tomatenpuree en druivenmelasse van de druiven uit onze wijngaard. In de winter kookte ze op kachels, in de zomer hadden we vuur buiten branden. Mijn vader hakte hout in het bos voor dat vuur. Om twaalf uur gingen we lunchen. Dan ging iedereen sowieso rusten, omdat het zo warm was. We aten dan altijd warm. Gebakken eieren met uien bijvoorbeeld, soms ook met worst. Ook aten we vaak apprakhe, gevulde wijnbladeren. Of tawa – een ovenschotel – met aubergine, aardappeltjes, courgette en tomaat met burghul, rijst of brood. We dronken water of yoghurtdrank die mijn moeder zelf maakte. Ik keek hoe ze dat allemaal deed, en lette vooral op de techniek van het vullen en vouwen van gerechten. Zo leerde ik veel van haar. Bijvoorbeeld hoe je broden uit de hete as moest halen zonder je handen te verbranden. De truc was om natte doeken om je handen te wikkelen. Heel vaak kwam er onverwacht visite langs, ook uit andere dorpen. Iedereen kon altijd mee-eten, er was altijd genoeg. Bij een bruiloft was het groot feest. Er werd altijd op zondag getrouwd. Dan ging mijn vader drie, vier schapen slachten. Het hele dorp werd

> "Heel vaak kwam er onverwacht visite langs, ook uit andere dorpen. Iedereen kon altijd mee-eten, er was altijd genoeg."

uitgenodigd en enkele mensen uit andere dorpen. Ook moslims hoor, dat maakte niks uit, dat ging prima. Een groep van tien man (eerst de mannen, zo ging dat) at in een kring op de grond. Was je uitgegeten, dan stond je op, en nam iemand anders je plaats in. Zo kwam iedereen aan de beurt. Allemaal tegelijk kon niet, want daarvoor waren er niet genoeg borden. Als je uitgegeten en opgestaan was, ging je dansen, zingen, feestvieren. Er werd vooral veel schapenvlees gegeten, veel granen, groenten, peulvruchten, allemaal in heel grote pannen, opgediend met grote lepels. Alle ooms, tantes, neven en nichten brachten wat in en hielpen mee. Ze gaven elkaar doekjes met kolonya om handen te wassen en te drogen. Er werden veel kliecha gebakken, zoete koekjes. Dat was samen met verse vruchten het enige zoet. Chocola hadden wij niet, dat kwam pas veel later in de grote stad.

Mijn lievelingsgerechten zijn kötle, samborakat en pannenkoeken. Met stroop gemaakt van druiven. Die stroop deed mijn moeder ook over een gebakken ei. Dat klinkt gek maar is zo lekker! Zo had ze een heleboel eigen gerechtjes. Harile bijvoorbeeld, ik vraag altijd aan kennissen als ze in Turkije, Syrië of Libanon zijn of ze die willen meenemen. Harile is een soort nougat van gedroogde druivenmelasse. Begin september werd het gemaakt en de hele winter aten we ervan. In dezelfde tijd maakten we rode en witte wijn. En raki natuurlijk. Dat dronken we met kerst en oud en nieuw en bij het eten als er visite kwam. Ook vrouwen en kinderen dronken mee. De broer van mijn vader was vaak dronken, en dan ging zijn vrouw met een stok achter hem aan. Zondag was een rustdag. Dan brachten we eten naar arme mensen, en deden we mooie kleren aan.'

Lees verder op blz. 117

Tlawhé *traditionele rodelinzensoep*

De Suryoye hebben twee grote vastenperiodes: vijftig dagen voor Pasen en tien dagen voor Kerstmis. Vasten betekent bij ons dat er geen vlees of zuivel gegeten mag worden. Mijn moeder maakte dan vaak haar 'troostsoep'. Ofwel tlawhé, een heel specifieke linzensoep met vers citroensap. Hij is heel stevig en geurig, echt een gerecht waar je van opknapt. Tlawhé is mijn lievelingssoep en ik maak hem heel vaak, vooral in de winter. Altijd te veel, maar wat overblijft vries ik gewoon in.

VOOR 6 PERSONEN

2½ liter water
400 g rode linzen
140 g witte langkorrelrijst
2 eetl. zonnebloemolie
1 middelgrote witte ui, fijngesneden
2 flinke tenen knoflook, fijngehakt
1 groene chilipeper (ca. 25 g), zonder zaadlijst, fijngesneden
1 middelgrote aardappel, geschild, fijngesneden
½ winterwortel, fijngesneden
35 g tomatenpuree
1 theel. sambal of 1 theel. paprikapoeder
1 theel. zwarte peper
1 theel. zout
sap van een ½ biologische citroen

voor erbij:
6 bosuien
1 citroen in 6 partjes
brood

Breng in een grote diepe pan het water met de linzen en de rijst op halfhoog vuur aan de kook. Roer goed door en laat 45 minuten koken op heel laag vuur. Schep met een lepel het schuim af dat naar boven komt drijven en blijf dit herhalen.

Verhit de zonnebloemolie in een koekenpan op halfhoog vuur. Fruit de ui, knoflook en groene peper in 5-10 minuten zacht en glazig. Draai het vuur wat zachter als het te hard gaat.

Voeg de aardappel, wortel, tomatenpuree en sambal toe aan de pan met de linzen en de rijst en doe ook het uienmengsel erbij. Voeg de peper, het zout en citroensap toe en roer alles goed. Laat de soep pruttelen op laag vuur.

De soep is klaar als zowel de linzen, de rijst en de groenten zacht gekookt zijn en alle ingrediënten goed zijn vermengd. Proef goed of de soep niet te dik is. Voeg zo nodig extra kokend water toe met wat extra zout en peper.

Was de bosuien in koud water en snijd het zachte witte gedeelte van de stengels af. Serveer dit samen met de citroenpartjes bij de soep. De ui wordt rauw gegeten en het citroensap brengt de soep naar een hoger geheel. En vergeet het brood niet, om te dippen.

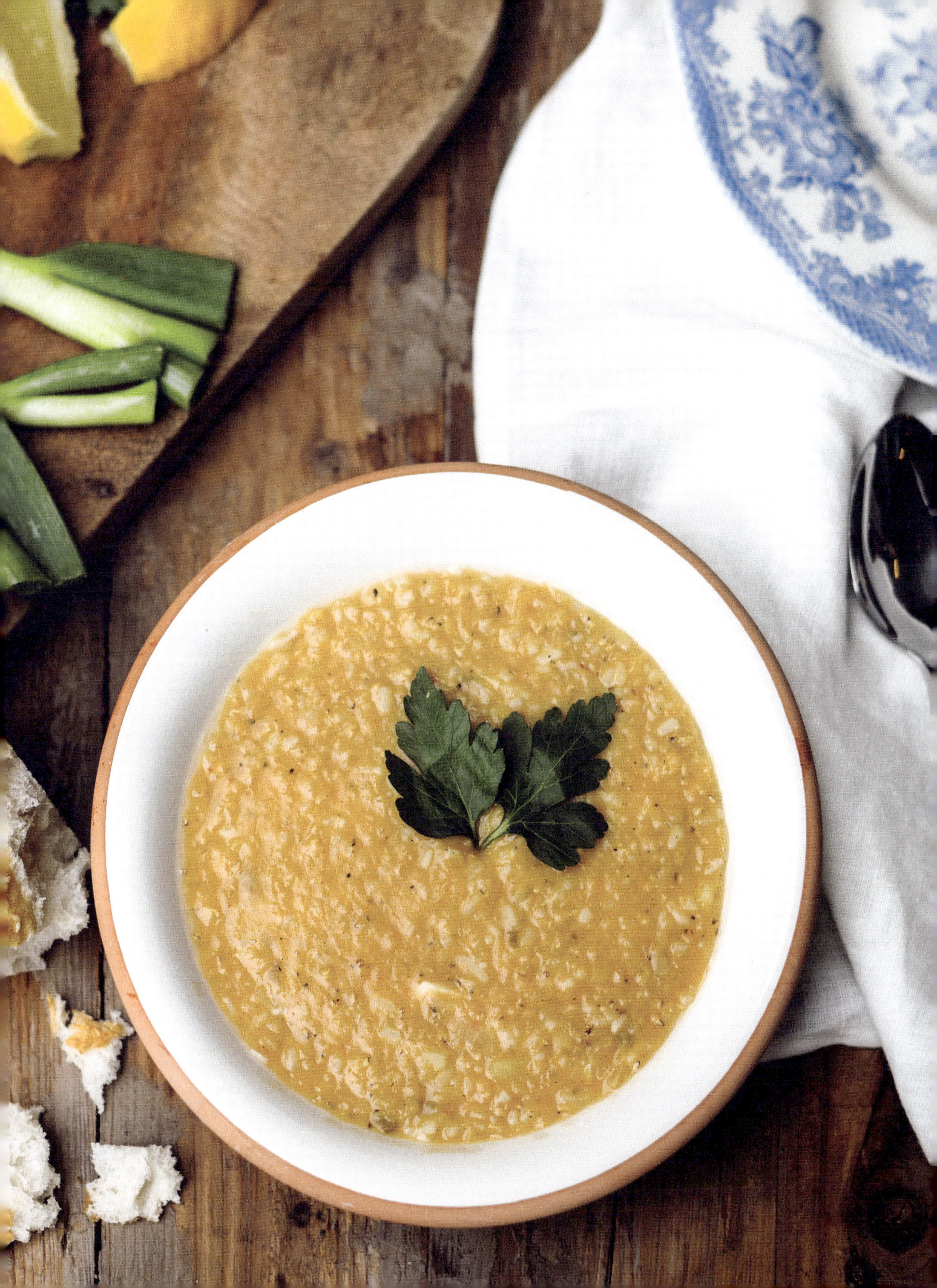

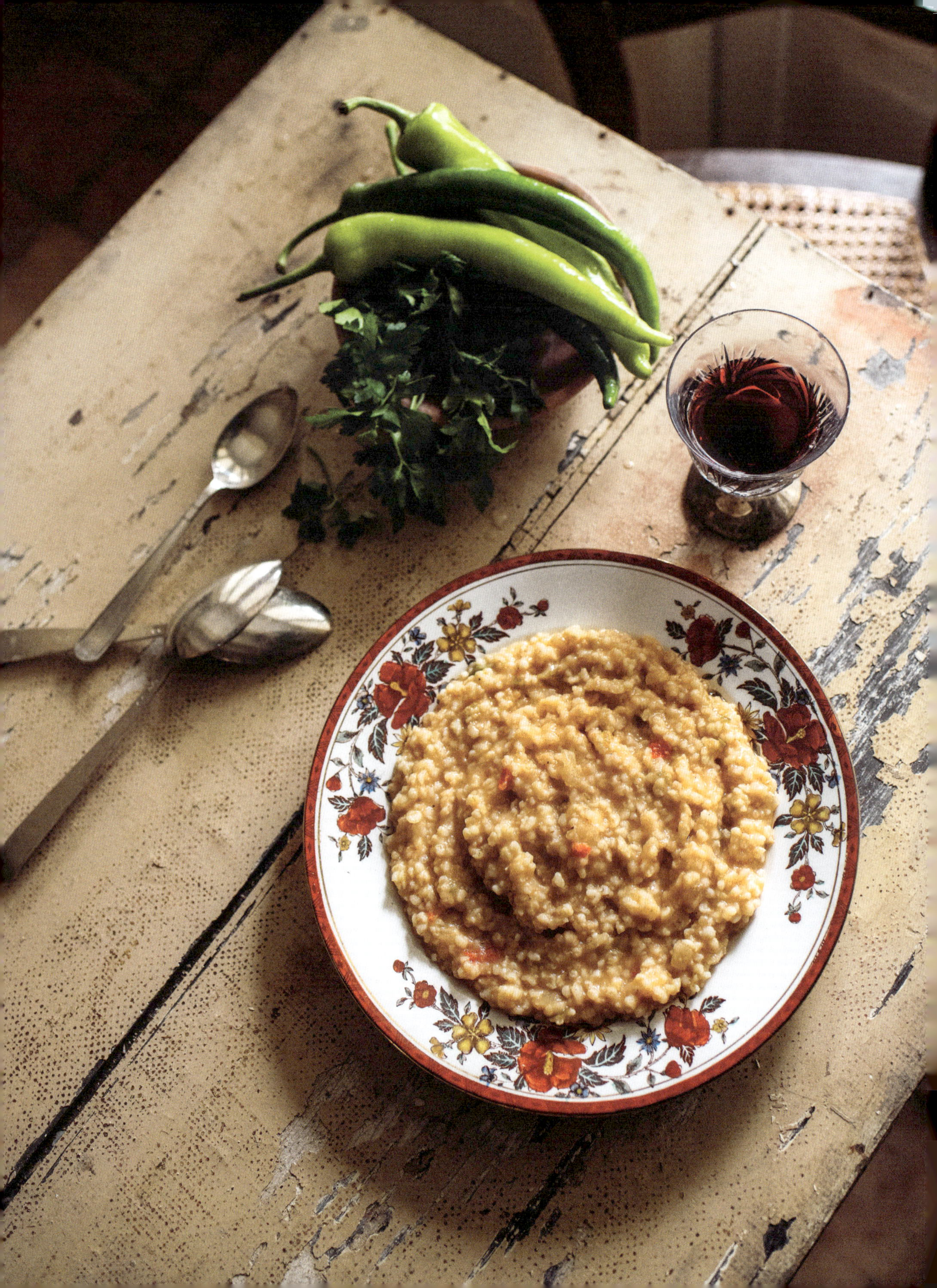

Gerso *warme smeuïge tarwe*

Gerso, gemaakt van grove ongekookte gebroken tarwe, is een gerecht dat al werd gemaakt in de oudste landbouwnederzettingen ter wereld. Tegelijkertijd is gerso helemaal van deze tijd, want veganistisch en ook nog eens volkoren. Belangrijk is dat je de juiste graansoort kiest in de supermarkt. Ik koop het meestal in de Syrische of Turkse supermarkt, en ook dan moet ik altijd goed op de verpakking kijken of ik de goeie heb. De Nederlandse benamingen, 'tarwegrutten' of 'ongekookte gebroken tarwe', worden nooit vermeld. De Duitse naam soms wel, dan heet het weizengrütze. Gerso is een oergerecht, dat mijn vader vaak maakte als mijn moeder niet thuis was. Het is in al zijn eenvoud verrukkelijk en we hebben de ingrediënten altijd in huis.

VOOR 8 PERSONEN

- 4 eetl. olijfolie
- 1 witte ui, fijngesneden
- 2 groene chilipeper, fijngesneden
- 1 rode chilipeper, zonder zaadlijst, fijngesneden
- ½ theel. paprikapoeder
- ½ theel. 4-seizoenenpeper
- 1 theel. korianderpoeder
- ½ theel. zout, plus 1 eetl. voor de tarwegrutten
- 1 eetl. tomatenpuree
- 2½ liter water
- 500 g tarwegrutten, grof
- 1 theel. olijfolie
- 1 bosje platte peterselie, fijngehakt

Verhit de olie in een pan op laag vuur. Bak de ui en groene en rode peper, regelmatig roerend, in 10-12 minuten glad en glazig. Voeg het paprikapoeder, de 4-seizoenenpeper, het korianderpoeder en ½ theelepel zout toe en roerbak alles nog 1 minuut. Zet het vuur uit, voeg de tomatenpuree toe en roer het ui-pepermengsel nog even goed door.

Breng in een grote pan het water aan de kook. Voeg 1 eetlepel zout en de tarwegrutten toe en roer goed. Schep met een lepel het schuim af dat naar boven komt drijven en blijf dit ongeveer 15 minuten herhalen. Zet het vuur laag, roer de olijfolie erdoorheen en laat de grutten in 20 minuten gaar pruttelen. Blijf roeren tot een zacht en niet te dik geheel.

Schep het ui-pepermengsel door de gekookte tarwe en bestrooi met peterselie. Serveer warm.

Hemse *kikkererwtensoep*

Kikkererwten behoren met linzen tot de peulvruchten die al in de vroegste oudheid werden gegeten. Ze worden al vermeld op kleitabletten die zijn opgegraven in Mesopotamië. Kikkererwten worden nog altijd, en zelfs in toenemende mate, gebruikt in de meest uiteenlopende gerechten. De Suryoye maken er bijvoorbeeld een onweerstaanbare soep van. Hartig, kruidig en geurig. De bereiding vraagt wel enig geduld, want de kikkererwten moeten eerst worden geweekt en vervolgens gekookt. Maar dat is het dubbel en dwars waard.

VOOR 8 PERSONEN

700 g gedroogde kikkererwten
4 eetl. zonnebloemolie
1 middelgrote witte ui, fijngesneden
1 teen knoflook, fijngesneden
1 groene chilipeper, zonder zaadlijst, fijngesneden
1 rode paprika, fijngesneden
2 theel. zwarte peper
1 liter water, plus 800 ml extra
2 eetl. tomatenpuree
1 theel. sambal
1 theel. paprikapoeder
1 eetl. sap van biologische citroen
1 eetl. zout

voor erbij:
1 bosje platte peterselie of koriander, grof gehakt
partjes citroen

Zet de gedroogde kikkererwten in een grote diepe pan met tweemaal het volume koud water zodat ze een paar centimeter onder water komen te staan. Laat 2 uur weken en giet af.

Verhit 2 eetlepels zonnebloemolie in dezelfde pan en bak de kikkererwten 10 minuten op laag vuur. Roer goed, zodat ze niet aan de bodem blijven plakken of aanbranden.

Verhit de resterende 2 eetlepels zonnebloemolie in een ruime koekenpan op laag vuur. Bak de ui in 5 minuten zacht en glazig. Voeg de knoflook, groene chilipeper, rode paprika en zwarte peper toe en bak het geheel nog een aantal minuten.

Verdeel dit mengsel over de erwten in de andere pan. Verwarm de pan op laag vuur en roer goed. Voeg 1 liter koud water toe en laat een paar minuten doorwarmen.

Voeg de tomatenpuree, sambal, het paprikapoeder, citroensap en zout toe. Roer goed, breng alles aan de kook, leg een deksel op de pan en laat de soep afgedekt op laag vuur koken.

Voeg de 800 ml extra water toe na 1½ uur. Proef daarna elke 20 minuten of de erwten gaar zijn. Voeg zo nodig nog wat water toe, blijf proeven, dit kan nog 2 uur duren.

Serveer de soep in diepe kommen, verdeel er wat peterselie of koriander over en geef er een citroenpartje bij. Lekker met platbrood.

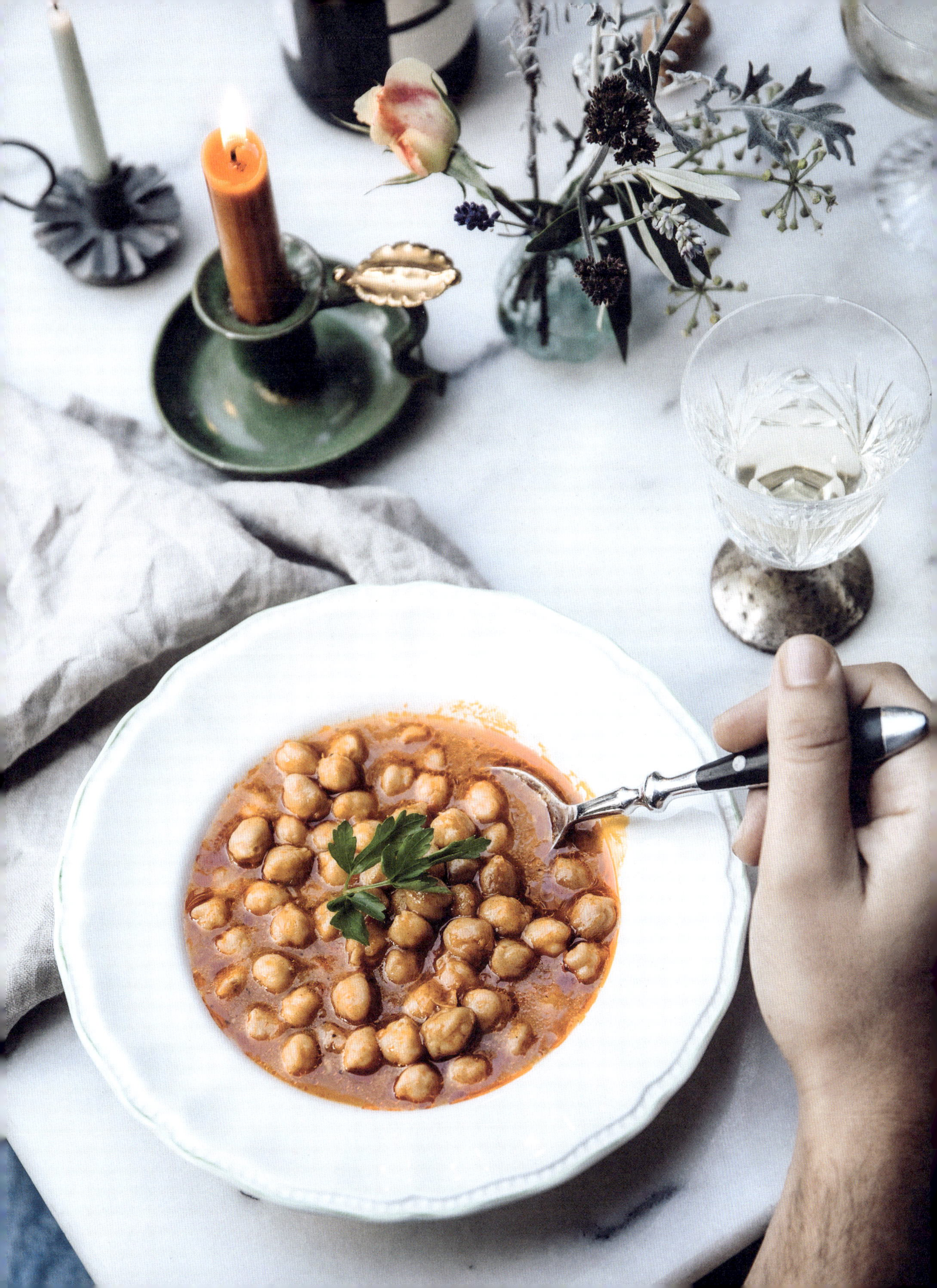

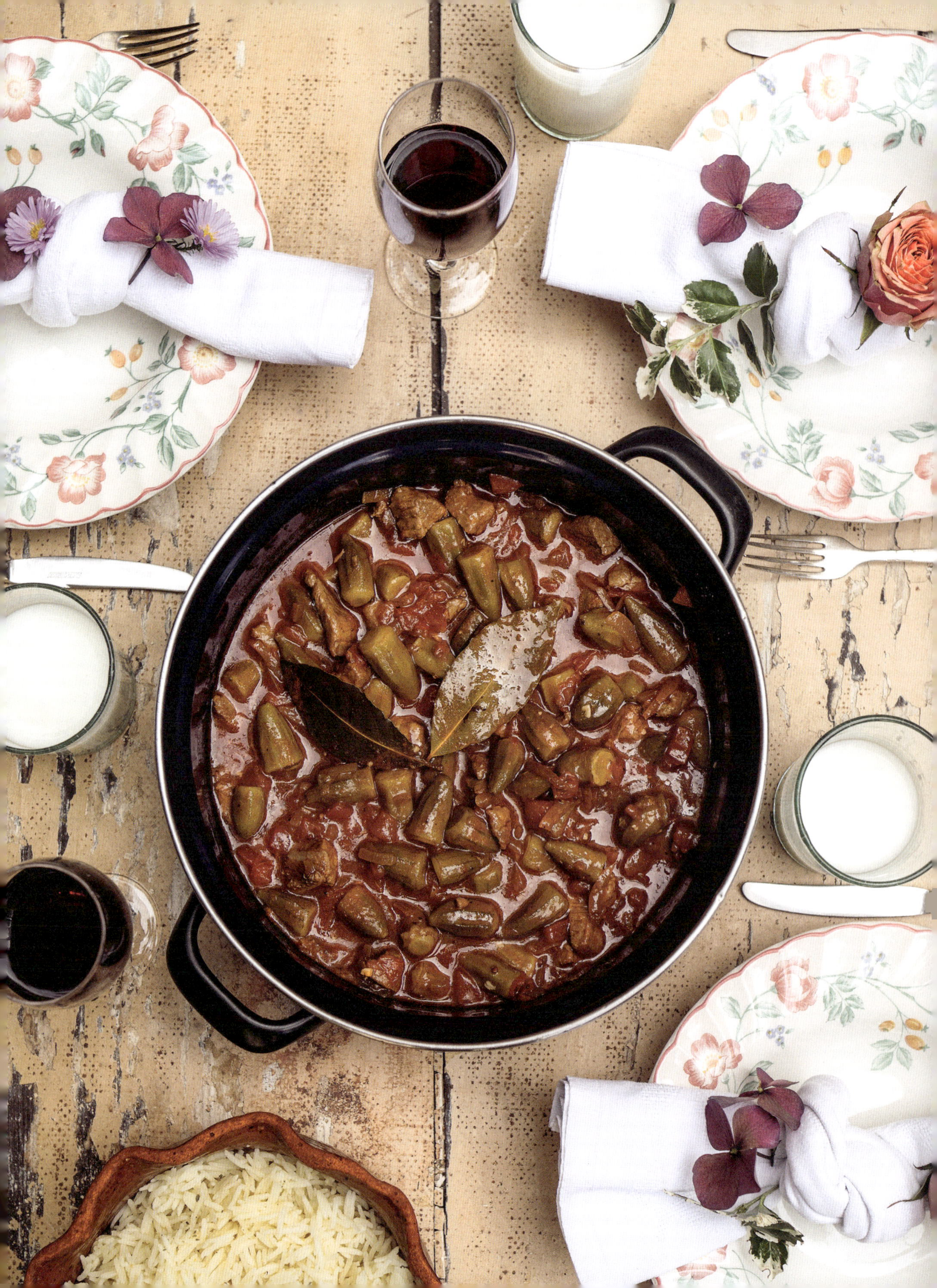

Bamya *okrastoof met rund*

Okra's. Ik ben dol op deze knapperige, smaakvolle groente, maar in Nederland zijn ze nog niet echt bekend. Het is dan ook altijd even zoeken naar verse okra's, maar op de markt of bij een Midden-Oosterse supermarkt vind je ze meestal wel. Ze lijken op kleine pepertjes of mini-courgettes. Diepvriesokra's zijn ideaal omdat ze het hele jaar door verkrijgbaar zijn en lang houdbaar. Let erop dat ze klein zijn en stevig aanvoelen, want dan zijn ze lekker mals. De Suryoye noemen okra's 'bamya' en dat is ook meteen de naam van het belangrijkste gerecht dat je ermee maakt: een geurige stoofpot.

VOOR 6 PERSONEN
voor het vlees:

1 eetl. vloeibare boter
500 g runderstoofvlees, blokjes
5 tenen knoflook, fijngehakt
½ theel. paprikapoeder
½ theel. korianderpoeder
2 theel. zout
½ theel. zwarte peper
1 liter kokend water
2 laurierblaadjes

voor de groenten:
1 eetl. olijfolie
1 witte ui, fijngesneden
8 romatomaten, fijngesneden
1½ eetl. tomatenpuree
½ theel. chilivlokken
400 g diepvriesokra, klein

Verhit de boter in een grote pan en schroei het vlees op hoog vuur aan alle kanten dicht. Voeg de knoflook, het paprikapoeder, korianderpoeder, zout en de zwarte peper toe en bak alles nog 1 minuut. Voeg het kokende water en de laurierblaadjes toe en laat 2½ uur pruttelen tot het vlees gaar is, op laag vuur. Voeg wat extra water toe als het vocht te snel verdampt.

Verhit de olie in een pan op halfhoog vuur en bak de ui 5 minuten zacht. Voeg de tomaat toe en roerbak alles nog 25 minuten op laag vuur. Meng daarna de tomatenpuree en chilivlokken erdoor.

Verwijder de laurierblaadjes uit de pan met stoofvlees en gooi ze weg. Voeg het uienmengsel toe aan het vlees en laat 15 minuten pruttelen op laag vuur.

Plaats de bevroren okra in een vergiet, zet onder de kraan en laat koud water over de groenten lopen tot ze ontdooid zijn. Voeg de okra toe aan de stoof en laat het geheel nog een keer 15 minuten pruttelen.

Serveer de okrastoof met rijst of burghul.

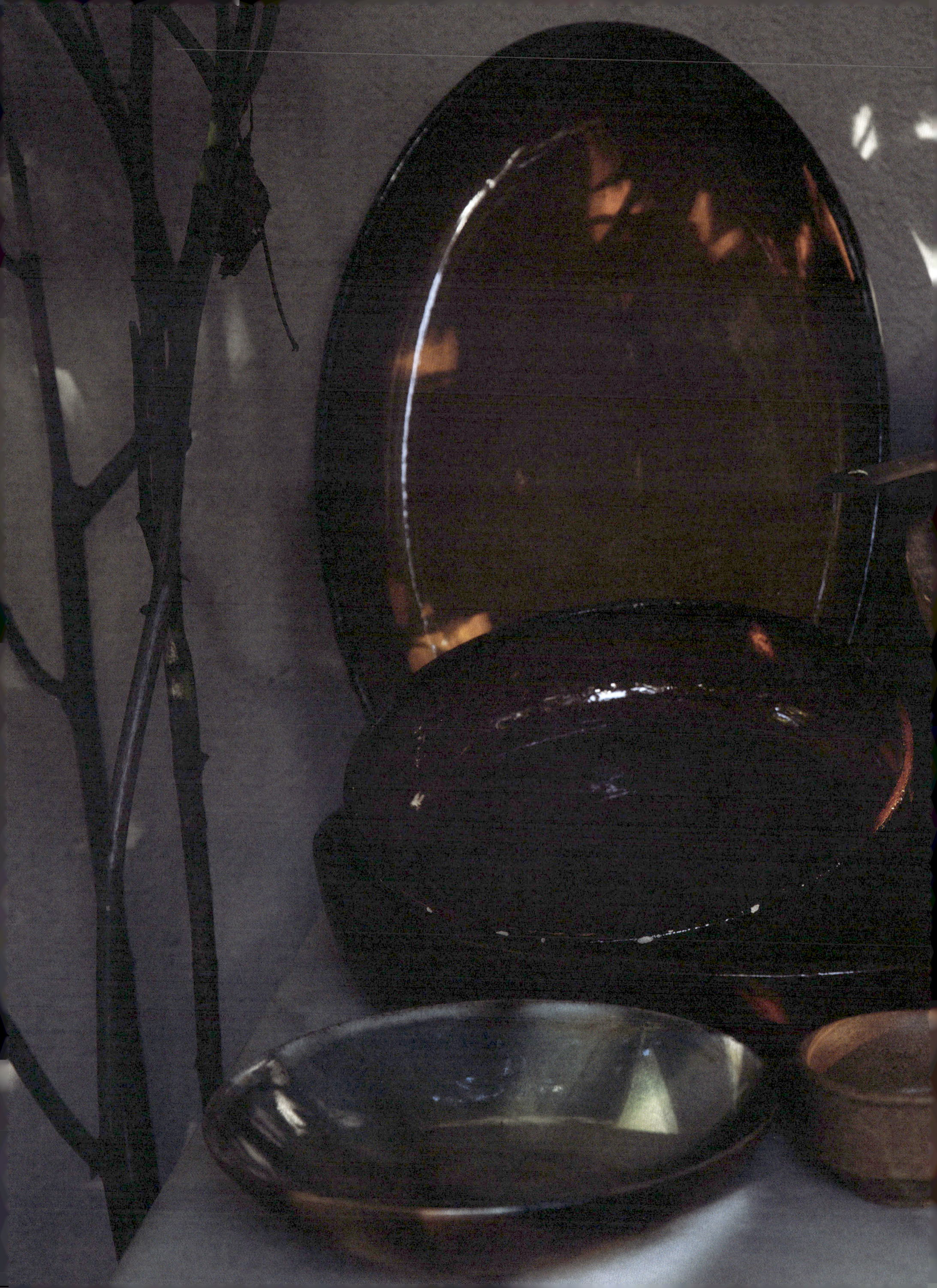

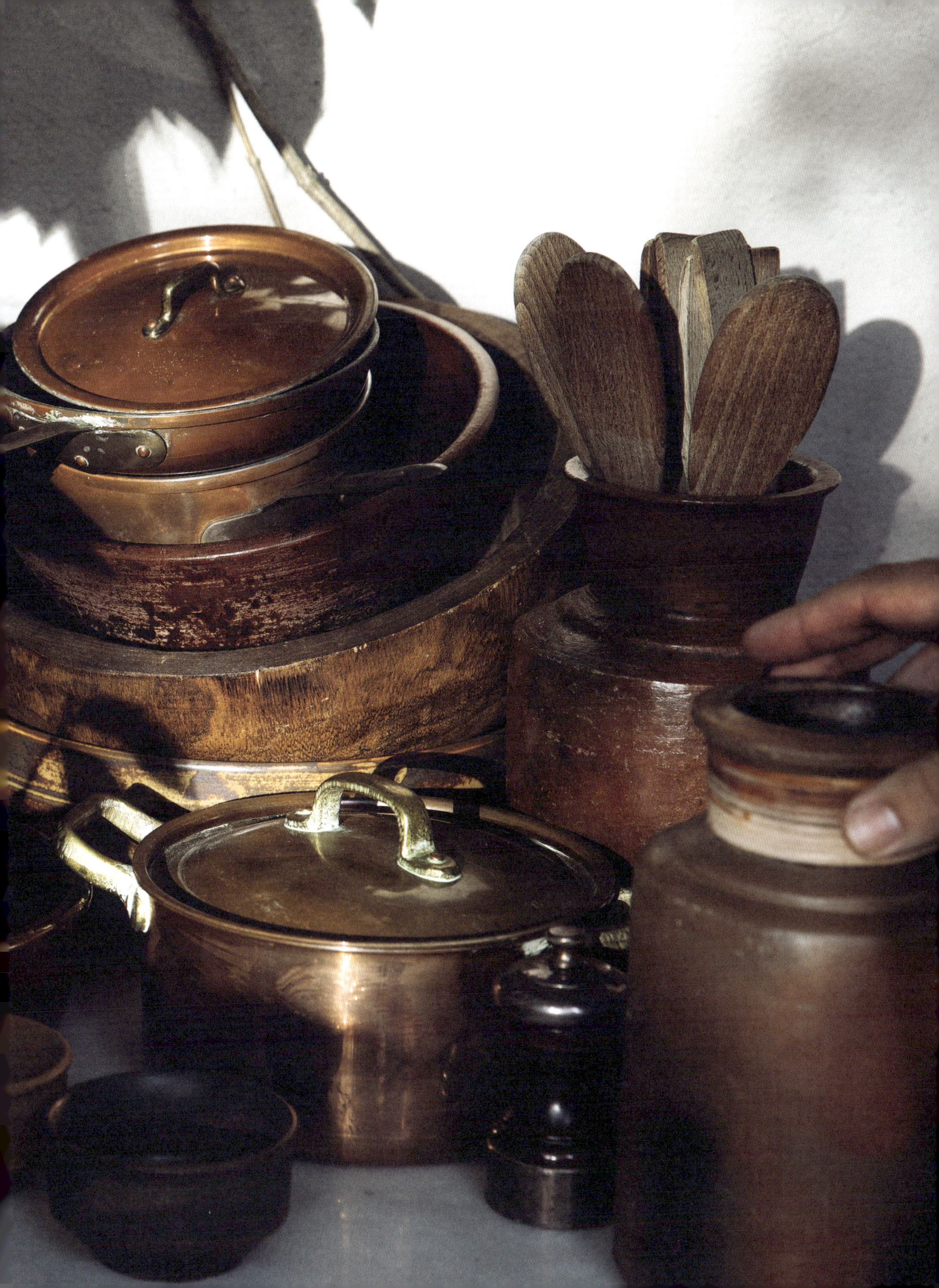

Dobo *lamsbout met knoflook en piment*

Het verhaal gaat dat de Assyrische koningen in hun paleizen het liefst dobo aten, een luxe gevulde lamsbout. In de bout worden gaatjes geprikt die gevuld worden met kostbare specerijen. Een echte koningsmaaltijd dus. Ik herinner me dat mijn moeder altijd dobo maakte als er een belangrijke gast op bezoek kwam, meestal een geliefde oom of tante. Een klein feestje dus, waar je wel een beetje geduld voor moet hebben, want dobo moet urenlang op het vuur staan. In de oudheid zelfs de hele dag, slow cooking avant la lettre, maar tegenwoordig is een uur of twee voldoende. De koningen gaan met hun tijd mee!

VOOR 5 PERSONEN

15 tenen knoflook, in reepjes
1 eetl. paprikapoeder
1 eetl. gemalen piment
1½ eetl. zout
1 eetl. zwarte peper
1 lamsbout (met bot), 1,5-1,7 kg, gewassen en zonder vet
2 eetl. tomatenpuree
1½ eetl. vloeibare boter
300 ml warm water
½ eetl. hele kruidnagels
1 eetl. pimentkorrels
4 laurierblaadjes

Meng in een kom de reepjes knoflook met het paprikapoeder, de piment, het zout en de zwarte peper.

Maak met een mes in de lamsbout meerdere inkepingen van 1 centimeter diep. Duw de gekruide knoflookreepjes goed in de inkepingen. Wrijf de bout in met het eventuele restant van het kruidenmengsel en daarna met de tomatenpuree. Pak de lamsbout in met vershoudfolie en bewaar het minimaal 6 uur in de koelkast zodat de smaken goed intrekken. Haal de bout 1 uur voordat hij de pan in gaat uit de koelkast om op kamertemperatuur te komen

Verhit de boter in een grote diepe pan en schroei het vlees op hoog vuur aan alle kanten dicht. Schenk het warme water in de pan en voeg de kruidnagel, pimentkorrels en laurierblaadjes toe. Laat ongeveer 15 minuten pruttelen op hoog vuur. Draai het vuur half laag en laat ruim 1½ uur verder pruttelen tot het vlees gaar is. Keer de bout tijdens het garen meerdere malen om in de pan en voeg extra water toe als het vocht te snel verdampt.

Serveer de lamsbout met burghul. Verdun de jus op de bodem van de pan met een klein glas heet water en schenk dit over de burghul.

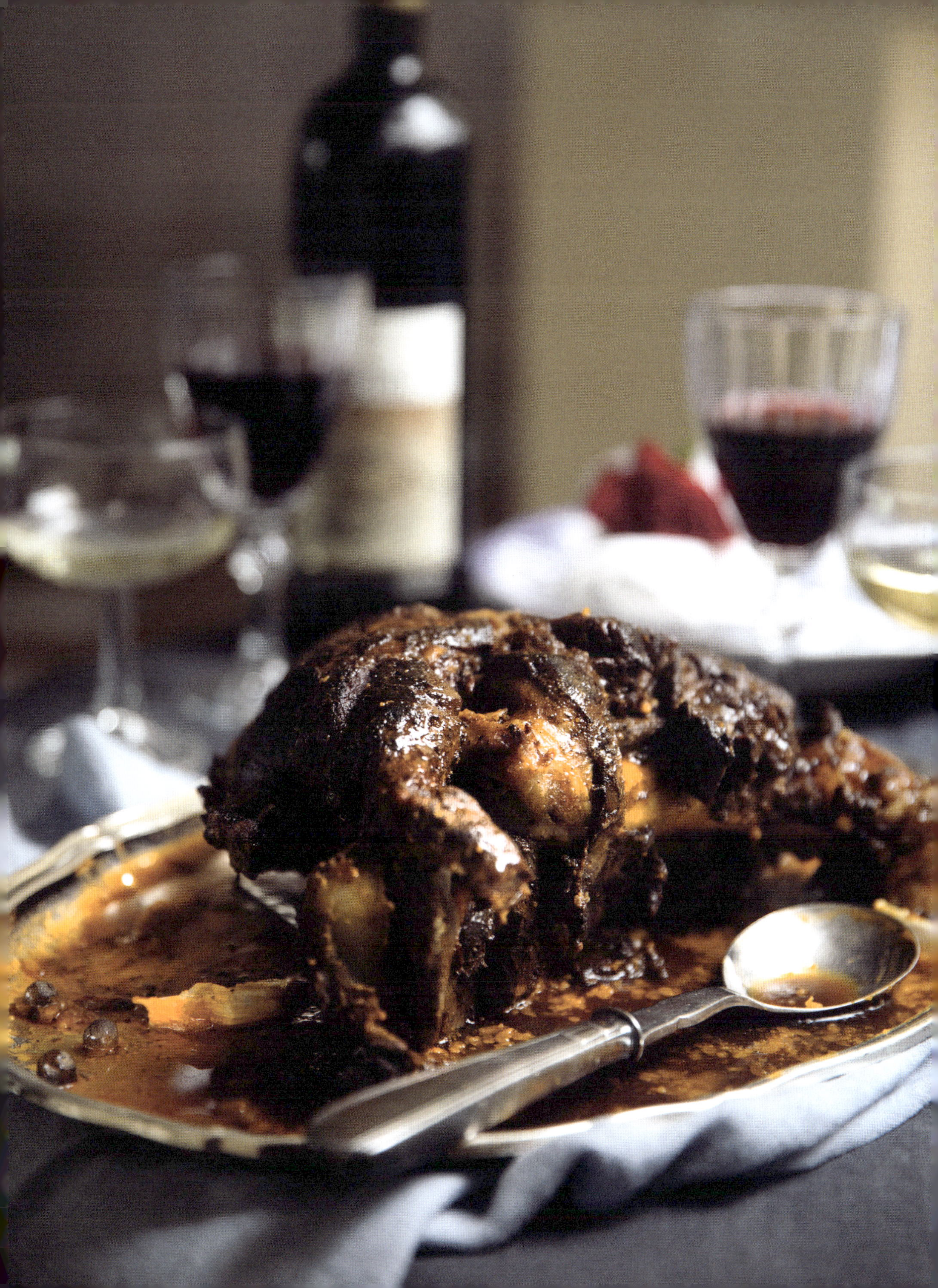

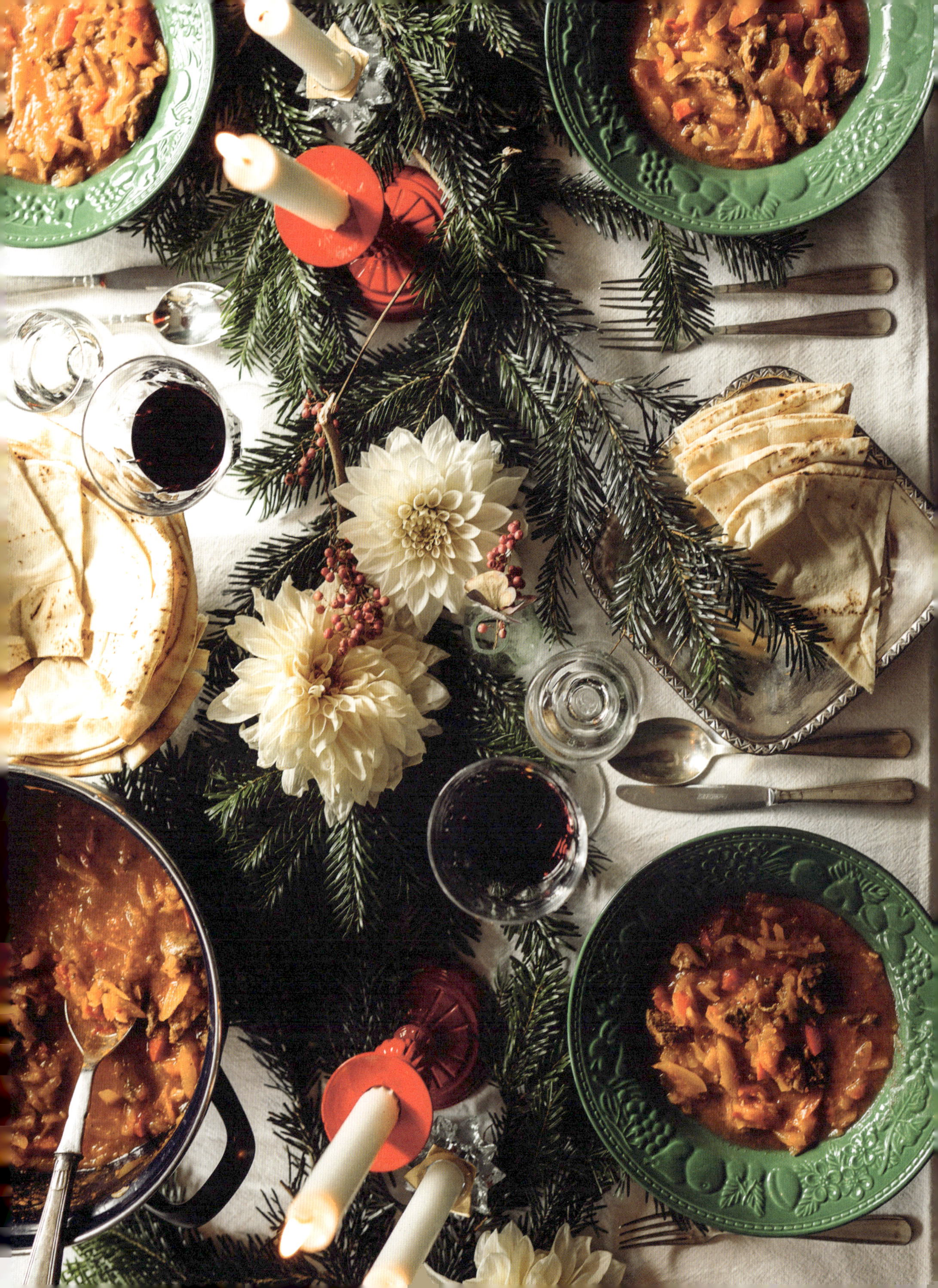

Marga *pittige uienstoof met rundvlees*

In mijn jeugd kon ik mij er al weken van tevoren op verheugen: marga. Niet de naam van een meisje, maar van een pittige stoofpot met rundvlees en ui. Mijn moeder maakte het alleen met kerst of na de vastenperiode. Tegenwoordig is het speciale er een beetje af, want marga eten we nu het hele jaar door. Terecht natuurlijk, want als stoofpot is hij, of beter gezegd zij, onovertroffen. Bij voorkeur bereid met lamsvlees, omdat op een feestelijke dag vaak een lam werd geslacht. Een enkele keer een koe, maar alleen als het vlees verdeeld kon worden over meerdere families. Het recept dat ik hier geef is met rundvlees, maar met lam, schaap of zelfs geit is het minstens zo lekker.

VOOR 8 PERSONEN

voor het vlees:
1 eetl. vloeibare boter
500 g runderstoofvlees, in blokjes
1 theel. zout
2 theel. zwarte peper
1 theel. chilipoeder
2 laurierblaadjes

voor het uienmengsel:
2 eetl. olijfolie
8 grote witte uien, in grove blokjes
4 theel. zout
1 theel. zwarte peper
1 theel. paprikapoeder
1 theel. chilipoeder
1 groene chilipeper, fijngesneden
1 rode paprika, fijngesneden
2 tomaten, fijngesneden
1 blikje tomatenpuree
sap van ½ biologische citroen
700 ml water

Verhit de vloeibare boter in een braadpan en bak het vlees rondom bruin in 10 minuten op halfhoog vuur. Bestrooi het vlees met het zout, de zwarte peper en het chilipoeder, doe de laurierblaadjes erbij en zet na 10 minuten het vuur laag. Laat dan het vlees nog circa 90 minuten zachtjes stoven in het eigen vocht. Controleer af en toe op voldoende vocht in de pan.

Verhit de olijfolie in een ruime pan en bak de blokjes ui in 5 minuten glazig. Roer af en toe. Bestrooi de gebakken ui met het zout, de zwarte peper, het paprikapoeder en chilipoeder en bak 1 minuut. Voeg de groene peper, rode paprika, tomaten en tomatenpuree toe. Schenk het citroensap en water erbij en breng aan de kook. Draai na 20 minuten op laag vuur. Roer het uienmengsel af en toe door.

Voeg het gestoofde vlees zonder vocht toe aan de pan met het uienmengsel en roer goed. Laat zachtjes nog 50 minuten pruttelen op heel laag vuur.

Serveer met brood, burghul of rijst.

Matfuniye faṣuliye yaroqo
sperziebonenstoof met lam

Je kunt er elke Suryoyo voor wakker maken: matfuniye faṣuliye yaroqo. Een verrukkelijke stoofpot van lamsvlees met sperziebonen. Het is een van de 'signature dishes' en natuurlijk maakt mijn moeder de lekkerste. Ik eet hem het liefst met vermicellirijst, maar ook met vers brood is het comfortfood zoals comfortfood bedoeld is.

VOOR 6 PERSONEN

voor het vlees:
2 eetl. vloeibare boter
500 g lamspoulet, zonder pezen (vraag aan de slager om dit te doen), in reepjes
1 eetl. zout
1 eetl. zwarte peper
525 ml water

voor de groenten:
1 kg sperziebonen
3 eetl. zonnebloemolie
1 grote witte ui, fijngesneden
2 tenen knoflook, fijngehakt
3 romatomaten, in blokjes gesneden
100 g tomatenpuree
3 theel. sap van biologische citroen
2 theel. paprikapoeder
1 rode chilipeper, zonder zaadlijst, fijngesneden
1 eetl. zout
2 eetl. zwarte peper
525 ml. water
1 eetl. sambal

Verhit in een grote diepe braadpan 1 eetlepel boter en bak het vlees in 10 minuten op halfhoog vuur rondom bruin. Giet het vrijgekomen vocht uit de pan. Voeg de andere eetlepel boter toe aan de pan en bestrooi het vlees met het zout en de zwarte peper. Voeg het water toe zodat het vlees net onderstaat en laat ongeveer 1-1½ uur sudderen op laag vuur, met het deksel zo op de pan dat die niet helemaal afgesloten is. Schep met een lepel het schuim af dat naar boven komt drijven en roer af en toe. Leg het vlees op een warm bord en dek af met aluminiumfolie. De pan heb je straks weer nodig, die hoef je nog niet af te wassen.

Maak ondertussen de boontjes schoon en verwijder de puntjes. Leg ze in een bak met koud water met wat zout en laat 30 minuten staan.

Verhit de zonnebloemolie in de eerder gebruikte braadpan en bak de ui in 5 minuten glazig. Voeg de sperziebonen (zonder water) toe en bak al roerend ongeveer 2 minuten. Voeg de knoflook toe en bak 5 minuten mee op halfhoog vuur tot de boontjes mooi groen zijn. Voeg de tomaten, tomatenpuree, het citroensap, paprikapoeder, de rode peper, het zout, de zwarte peper en het water toe. Roer goed en voeg het vlees (zonder de sappen) toe. Voeg vervolgens de sambal toe en schep alles goed om. Leg het deksel op de pan en laat ongeveer 40 minuten sudderen op laag vuur tot de bonen net gaar zijn.

Serveer warm met vermicellirijst of brood.

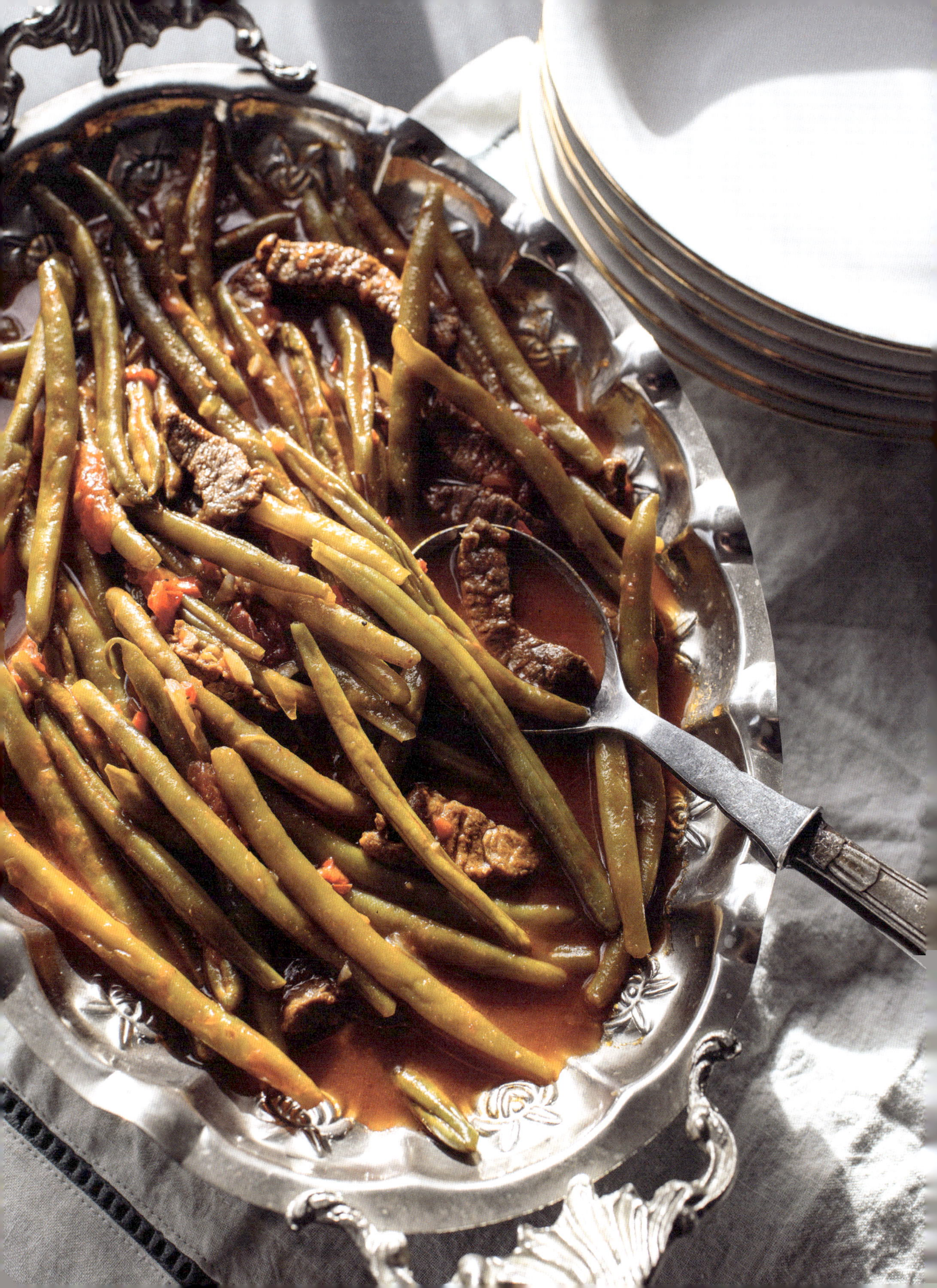

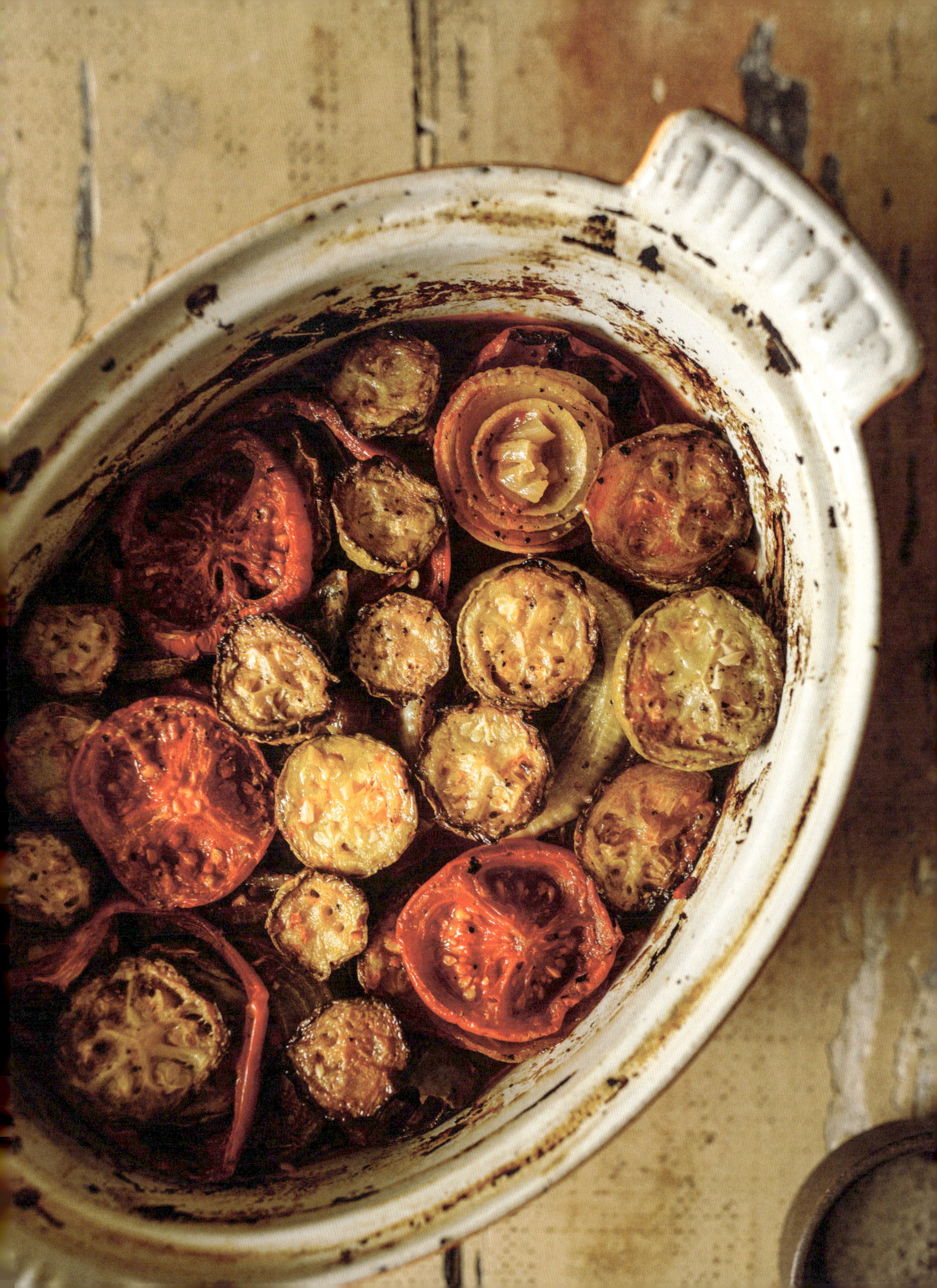

Matfuniye doe farmo *courgettestoof uit de oven*

Soms, als ik geen tijd heb gehad om boodschappen te doen, kijk ik hoopvol in de koelkast of er nog iets eetbaars te vinden is. En gelukkig is dat meestal wel het geval. Vooral in de groentelade liggen nogal eens uien, paprika's of courgettes waar altijd iets lekkers van gemaakt kan worden. Neem matfuniye doe farmo. Letterlijk betekent het: 'groentestoof uit de oven', waar je werkelijk alles in kwijt kunt. De basis is een saus van tomatenpuree, citroen en knoflook. Daarna kun je je fantasie erop loslaten. Groente, vlees, alles is toegestaan. Zelf vind ik deze vegetarische variant met courgette erg lekker. En makkelijk natuurlijk, want zonder vlees is-ie ook nog eens veel sneller klaar. Ik maak dit gerecht ook graag samen met vrienden. Iedereen snijdt iets en daarna laat je de stoof lekker doorpruttelen, terwijl je samen een glas wijn drinkt. Een makkelijk gerecht dus, maar neem wel even de tijd om de courgette vooraf goed te bakken. Verder kan er weinig misgaan, een matfuniye doe farmo is altijd heerlijk. En zoals bij elke stoofpot: de dag erna is-ie nóg lekkerder.

VOOR 5 PERSONEN

6 mini-courgettes, in plakken van 1½ cm dik
2 eetl. zonnebloemolie
1 grote ui, in ringen
4 tenen knoflook, fijngehakt
1 rode paprika, in plakken
1 groene chilipeper, in ringen
4 tomaten, in plakken
2 eetl. tomatenpuree
275 ml warm water
sap van ½ biologische citroen
2 theel. sambal
1 eetl. zout
2 theel. zwarte peper

ovenschaal van ongeveer 20 x 25 x 8 cm

Leg de plakken courgette op een vel keukenpapier, bestrooi ze met wat zout en laat ze 10 minuten liggen.

Verhit de oven tot 225 °C.

Verhit de zonnebloemolie in een antiaanbakpan en bak de plakken courgette aan beide kanten in ongeveer 6 minuten op halfhoog vuur goudbruin. Haal ze uit de pan.

Fruit in dezelfde pan de uien ongeveer 2 minuten.

Vet een ovenschaal (liefst van 20 x 25 x 8 centimeter) in en bedek de bodem met een laag courgette. Strooi er een derde van de fijngehakte knoflook overheen. Maak een tweede en daarna een derde groentelaag van de paprika, tomaat, ui, courgette en chilipeper, en bestrooi elke laag weer met een derde van de fijngehakte knoflook.

Roer in een mengbeker de tomatenpuree, het warme water, citroensap, de sambal, het zout en de zwarte peper door elkaar. Schenk dit mengsel over de groente.

Dek de schaal af met aluminiumfolie en zet hem 20 minuten in de oven. Verwijder de folie en zet het nog een keer 15 minuten terug in de oven.

Heerlijk met een bordje vermicellirijst, burghul of vers gebakken brood.

YARQUNWOTHO, YARIQUTHO U SHARKO

Groenten en meer

Qar'ukkat - Yarqunto semaqto - Yarqunto tabouleh - Itj -
Hemse thine - Mujadarah - Makdous - Yarqunto da saldemee -
Be'é semoqe - Muhammara - Yarqunto di lhana -
Yarqunto fattoush - Ballo' - Faṣuliye ḥeworo

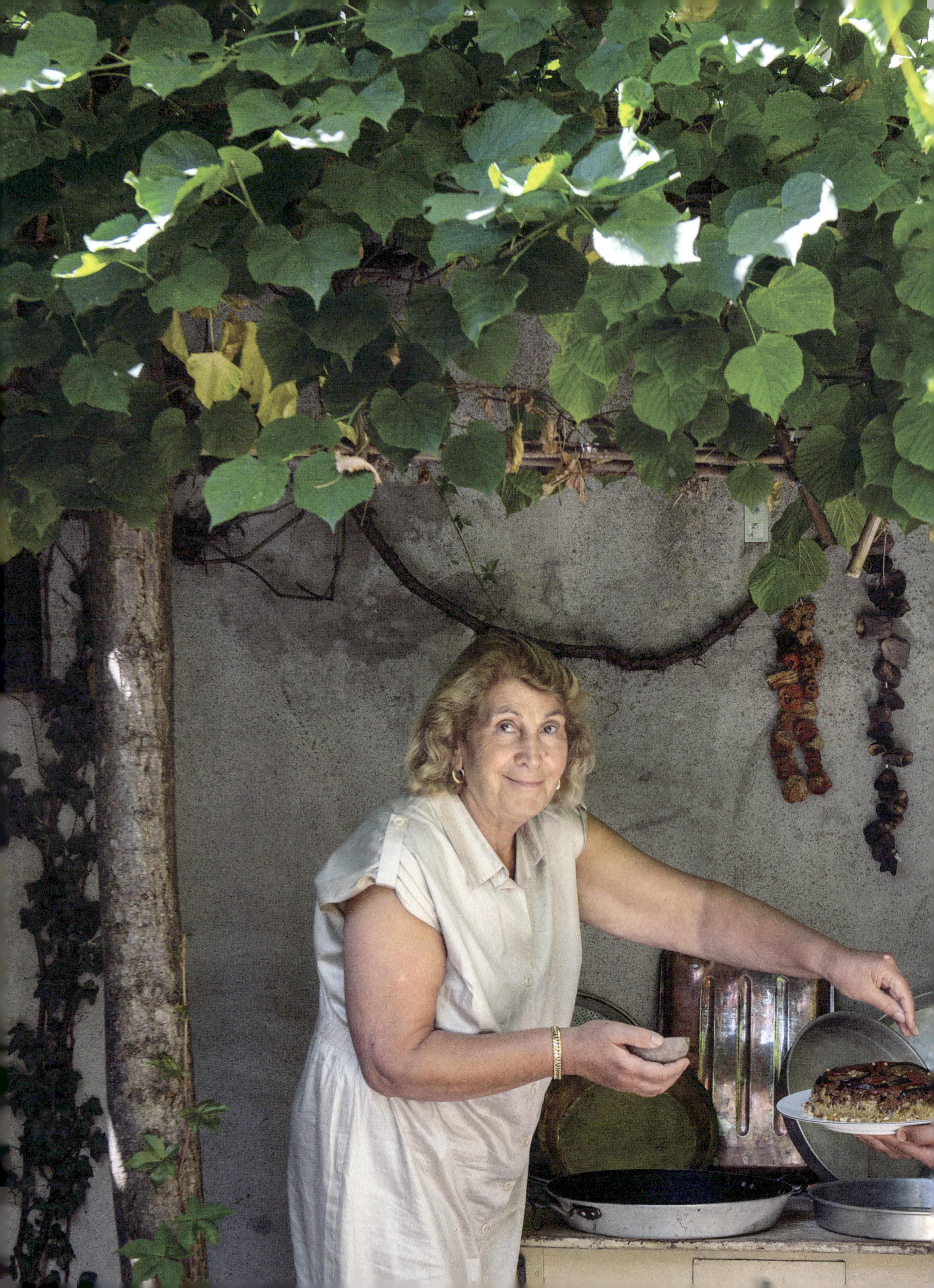

Smuni Turan, *mijn moeder.*

De jeugd van mijn moeder werd abrupt afgebroken toen een huwelijkskandidaat zich meldde. Ze was pas zestien jaar toen dit gebeurde, wat in die tijd overigens heel gewoon was. Haar huwelijk zou desondanks een groot succes worden.

'Op een dag kwam een neef van mijn vader langs. Hij had een knappe zoon met blauwgroene ogen, en vond mij wel geschikt als huwelijkskandidaat. Habib, zo heette mijn vader, was meteen enthousiast. Ik was pas zestien, een kind nog eigenlijk, en zag het totaal niet zitten. Ik was er nog helemaal niet aan toe, wilde geen man, en vroeg: 'Zijn jullie allemaal gek geworden?' Toch ben ik overstag gegaan. Onze families hadden een heel goede naam, en die wilde ik niet in gevaar brengen als ik hem zou afwijzen. Dus ik trouwde in 1966 met Garibo. Hij kwam op een wit paard, men schoot met geweren in de lucht. Ik had een mooie lichtblauw met roze jurk aan, afgezet met gouddraad. De stof kwam speciaal uit Syrië, die was meegebracht door mijn man. Iedereen zei dat ik de mooiste bruid was. Er werd gitaar gespeeld en we gingen cirkeldansen op de platte daken van de huizen. Drie dagen hebben we feest gevierd.

> "Iedereen zei dat ik de mooiste bruid was. Er werd gitaar gespeeld en we gingen cirkeldansen op de platte daken van de huizen."

Wij gingen wonen in het dorp van mijn man, Kaferbe, dat zo'n drie uur lopen – we liepen alles – verderop lag. We betrokken een mooi huis met prachtige kamers. Mijn man was kok in zijn militaire tijd, en kookte voor hele regimenten in grote pannen. Ook tijdens ons huwelijk heeft hij vaak gekookt. Mijn man deed alles samen met mij. Ook afwassen, de was ophangen, stofzuigen, dat soort dingen. Heel ongebruikelijk in onze cultuur, maar hij deed het, heel bijzonder. Suryoye kunnen in die zin nogal ouderwets zijn, maar daar heb ik niks mee. Veel vrouwen in onze kerk lopen bijvoorbeeld nog altijd achter hun man. Dat heb ik nooit gedaan, ik liep altijd náást mijn man.
Helaas overleed hij in 2004 na een auto-ongeluk. Ik mis hem nog steeds verschrikkelijk, want het was een heel leuke, lieve, betrouwbare man. Mijn huwelijk was een groot succes.'

Lees verder op blz. 152

Qar'ukkat *roerei met courgette en knoflook*

Qar'ukkat, niet het makkelijkste woord om uit te spreken betekent simpelweg 'courgette'. In feite had het gerecht ook 'tumo' kunnen heten, dat 'knoflook' betekent, omdat dat naast courgette het belangrijkste ingrediënt is. Je bent dus gewaarschuwd. Ik heb me laten vertellen dat in een warm klimaat de beruchte knoflookadem minder opvalt, maar in ons land kun je beter vertrouwen op het eten van een paar blaadjes peterselie of munt om de geur te verdrijven. Hoe dan ook, laat het je niet weerhouden veel en vaak van qar'ukkat te genieten, op elk moment van de dag. Veel mensen eten qar'ukkat als ontbijt, vanwege het ei, maar ik eet het liever als voor- of bijgerecht. Overigens kun je het ei ook weglaten, dan is het geschikt als een soort dip.

VOOR 4 PERSONEN

- 2 eetl. olijfolie
- 2 courgettes, in blokjes
- 2 tenen knoflook, fijngehakt
- 2 groene pepers, fijngesneden
- 1 theel. aleppo-peper
- zout en peper
- 3 eieren
- ½ bosje platte peterselie, grof gehakt

Verhit de olie in een grote pan en bak de courgette in ongeveer 25 minuten goudbruin en zacht op laag vuur.

Voeg de knoflook en groene peper toe en smoor in 2 minuten gaar (niet bruin). Roer de aleppo-peper erdoor en breng het geheel op smaak met zout en peper.

Breek de eieren boven een kom en klop ze kort los met een vork. Schenk het ei in de pan en roer 3 minuten op laag vuur zodat het niet aan de pan gaat kleven, eigenlijk net zoals roerei.

Verdeel het gerecht over de borden en bestrooi met de gehakte peterselie. Lekker met warm brood.

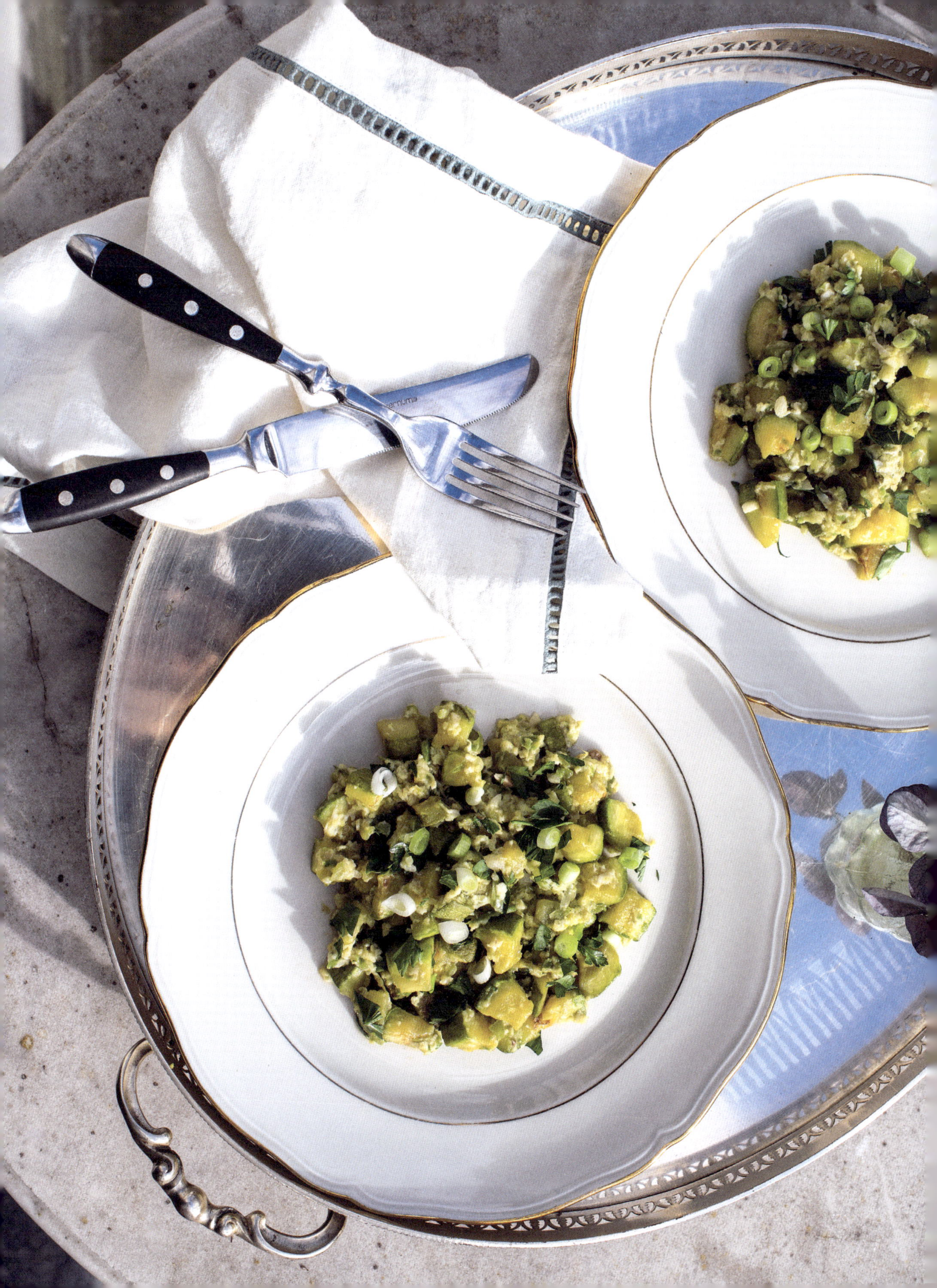

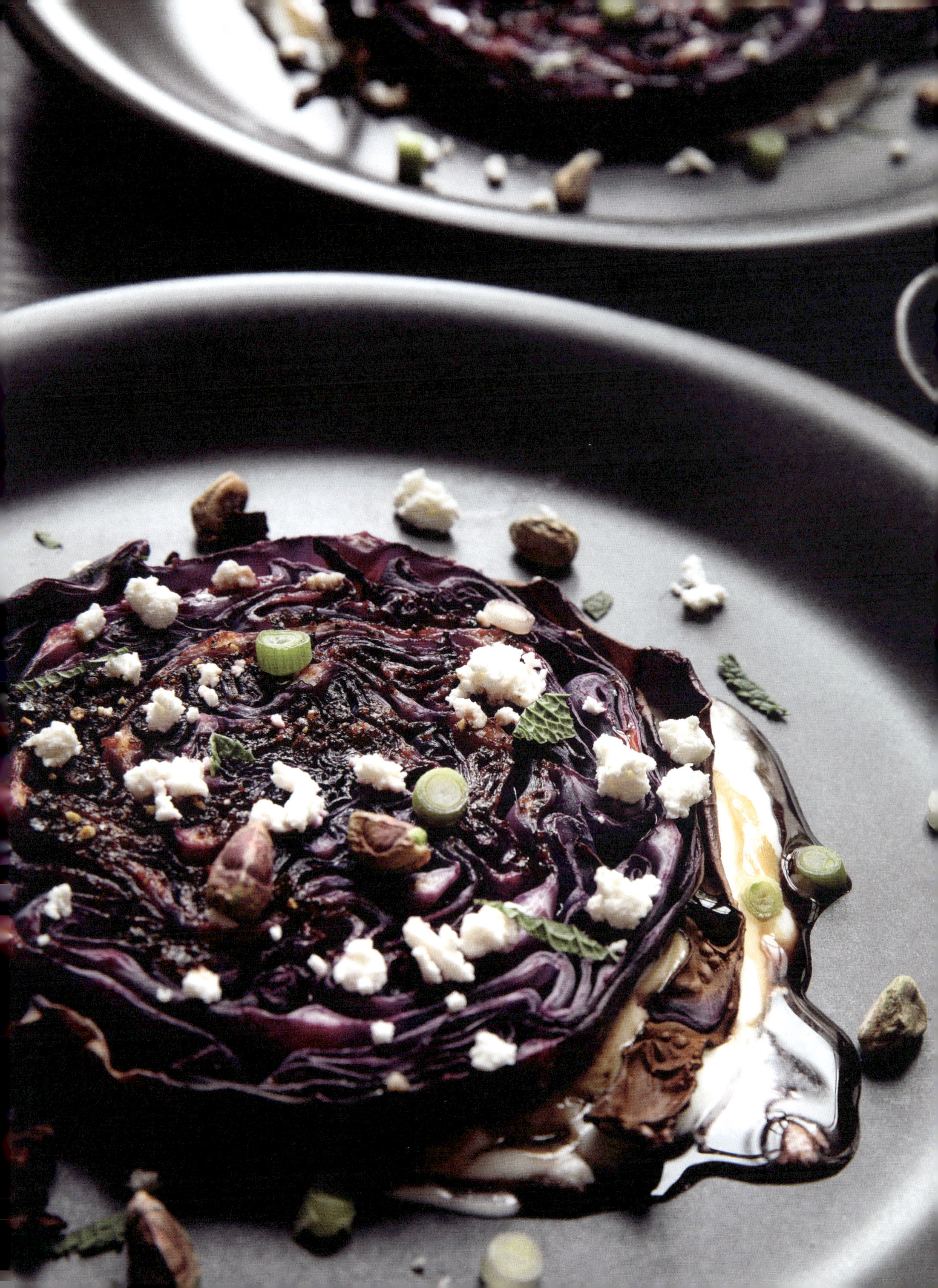

Yarqunto semaqto *geroosterde rodekool met witte kaas, munt en pistachenoten*

In trendy vegetarische restaurants mag-ie niet ontbreken, de 'rodekoolsteak', maar mijn moeder maakte 'm al in mijn vroegste jeugd. Ofwel yarqunto semaqto, letterlijk 'rode salade', die ze maakte door rodekool in de oven te roosteren en te karamelliseren. Daarop kwamen witte kaas, bosui, pistachenoten, munt en granaatappelmelasse. Het bijzondere is dat je met elke hap die je neemt iets anders proeft. Dan weer een vleugje munt, dan weer het zoetzure van de granaatappelmelasse, dan weer het pittige van de aleppo-peper, het scherpe van de bosui en natuurlijk het zoete van de gekaramelliseerde rodekool. Het gerecht is niet alleen spectaculair van smaak, maar ook om te zien. Kijk maar op de foto!

VOOR 5 PERSONEN

- 1 rodekool, in 5 plakken van 1-2 cm
- 5 eetl. Griekse yoghurt
- 5 eetl. granaatappelmelasse
- 70 g witte kaas of feta, in blokjes
- 20 g pistachenoten, geroosterd
- 5 takjes munt, de blaadjes, grof gehakt
- 2 bosui, alleen het witte deel, in dunne ringen

voor de marinade:
- 4 eetl. olijfolie
- 1 eetl. sap van biologische citroen
- 1 theel. paprikapoeder
- 1 theel. aleppo-peper
- 1 theel. zout
- 1 theel. zwarte peper

Verhit de oven tot 210 °C en bekleed een bakplaat met bakpapier.

Meng in een kom alle ingrediënten voor de marinade door elkaar.

Verwijder de buitenste bladeren van de rodekool en snijd hem in 5 ronde plakken. Verdeel de plakken kool over de beklede bakplaat. Bestrijk de bovenkant van de plakken rodekool met de marinade en rooster ze ongeveer 30 minuten in de oven.

Verdeel de yoghurt gelijkmatig over de borden. Haal de bakplaat uit de oven, leg op elk bord een plak warme rodekool op de yoghurt en besprenkel meteen met de granaatappelmelasse.

Garneer het gerecht met de witte kaas, pistachenoten, munt en bosui. Serveer warm.

Yarqunto tabouleh *peterseliesalade*

Dit gerecht heeft echt mijn hart veroverd. De crux zit 'm in het zeer fijn snijden van de ingrediënten en de juiste balans vinden tussen de olijfolie en het citroensap. Lukt dat, dan ontstaat er een frisse, lichtzure peterseliesalade met een heel verfijnde smaak. Er bestaan verschillende varianten. In Libanon gebruikt men wat meer peterselie, in Syrië juist wat meer burghul. In de streek waar mijn moeder is opgegroeid, gebruikt men wat paprikapuree, wat een mooie, lichtrode kleur geeft.

VOOR 6 PERSONEN

- 150 g fijne burghul
- 190 ml koud water
- 1 eetl. pittige paprikapuree, uit een pot
- 2 romatomaten, fijngesneden
- 1 krop baby-romainesla, fijngesneden
- 5 bosuien, alleen het witte deel, in dunne ringen
- 20 g munt, de blaadjes, fijngesneden
- 45 g platte peterselie, fijngesneden
- 4 eetl. extra vierge biologische olijfolie
- sap van 2 biologische citroenen
- 2 theel. zout
- 1 theel. zwarte peper

Meng in een diepe kom de burghul met het water. Laat ongeveer 10 minuten staan, of tot al het water is opgenomen.

Roer de paprikapuree door de burghul. Voeg de tomaten, sla, bosui en verse munt toe en meng goed.

Voeg vlak voor het serveren de peterselie, olijfolie en het citroensap aan de salade toe. Meng alles goed en breng op smaak met zout, peper en eventueel extra citroensap.

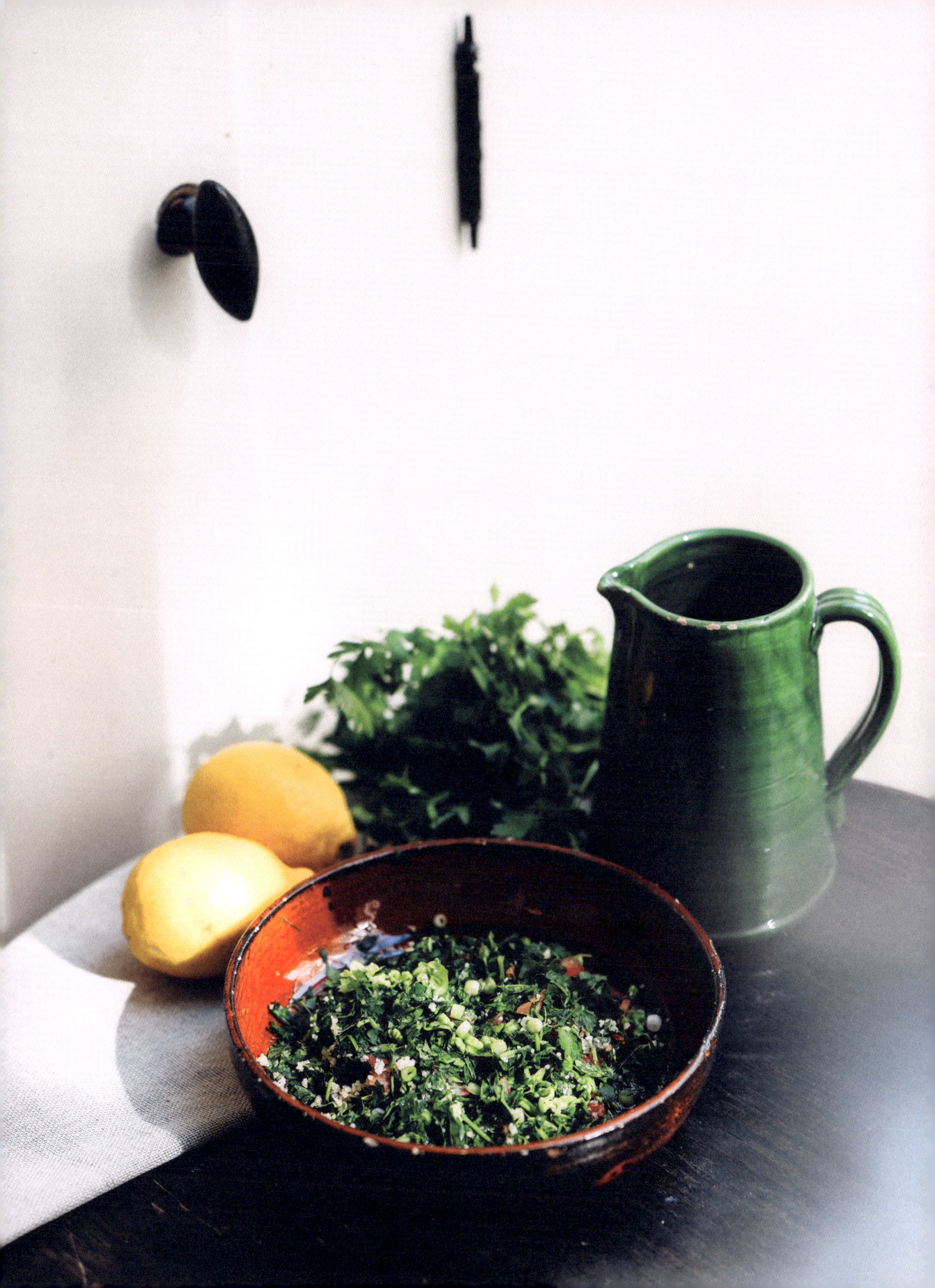

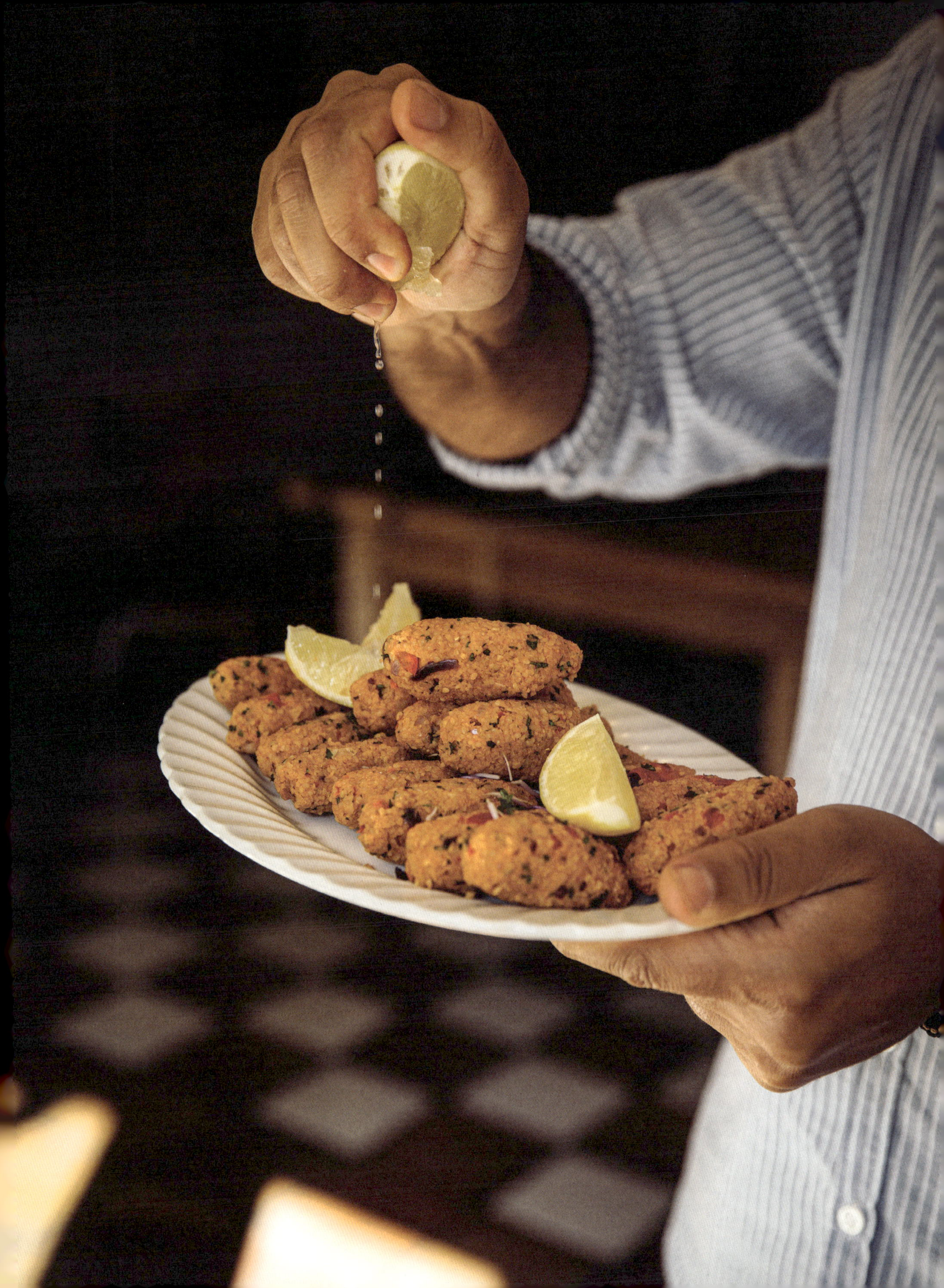

Itj *burghulballetjes*

Het zijn geen bitterballen, geen kleine gehaktballen, maar burghulballetjes: onze versie van een heerlijk hartig borrelhapje. We maken ze van tarwe en groenten, dus ook ideaal voor vegetariërs en veganisten. Het is eigenlijk een burghulsalade, maar dan gekneed tot een stevig soort deegje met pittige kruiden en besprenkeld met citroensap. Je kunt er balletjes van kneden, maar een langwerpig vorm kan ook, als een kroketje of gewoon uitgesmeerd op je bord. Itj (spreek uit: ietsch) eet ik bij voorkeur bij de borrel, maar mijn familie eet het ook graag als tussendoortje.

VOOR 20 BALLETJES

1 eetl. olijfolie
1 rode ui, fijngehakt
250 g fijne burghul
60 g tomatenpuree
1½ theel. komijnpoeder
1 theel. paprikapoeder
2 theel. sambal
1 theel. witte peper
1 theel. zout
450 ml kokend water
½ rode paprika, fijngehakt
1 eetl. extra vierge biologische olijfolie
6 takjes krulpeterselie, fijngehakt
sap van 1 biologische citroen

Verhit de olijfolie in een diepe pan en fruit de helft van de ui in 5 minuten zacht. Bewaar de andere helft van de ui.

Zet het vuur laag en roer de burghul, tomatenpuree, het komijnpoeder, paprikapoeder, de sambal, witte peper en het zout door het ui-mengsel. Schenk het kokende water erbij, roer goed, breng het geheel aan de kook en zet dan het vuur uit. Laat de burghul 15 minuten afkoelen.

Stort de afgekoelde burghul in een grote kom en voeg de paprika, extra vierge olijfolie, peterselie en de bewaarde ui toe. Roer goed en breng op smaak met zout en peper. Kneed de itj met je handen tot een egaal en soepel deeg. Vorm balletjes of lange kroketjes van ongeveer 8 centimeter.

Besprenkel de itj met veel citroensap voor een friszure smaak en serveer op een schaal. Bestrooi eventueel met wat extra peterselie.

Hemse thine *romige hummus met tahin*

Hemse, ofwel 'kikkererwten' in onze taal, werden al gegeten in het oude Mesopotamië en waarschijnlijk al ver daarvoor. In het Arabisch, dat veel leenwoorden uit het Aramees kent, wordt de peulvrucht 'hummus' genoemd en dat is ook de naam geworden voor de pasta of puree die er in het hele Midden-Oosten van gemaakt wordt. In het Westen, en zeker in Nederland, is hummus inmiddels ongekend populair en kennen we zelfs gespecialiseerde hummuswinkels en -restaurants. De verkrijgbare variaties zijn eindeloos, zowel in textuur (grof, glad, luchtig, dik) als in smaken (met peper, rode biet, pompoen, koriander etc.). Persoonlijk is het basisrecept nog altijd mijn favoriet. Omdat ik niet altijd tijd heb om gedroogde kikkererwten te weken en te koken, gebruik ik steeds vaker biologische erwten uit een pot. Daar kies ik in dit recept ook voor.

VOOR 4 PERSONEN

310 g kikkererwten uit pot (gewicht inclusief vocht)
sap van ½ biologische citroen
1 hele teen knoflook
4 ijsklontjes
1 eetl. tahin
1 theel. zout

Laat de kikkererwten uitlekken en bewaar het vocht uit het blik. Roer het vocht samen met de rest van ingrediënten, behalve de uitgelekte kikkererwten, met een lepel in een grote mengbeker door elkaar. Schep de kikkererwten erdoorheen en mix met een staafmixer ongeveer 3 tot 5 minuten tot alles mooi gemengd is (je kunt ook een keukenmachine gebruiken om de ingrediënten te mixen). De hummus is nu glad en romig. Proef en breng eventueel op smaak met extra zout, citroensap of nog een ijsklontje.

Serveer de hummus in een kom of schaal met warm platbrood.

Bestrooi voor de variatie ook eens met chilipoeder, zoet paprikapoeder, geroosterde pijnboompitten, sesamzaadjes, gehakte peterselie of wat apart gehouden kikkererwten.

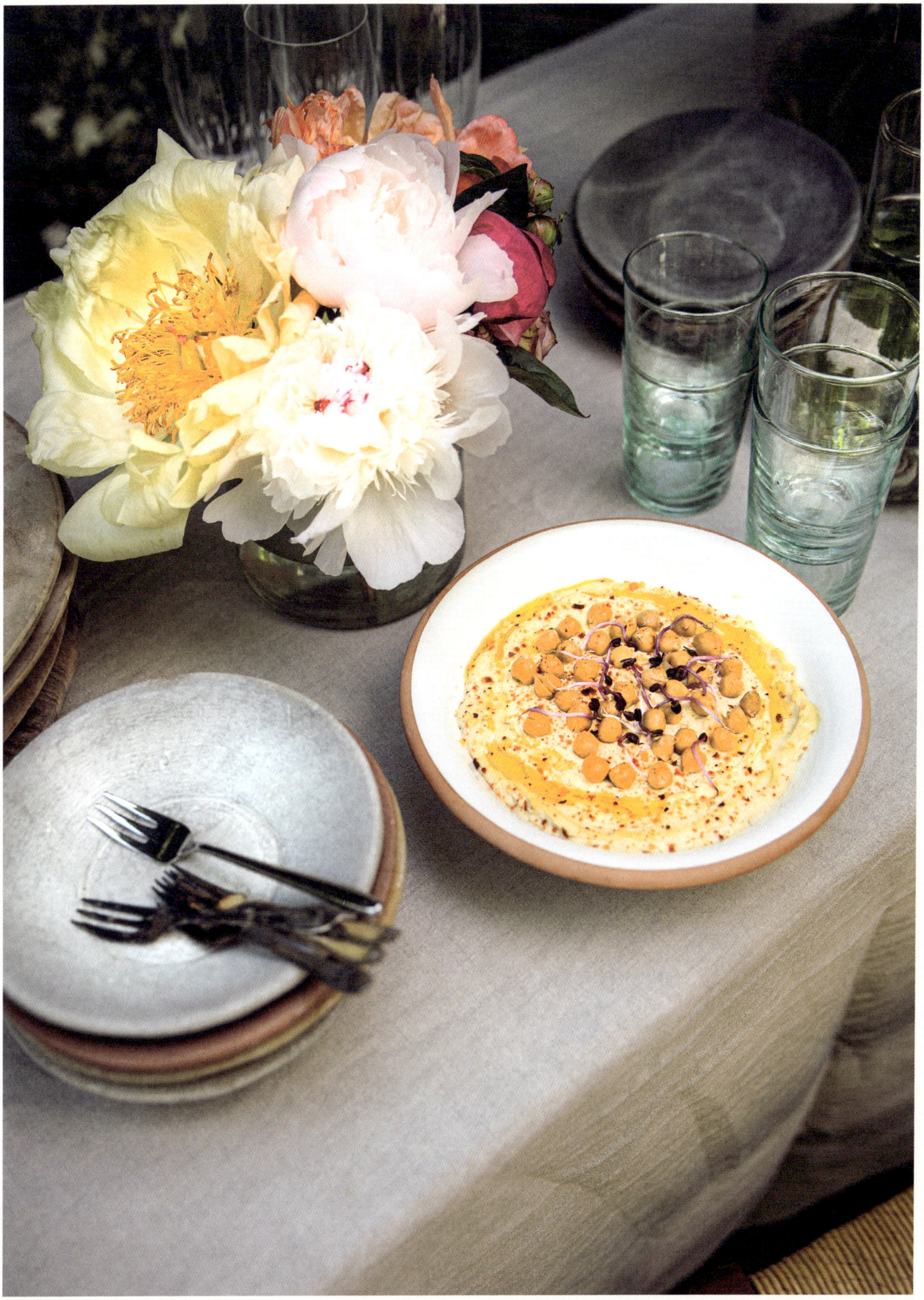

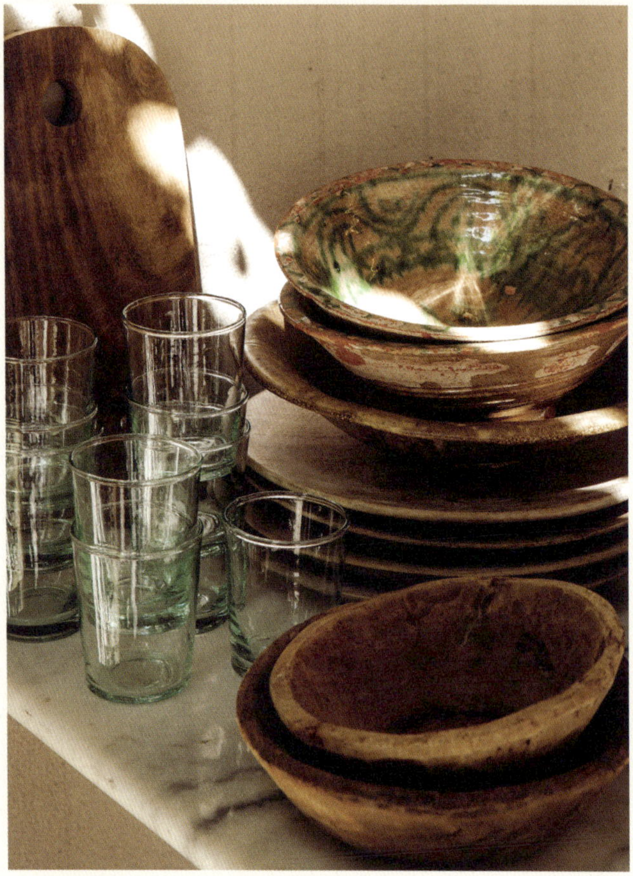

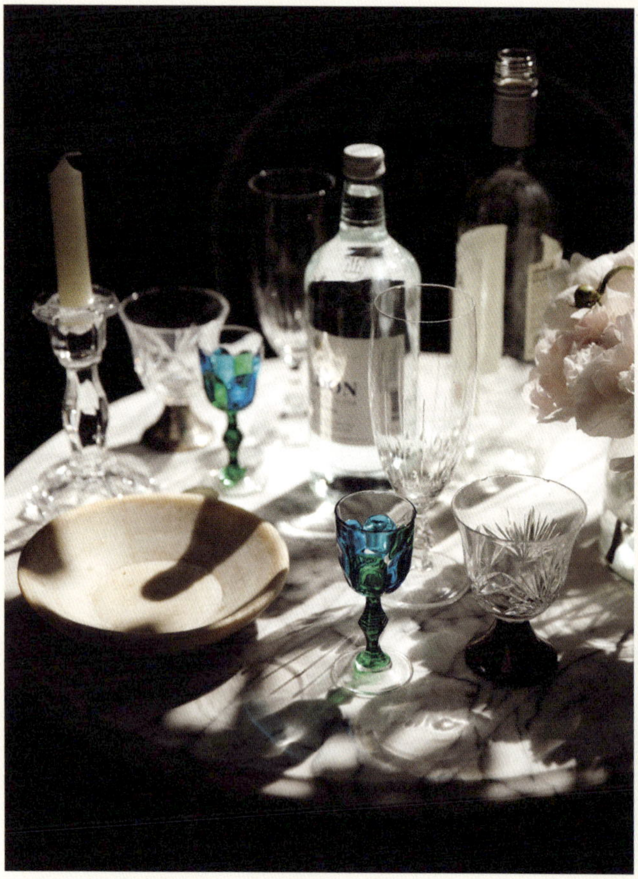

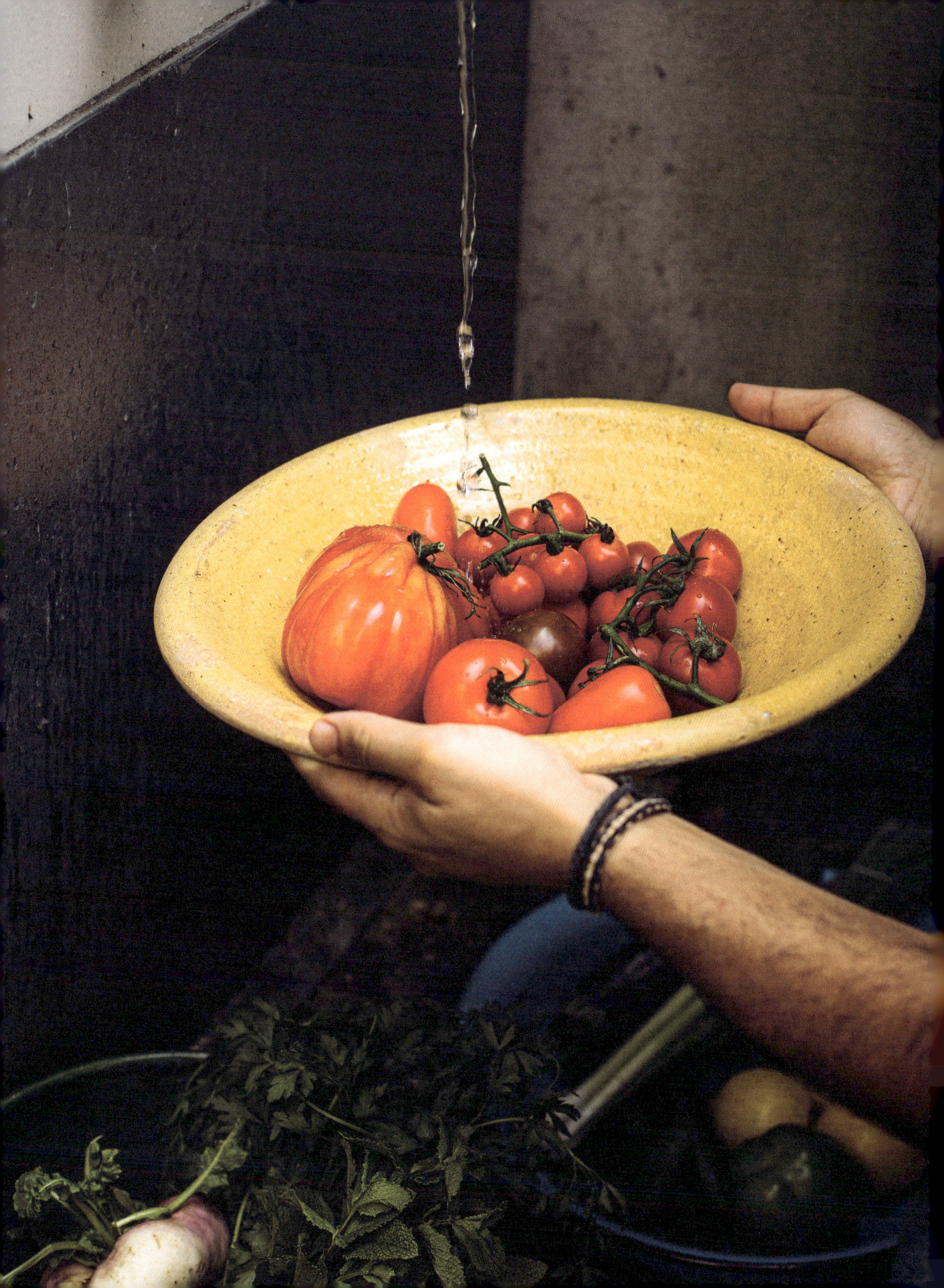

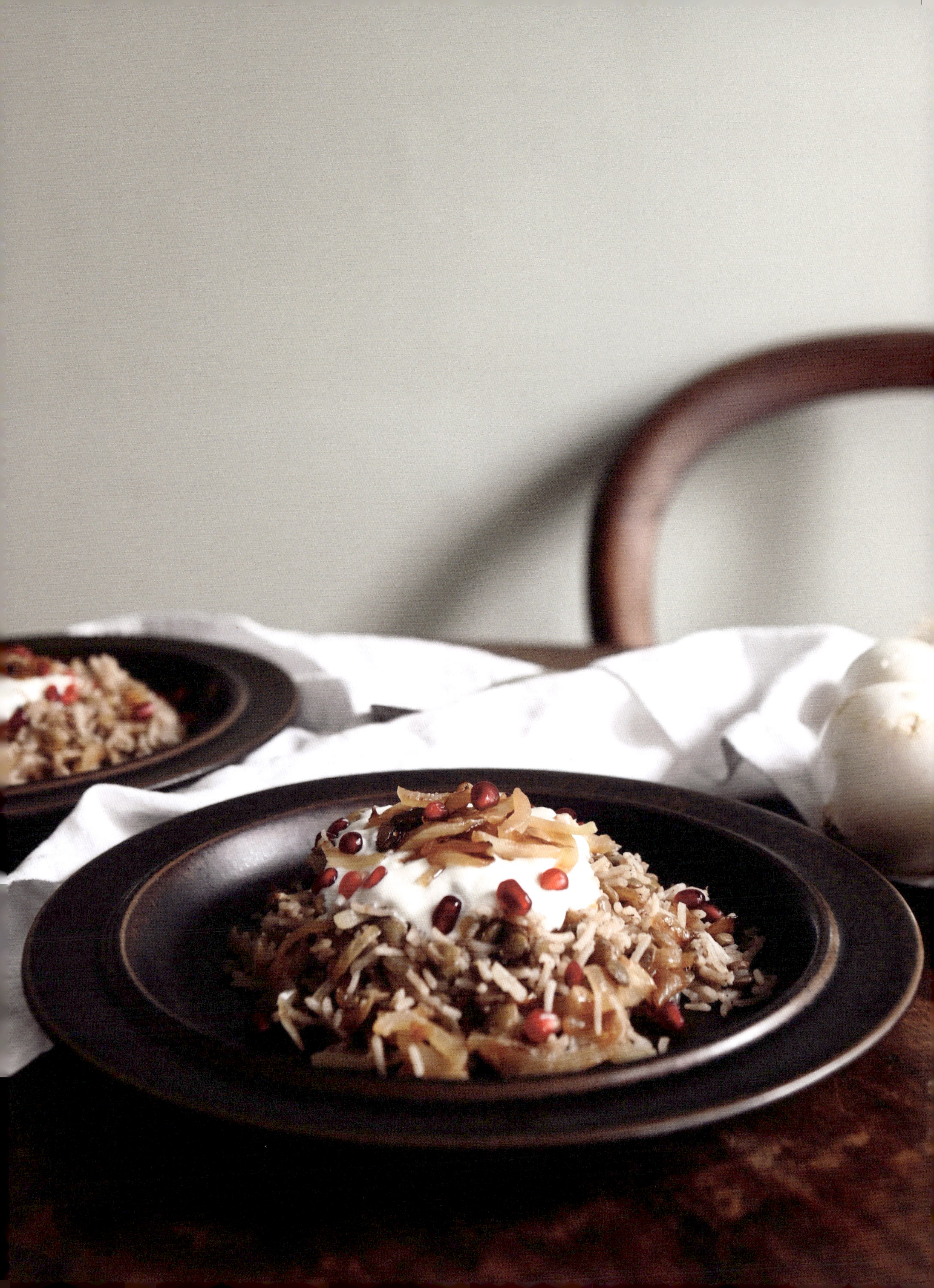

Mujadarah *linzen en rijst met gekaramelliseerde ui*

Steeds vaker heb ik gasten aan tafel die ik een plezier doe met een veganistische maaltijd. Vaak kies ik dan voor mujadarah (spreek uit als: me-zha-dah-rah). Ook mezelf doe ik daar een groot plezier mee, want het is niet alleen superlekker, maar ook heel eenvoudig om te maken (en goedkoop!). Drie ingrediënten, meer heb je niet nodig. Linzen, rijst en uien. Veel uien. Heel erg veel uien. In het recept staan er zes vermeld, maar je kunt er net zo goed acht nemen, of tien. Hoe meer uien, hoe lekkerder het gerecht. De truc is dat je een deel van de uien laat karamelliseren en een deel doorbakt totdat ze heerlijk knapperig en (net niet) verbrand zijn. Ik vind het lekker om er wat granaatappelpitten bij te doen met een schep (plantaardige) yoghurt, of wat hummus.

VOOR 4 PERSONEN

1 liter water
175 g gedroogde groene linzen, gespoeld
½ eetl. boter
175 g basmatirijst
1 eetl. komijnpoeder
½ eetl. zout
½ eetl. zwarte peper
3 eetl. zonnebloemolie
6 witte uien, in dunne ringen

5 eetl. Griekse yoghurt (of een plantaardig alternatief)
5 eetl. granaatappelpitten

Breng 600 ml van het water in een braadpan aan de kook, voeg de linzen toe en laat 15 minuten pruttelen op halfhoog vuur. Giet ze af.

Smelt de boter in dezelfde pan op halfhoog vuur. Voeg de rijst, het komijnpoeder, zout en de peper toe en blijf regelmatig roeren tot alle korrels een vettig laagje hebben. Voeg de overige 400 ml water toe aan de rijst en breng aan de kook op halfhoog vuur. Voeg de gekookte linzen toe en draai het vuur laag. Leg een deksel op de pan en laat 15 minuten koken. Neem de pan van het vuur en laat hem 5 minuten staan.

Verhit ondertussen de olie in een grote diepe braadpan 3 minuten op hoog vuur. Voeg de uienringen toe en draai het vuur halfhoog. Roer de uien regelmatig tot ze karamelliseren en bruin worden. Dit duurt 15 tot 20 minuten.

Meng met een lepel de helft van de gebakken uien door de linzen en de rijst. Serveer de mujadarah warm met de rest van de uien erover. Garneer met de yoghurt en granaatappelpitten.

Makdous *gevulde baby-aubergines*

Het leven op het platteland zoals mijn moeder dat gekend heeft, kenmerkte zich vooral door het leven met de seizoenen. In de herfst betekende dat vooral: voorbereiden op de winter. En dus werd er vlees gepekeld en werden fruit en groenten gedroogd en ingemaakt. Van dat laatste is makdous misschien wel het beste voorbeeld. Je bent er wel even mee bezig, maar dan heb je er ook een hele winter of de rest van het jaar plezier van. Het begint allemaal met baby-aubergines, die hebben minder (bittere) pitjes dan de grote soorten. Ze zijn zeker niet overal te koop, maar bij een Midden-Oosterse supermarkt maak je een goede kans. Het geheim van een goede makdous is dat je al het vocht uit de aubergines perst. Samen met de andere ingrediënten worden de aubergines geconserveerd in kruidige olijfolie met veel knoflook. Ideaal als je onverwacht bezoek krijgt, als je zo lang kunt wachten tenminste.

VOOR 10 GEVULDE BABY-AUBERGINES

10 baby-aubergines
zout
140 g walnoten, grof gehakt
5 tenen knoflook, fijngehakt
2 rode puntpaprika's, zonder zaadlijst, fijngehakt
1 eetl. sambal
extra vierge biologische olijfolie

schone glazen pot met een inhoud van 1500 ml, met deksel

Verwijder de stengels van de aubergines maar laat het kroontje zitten. Was de aubergines en leg ze in een diepe pan. Leg een zwaar bord op de aubergines en schenk zoveel water in de pan tot ze helemaal onderstaan. Druk het bord nog even aan.

Kook de aubergines in ongeveer 10 tot 15 minuten gaar op halfhoog vuur. Ze zijn dan zacht maar nog wel stevig. Spoel de aubergines af met koud water en verwijder het kroontje.

Maak met een mes in de lengte een kleine snee in het midden van de aubergines, zonder ze helemaal door te snijden. Wrijf de binnenkant en buitenkant van de aubergines royaal in met zout. Plaats ze met de opening naar beneden in een diepe schaal of kom tegen elkaar aan en dek ze af met een theedoek. Leg op de theedoek een zware pan of een zware snijplank zodat alle aubergines zijn bedekt en het vocht eruit wordt gedrukt. Laat minimaal 1 dag staan en giet vrijgekomen vocht regelmatig af.

Maak de vulling wanneer er geen vocht meer uit de aubergines komt. Meng de walnoten met de knoflook, rode puntpaprika, sambal en 1 theelepel olijfolie. Vul elke aubergine met een theelepel van het mengsel en leg ze met de gevulde kant naar boven tegen elkaar aan in een grote droge pot. Vul de pot met olijfolie tot de aubergines royaal onderstaan. Zet de pot met gesloten deksel in de koelkast; ze moeten minimaal 7 dagen blijven staan voordat ze geschikt zijn om op te eten.

Gooi de olijfolie uit de pot niet weg, die is heerlijk voor gebruik bij andere gerechten.

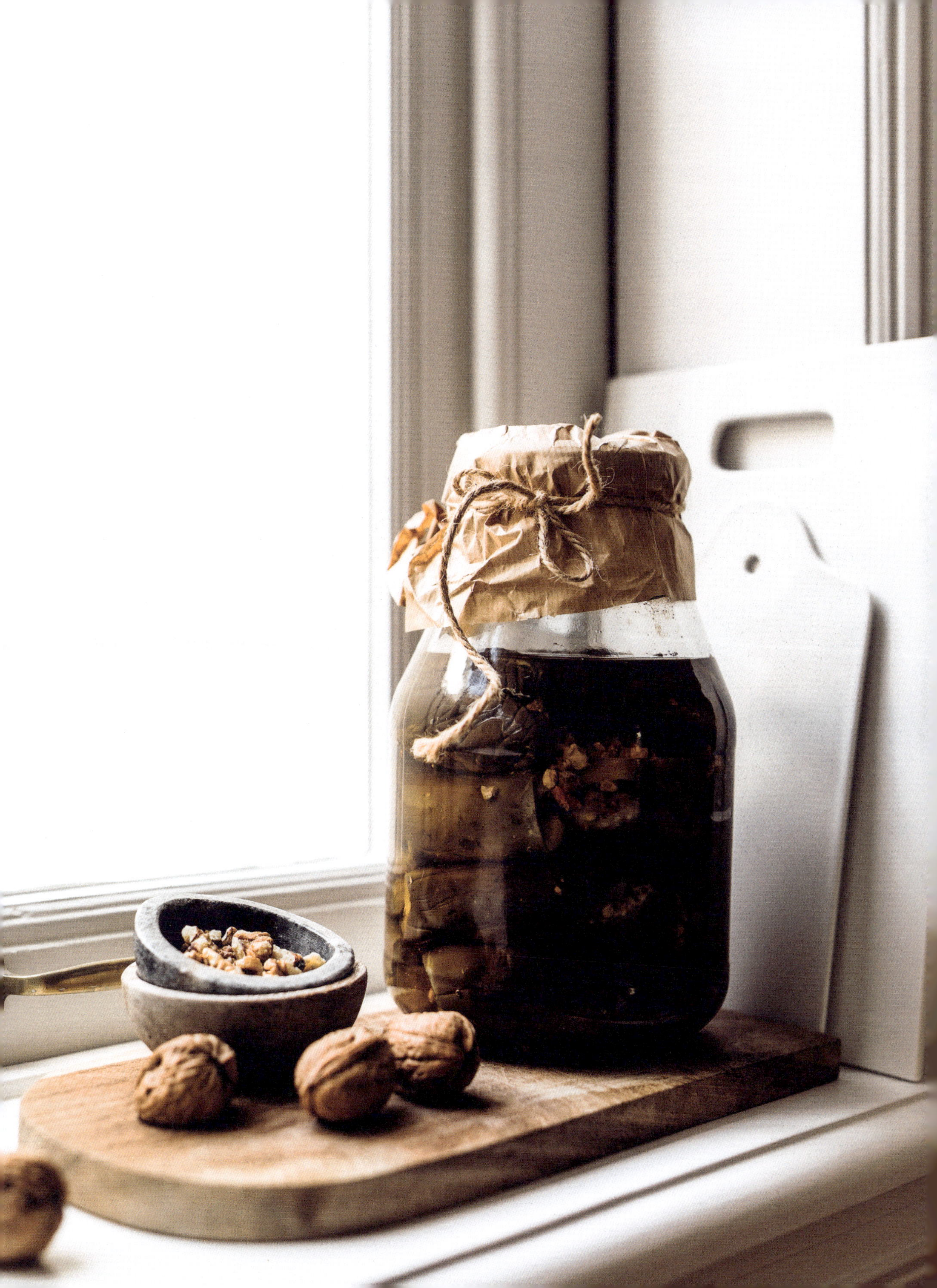

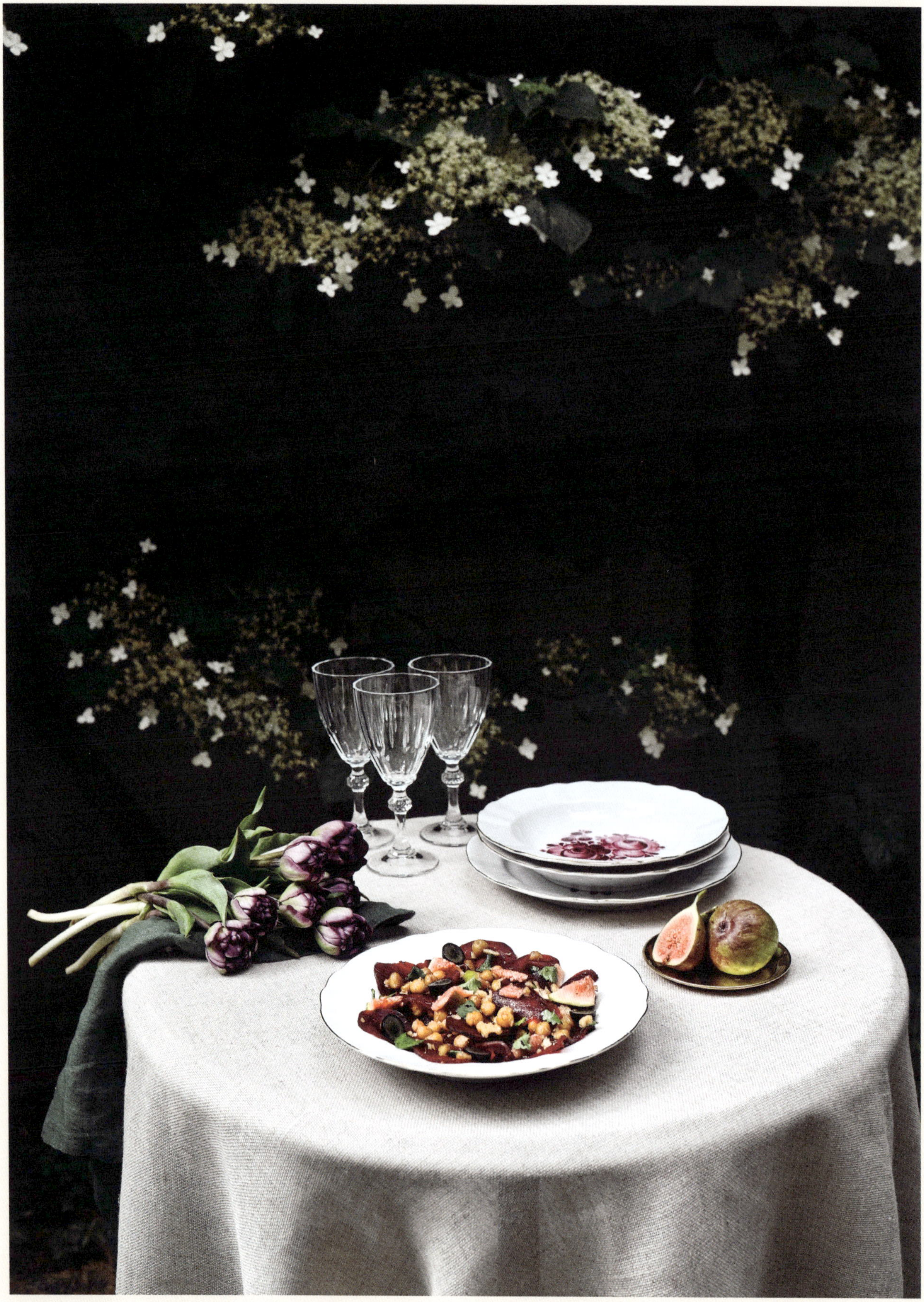

Yarqunto da saldemee *rodebietensalade*
met kikkererwten

In deze salade komt alles samen waar onze keuken zo geliefd om is. De naam yarqunto de saldemee ('salade van rode bieten') doet de inhoud in feite tekort, want er zit zoveel meer in. Het is een mix van smaken, geuren en kleuren, een palet van zuur tot zoet, van kruidig en hartig. Lees het onderstaande lijstje met ingrediënten er maar op na. Ze groeiden stuk voor stuk bij mijn moeder op het platteland en daarom denkt ze bij dit gerecht vaak terug aan haar jeugd. Als kind vond ze de combinatie van al die smaken en kleuren iets sprookjesachtigs hebben. Alleen al daarom staat yarqunto da saldemee vaak bij haar op tafel.

VOOR 5 PERSONEN

1 eetl. olijfolie
150 g kikkererwten uit blik, uitgelekt en afgespoeld (uitgelekt gewicht: 130 g)
60 g walnoten, grof gehakt
500 g rode bieten, gekookt, in dunne plakjes
4 vijgen, in partjes
zout
zwarte peper
10 takjes koriander, grof gehakt

voor de dressing:
2 tenen knoflook, fijngehakt
sap van 1 biologische limoen
2 theel. kaneel
5 theel. extra vierge biologische olijfolie

Verhit de olijfolie in een pan op halfhoog vuur en bak de uitgelekte kikkererwten ongeveer 10 minuten.

Meng in een kom alle ingrediënten voor de dressing. Voeg de dressing samen met de walnoten toe aan de kikkererwten en bak 1 minuut mee. Roer goed en zet het vuur uit.

Schik de bieten en de vijgen op een grote, platte schaal en schep de warme, kruidige erwten erop. Bestrooi de salade met een klein beetje zout, wat zwarte peper en de koriander.

De partjes vijg zijn ook te vervangen door peer of blauwe druif.

Be'é semoqe *rode eieren*

Maanden voorafgaand aan Pasen, elk jaar opnieuw, herinnert mijn moeder ons eraan alle uienschillen te bewaren en niet weg te gooien. Ze gebruikt ze op Goede Vrijdag, twee dagen voor Pasen dus, om eieren op een natuurlijke wijze rood te kleuren. Rode eieren hebben bij de Suryoye veel symboliek: de dooier staat voor nieuw leven, licht en zon, het eiwit voor vrede en zuiverheid, de rode kleur voor het bloed van Jezus toen hij werd gekruisigd en de mensheid verloste. Als kind vond ik het weleens jammer dat andere kinderen allerlei verschillend gekleurde eieren hadden, en wij alleen rode. Nu vind ik deze natuurlijke manier van kleuren juist heel mooi en bijzonder.

VOOR 12 EIEREN

2 liter water
buitenste droge uienschil van 9 gele uien
1 eetl. zout
12 witte eieren

Schenk het water in een diepe pan, voeg de uienschillen en het zout toe en breng op hoog vuur aan de kook. Laat 10 minuten op laag vuur pruttelen.

Draai het vuur uit. Leg met een eetlepel een voor een de eieren op de bodem van de pan en bedek ze met de uienschillen. Breng opnieuw aan de kook en laat 10 minuten op halfhoog vuur pruttelen.

Draai het vuur uit en laat de eieren 25 minuten rusten in de pan. Leg ze op keukenpapier om te drogen.

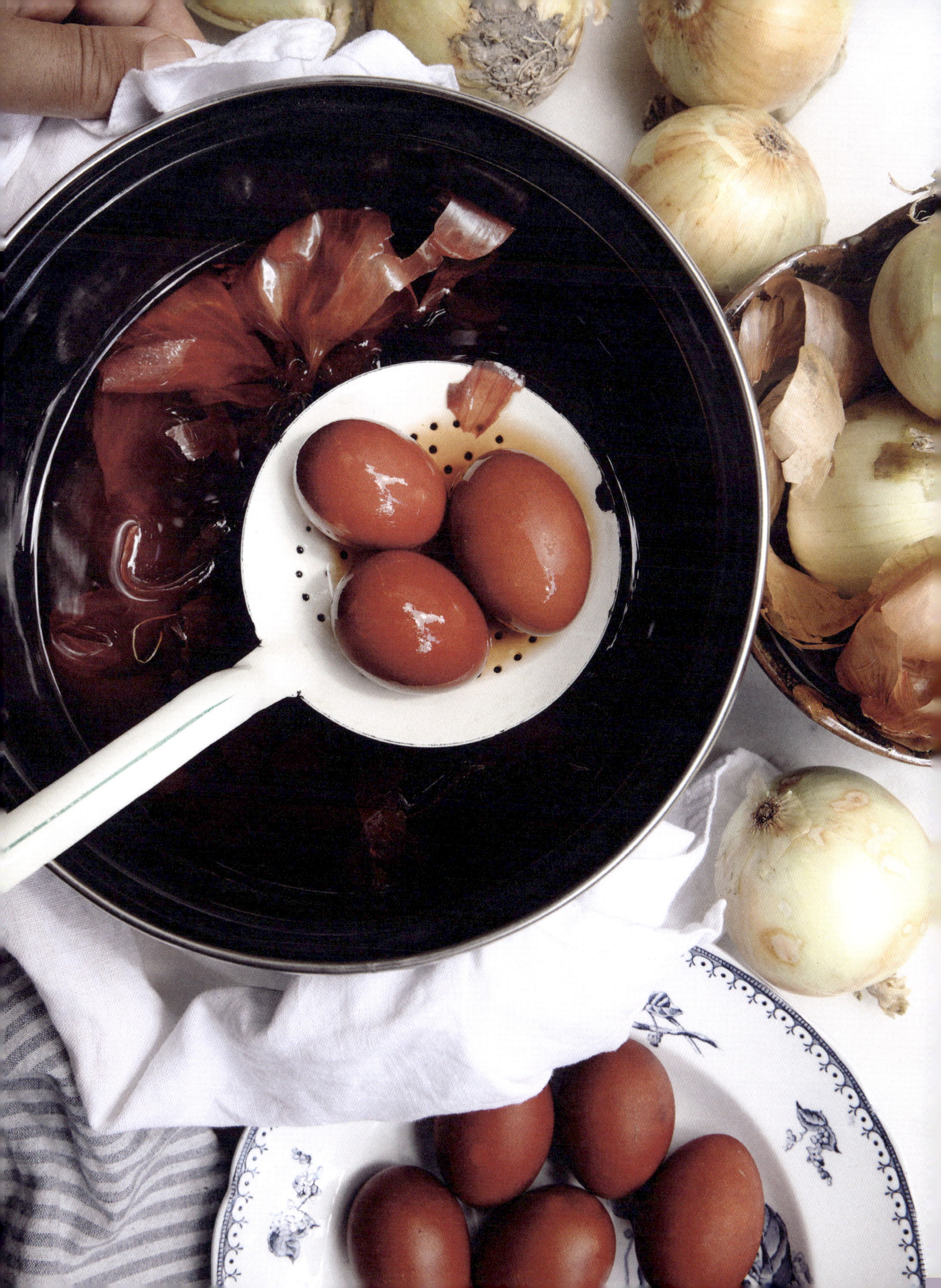

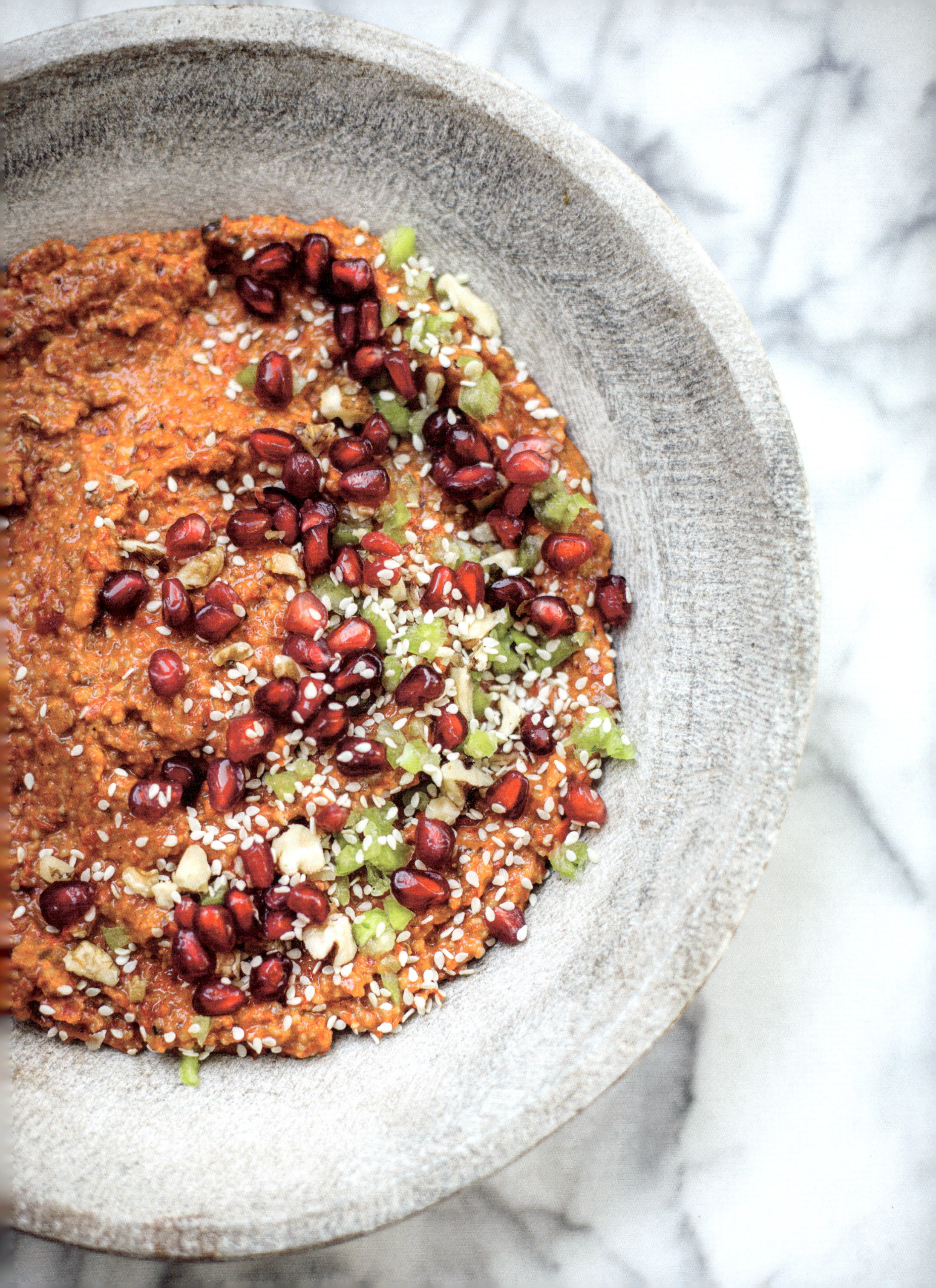

Muhammara *pittige geroosterde-paprikapasta met granaatappel*

Ik zeg het niet tegen mijn moeder, maar de allerlekkerste muhammara at ik tijdens een reis door Syrië bij een eetkraam in de prachtige eeuwenoude soek van Aleppo. Het geheim was de langzaam geroosterde rode zoete paprika en walnoot met een verse granaatappelmelasse. Je kunt de geroosterde paprika's ook in een pot kopen, maar het is veel lekkerder – en echt niet moeilijk – om verse rode paprika's zelf te roosteren. De hartige grove dip of puree met een pittige, zoetzure smaak is een welkome afwisseling voor de overbekende hummus.

VOOR 4 PERSONEN

- 2 eetl. olijfolie
- 2 rode paprika's, zonder zaadlijst, in grove stukken
- 2 eetl. zoete paprikapuree, uit een pot
- 1 teen knoflook
- 1 eetl. granaatappelmelasse
- 1 eetl. aleppo-peper of chilivlokken
- 1 eetl. sap van biologische citroen
- 1 eetl. extra vierge olijfolie
- 75 g granaatappelpitten, plus extra
- 75 g walnoten, geroosterd en grof gehakt, plus extra
- 1 theel. sesamzaad
- 1 bosui, fijngesneden (optioneel)

Verhit de olijfolie in een grill- of antiaanbakpan op laag vuur en bak de stukken paprika ongeveer 20 minuten tot ze aan beide kanten zacht zijn en de schil kleurt.

Doe de warme stukken gebakken paprika met de paprikapuree, knoflook, granaatappelmelasse, aleppo-peper, het citroensap en de olijfolie in een mengbeker en mix met een staafmixer ongeveer 3 minuten (of mix de ingrediënten in een keukenmachine). Schep de puree op een schaal of bord en laat 15 minuten afkoelen.

Roer de granaatappelpitten en walnoten met een lepel door de puree.

Serveer de muhammara op kamertemperatuur op een schaal en bestrooi met nog wat granaatappelpitten, walnoten en het sesamzaad (en eventueel 1 bosui). Lekker op platbrood, op een toastje of in een blaadje romainesla.

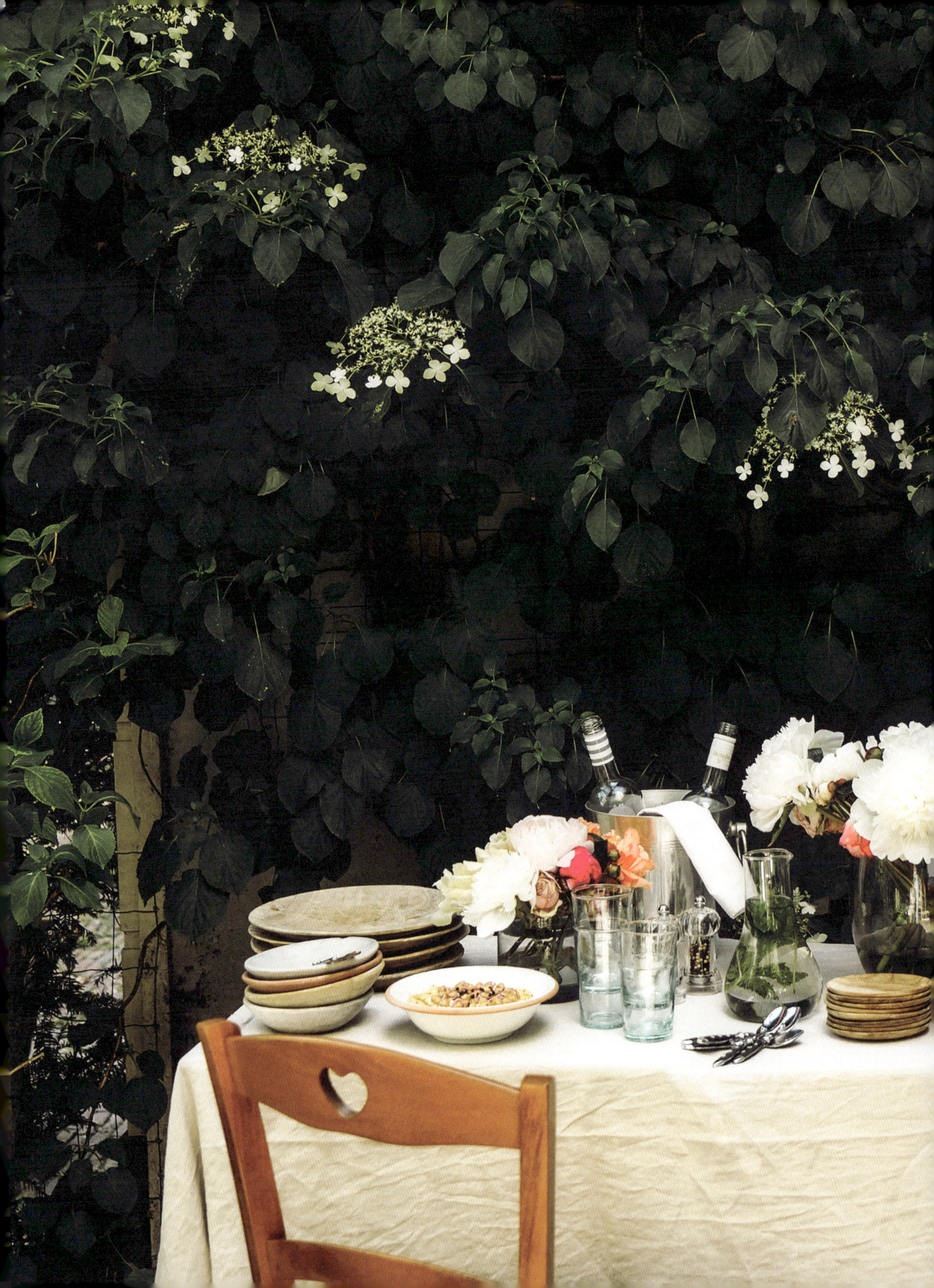

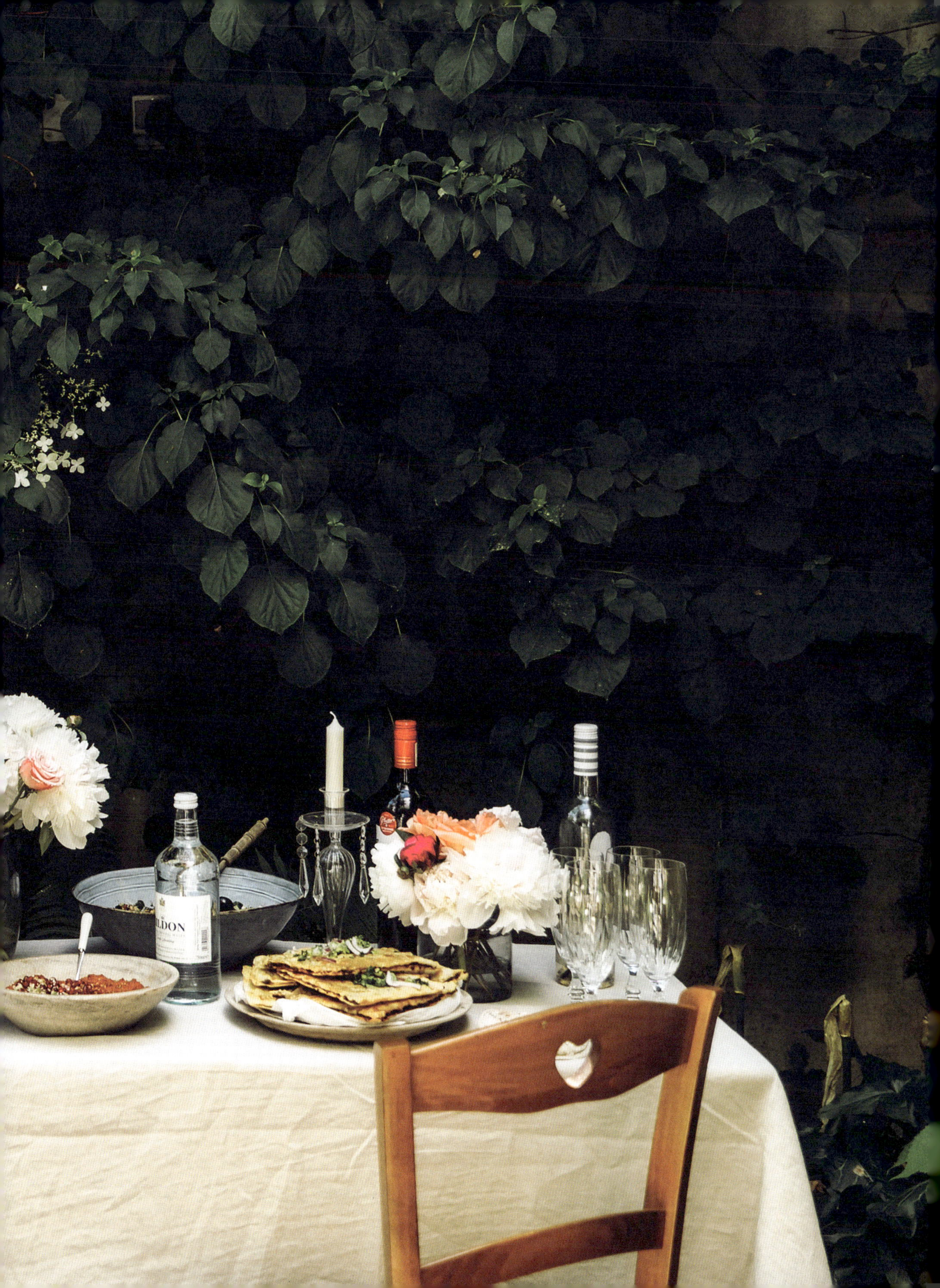

Yarqunto di lhana *wittekoolsalade met geroosterde amandelen*

Nederland doet er niet zoveel mee, maar het hele Midden-Oosten, net als de Balkan en Rusland, is er dol op: wittekool. In het Westen eten we het eigenlijk alleen met een dressing van mayonaise, denk maar aan de Amerikaanse coleslaw. Mijn moeder doet het anders. Yarqunto di lhana, letterlijk 'salade van witte kool', maakt ze met gedroogde munt, sesam, knoflook, paprikapoeder, olijfolie en citroensap. En dan altijd een hele schaal vol, want niemand krijgt er genoeg van. Geroosterde amandelen horen er oorspronkelijk niet bij, maar zij vindt dat die de smaak en textuur net even lekkerder maken.

VOOR 6 PERSONEN

500 g wittekool, geraspt
3 eetl. gedroogde munt
1 eetl. sesamzaad, geroosterd
1 eetl. knoflookpoeder
2 theel. paprikapoeder
5 eetl. extra vierge olijfolie
sap van ½ biologische citroen
zout
zwarte peper
100 g amandelen, geroosterd en grof gehakt

Meng alle ingrediënten behalve de amandelen in een kom met een lepel door elkaar. Proef en breng de salade op smaak met zout en zwarte peper. Bestrooi de salade met de geroosterde amandelen en serveer hem meteen.

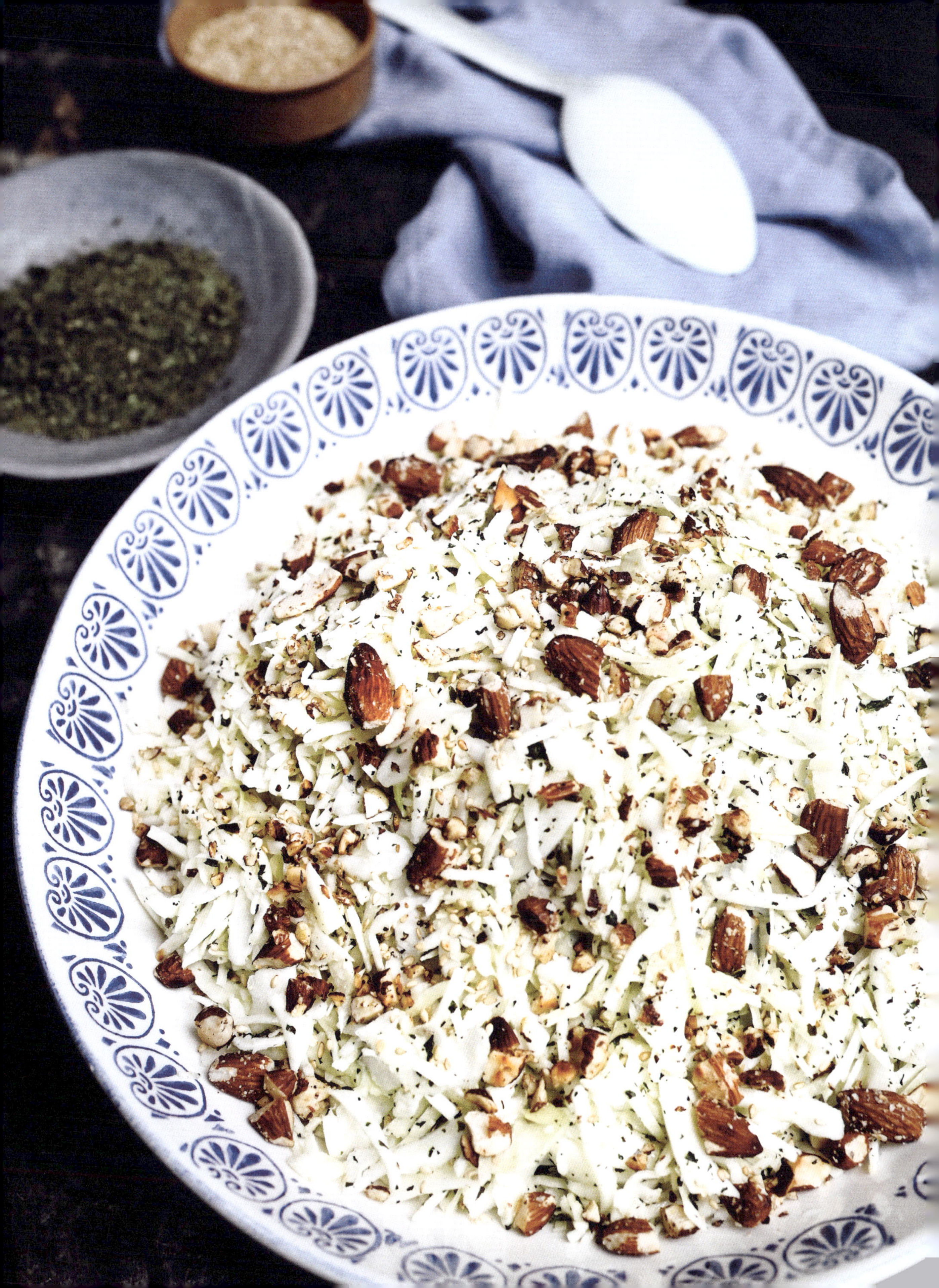

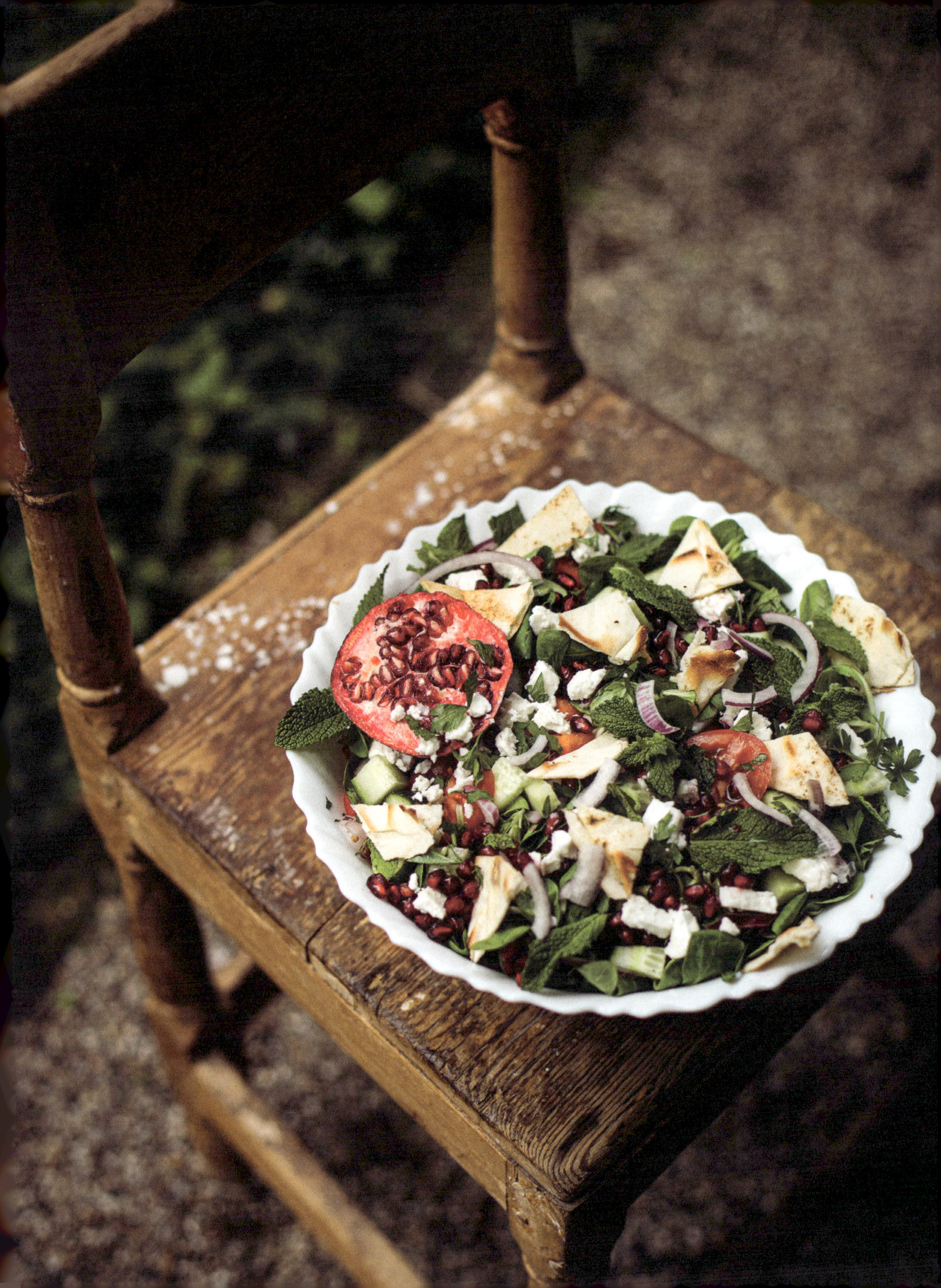

Yarqunto fattoush *geroosterd-broodsalade*

Een van de populairste salades van de Suryoye, en trouwens van vrijwel alle volken in het Midden-Oosten, is de yarqunto fattoush. Een salade die, oneerbiedig gezegd, wordt gemaakt van de restjes. Daar wordt dan vooral oud brood mee bedoeld. Dat wordt in stukjes gesneden, gedoopt in zonnebloemolie en vervolgens gebakken. De basis is een salade van groenten en kruiden die voorradig zijn. Traditioneel beweegt yarqunto fattoush dus mee met de seizoenen: in de lente is-ie anders dan in de herfst. Belangrijk is dat de stukjes gebakken brood pas op het allerlaatst bij de salade worden gevoegd. Dan blijven ze lekker knapperig.

VOOR 6 PERSONEN

1 eetl. zonnebloemolie
2 platbroden
1 krop romainesla, grof gehakt
30 g zomerpostelein, zonder steel
2 kleine komkommers, grof gehakt in blokjes
3 tomaten, grof gehakt in blokjes
5 radijzen, in dunne plakjes
3 bosui, in ringen
1 paprika, grof gehakt in blokjes
100 g granaatappelpitten
2 theel. sumak
1 eetl. gedroogde munt
½ bosje munt, de blaadjes, grof gehakt
½ bosje platte peterselie, grof gehakt

voor de dressing:
50 ml extra vierge biologische olijfolie
2 eetl. granaatappelmelasse
sap van 1 biologische citroen
1 teen knoflook, fijngehakt
3 theel. zout

Doe alle ingrediënten voor de dressing in een mengbeker en roer ze goed door elkaar.

Meng alle ingrediënten voor de salade, behalve het brood, in een grote kom of schaal. Schep de dressing er met een eetlepel goed doorheen. Proef goed en breng zo nodig op smaak met nog wat zout. Laat de salade zo 15 minuten staan.

Verhit de zonnebloemolie in een pan op halfhoog vuur en rooster de platbroden aan beide kanten krokant. Draai het vuur uit en scheur het brood in kleine stukjes.

Schep de krokante stukjes brood door de salade en serveer direct.

Ballo' *pittig borrelhapje van rode linzen en burghul*

Ballo' is een van de oudste gerechten uit dit kookboek. En tegelijkertijd een van modernste. Want het zijn in feite pittige snacks van vleesvervangers. Gemaakt van extra fijn gemalen burghul en gekookte rode linzen (waarom die rood worden genoemd, begrijp ik overigens niet, ze zijn oranje). Ballo' werden oorspronkelijk gemaakt als er geen vlees voorhanden was of tijdens de vastentijd. Tegenwoordig eten we ze bij de borrel en natuurlijk bij feestelijke gelegenheden, want je maakt ze makkelijk in grote hoeveelheden. Fingerfood op zijn Suryoyo dus, en 100% vegan.

VOOR 18 STUKS

voor de linzen:
600 ml koud water
200 g rode linzen
2 theel. zonnebloemolie
2 theel. zout

voor de burghul:
250 g fijne burghul
1 theel. tomatenpuree
1 theel. korianderpoeder
1 theel. paprikapoeder
2 theel. extra vierge olijfolie
2 theel. zout
1 theel. zwarte peper

verder:
100 ml warm water
2 bosui, in dunne ringen
1 eetl. sambal
sap van ½ biologische citroen
¼ bosje platte peterselie, fijngehakt
blaadjes-baby-romaine (optioneel)

Breng in een diepe pan het water met de linzen, zonnebloemolie en het zout op halfhoog vuur aan de kook. Schep met een lepel het schuim af dat komt bovendrijven en blijf dit herhalen. Draai het vuur laag en laat 15 minuten pruttelen. Roer tussendoor af en toe.

Meng de ingrediënten voor de burghul met elkaar in een ruime kom. Giet het warme linzenmengsel voorzichtig in de kom en roer met een lepel alles goed door elkaar. Laat de inhoud van de kom 30 minuten afkoelen op een tochtvrije, droge plaats.

Schenk het warme water in de kom, bevochtig je handen en kneed het deeg een paar minuten tot het soepel en samenhangend is. Voeg desgewenst meer warm water of olijfolie toe. Voeg nu de bosui, sambal, het citroensap en de peterselie toe en meng alles goed met elkaar.

Vorm met de hand 18 bolletjes van het mengsel en knijp elk bolletje in je handpalm tot een ovale vorm van zo'n 8 centimeter.

Serveer op kamertemperatuur en pak elk hapje bij voorkeur op met een blaadje romainesla. Lekker met rauwe groenten zoals radijs, bosui, rettich of knolraap.

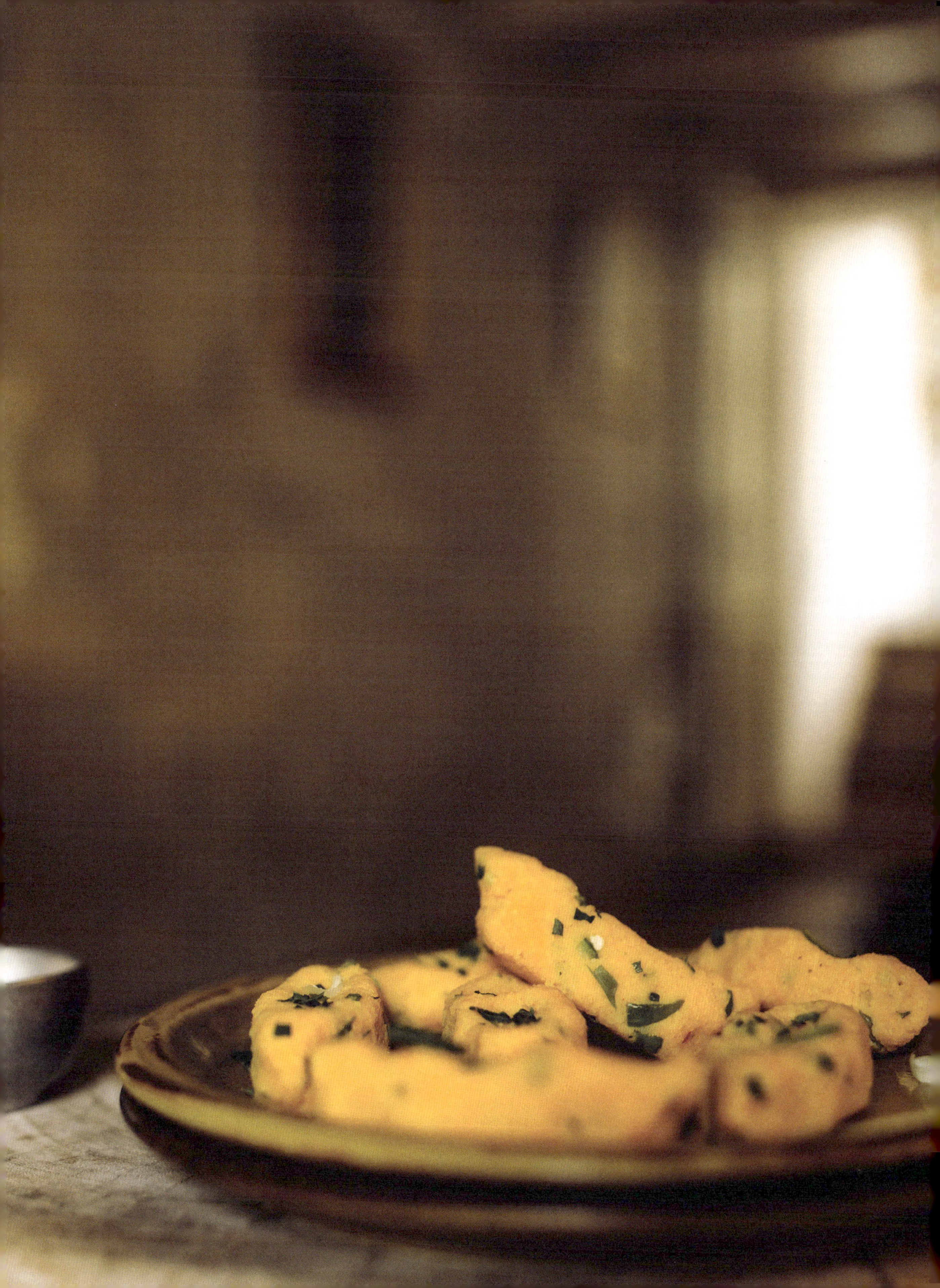

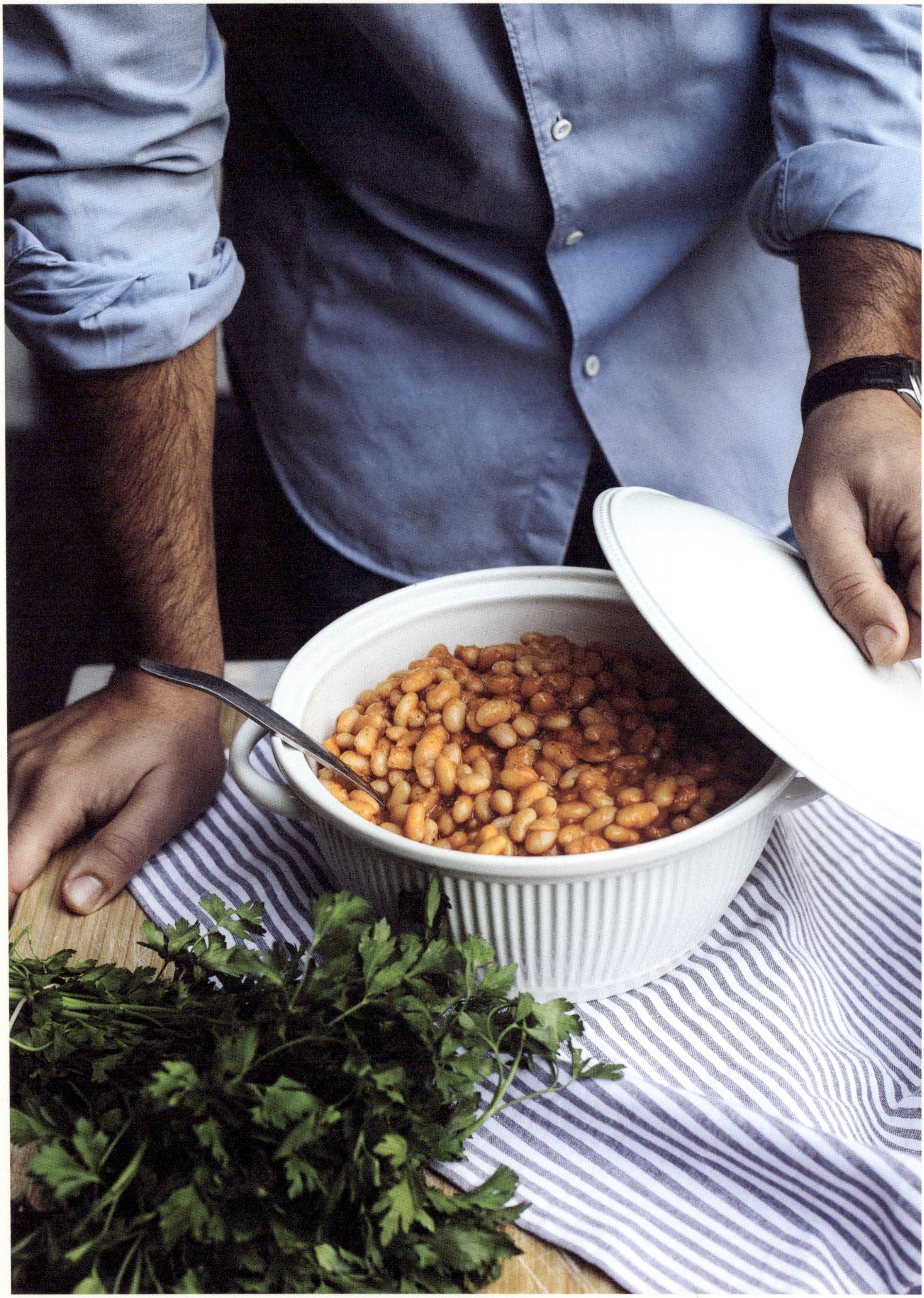

Faṣuliye ḥeworo *wittebonenschotel*

In het dorpje Sare, waar mijn moeder is opgegroeid, werden niet alleen granen, vruchten en groenten verbouwd, maar ook peulvruchten zoals kikkererwten, linzen en witte bonen. De zomeroogst was meestal zo overvloedig dat er meer dan genoeg was voor de winter. Van een deel werd door mijn moeder kettingen geregen om ze vervolgens op te hangen en te drogen. Dat deed ze overigens ook met allerlei groenten zoals tomaten en aubergines. Tijdens de koude wintermaanden was even weken in heet water genoeg om ze weer helemaal 'vers' te krijgen. De gedroogde witte bonen uit dit recept hebben geen gaatjes van het rijgdraad, maar komen gewoon uit de winkel. Het resultaat is er niet minder om, vooral als je ze combineert met een warm bord vermicellirijst.

VOOR 8 PERSONEN

650 g gedroogde witte bonen
2 eetl. zonnebloemolie
1½ liter water
4 eetl. tomatenpuree
1 theel. sambal
1 theel. paprikapoeder
1 theel. sap van biologische citroen
1 eetl. zout
1 theel. zwarte peper
1 handvol platte peterselie, grof gehakt

Zet de witte bonen in een grote pan met tweemaal het volume koud water. Laat 2 uur weken en giet af.

Verhit de zonnebloemolie in dezelfde pan en bak de witte bonen 10 minuten op laag vuur. Roer goed, zodat ze niet aan de bodem blijven plakken of aanbranden.

Voeg de 1½ liter water toe en breng aan de kook. Voeg de tomatenpuree, sambal, het paprikapoeder, citroensap, zout en de peper toe. Roer goed, draai het vuur laag, leg een deksel op de pan en laat de bonen afgedekt ongeveer 90 minuten koken. De kooktijd van bonen verschilt; voeg zo nodig extra water toe tot ze beetgaar zijn. Ze moeten zacht zijn maar nog hun vorm hebben behouden. Breng eventueel op smaak met extra zout en peper.

Bestrooi de bonen met peterselie. Serveer warm, lekker met rijst.

BAṢRONÉ U NUNÉ

—— Vlees en vis

Tawayee di patata - Acin - Basro 'al dawqo - Be'é da dayroye -
Gyothe melye - Kabab - Gyothe shliqe - Gyothe mqalye -
Bacanat komé hashye - Nuno zafaran - Nuné shliqe

Smuni Turan, *mijn moeder.*

Korte tijd nadat mijn ouders getrouwd waren, werd in Kaferbe hun eerste kind geboren. Een aantal jaren later verhuisde het gezin naar Istanbul omdat mijn vader daar een goede baan kon krijgen. De metropool had een enorme aantrekkingskracht op mijn moeder. Het veranderde haar leven ingrijpend.

'Mijn dochter was nog maar zes maanden oud toen ik naar Istanbul vertrok. Drie dagen en drie nachten lang zaten we samen in de trein, een stoomlocomotief. Mijn man was er al, hij had er een goede baan gekregen. Mijn broer woonde er ook, net als drie broers van mijn man. Ze kwamen allemaal bij ons inwonen. Ik had geen oven, maar bij de bakker kon je zo je ovenschotel in de oven zetten. Dat was heel normaal, dat deed iedereen. Er ging een nieuwe wereld voor me open. Ik had bijvoorbeeld nog nooit een banaan gezien, laat staan gegeten. Hetzelfde geldt voor bloemkool en broccoli.

> "Ik had geen oven, maar bij de bakker kon je zo je ovenschotel in de oven zetten."

En cola natuurlijk, dat had ik nog nooit gedronken! Eerst vond ik het heel scherp, maar al gauw kon ik er niet van afblijven. En al die nieuwe zoete dingen, zoals Turks fruit, heerlijk allemaal. En dan die etalages. Mooie kleren, broekpakken, nagellak, lippenstift, ik kende het allemaal niet. In Istanbul kwam ik in aanraking met het moderne leven. We hadden meer geld, we gingen naar restaurants, ik kocht mooie kleren, tassen en schoenen. Ik was jong en ontdekte een heel nieuw leven. Mijn moeder moest huilen toen ze me voor het eerst zag met hoge hakken en wijde pijpen die toen in de mode waren. Huilen van blijdschap welteverstaan, dat ik zo'n mooi leven had, en zo'n mooie toekomst tegemoetging. En toen werd ook nog mijn oudste zoon geboren.'

Lees verder op blz. 184

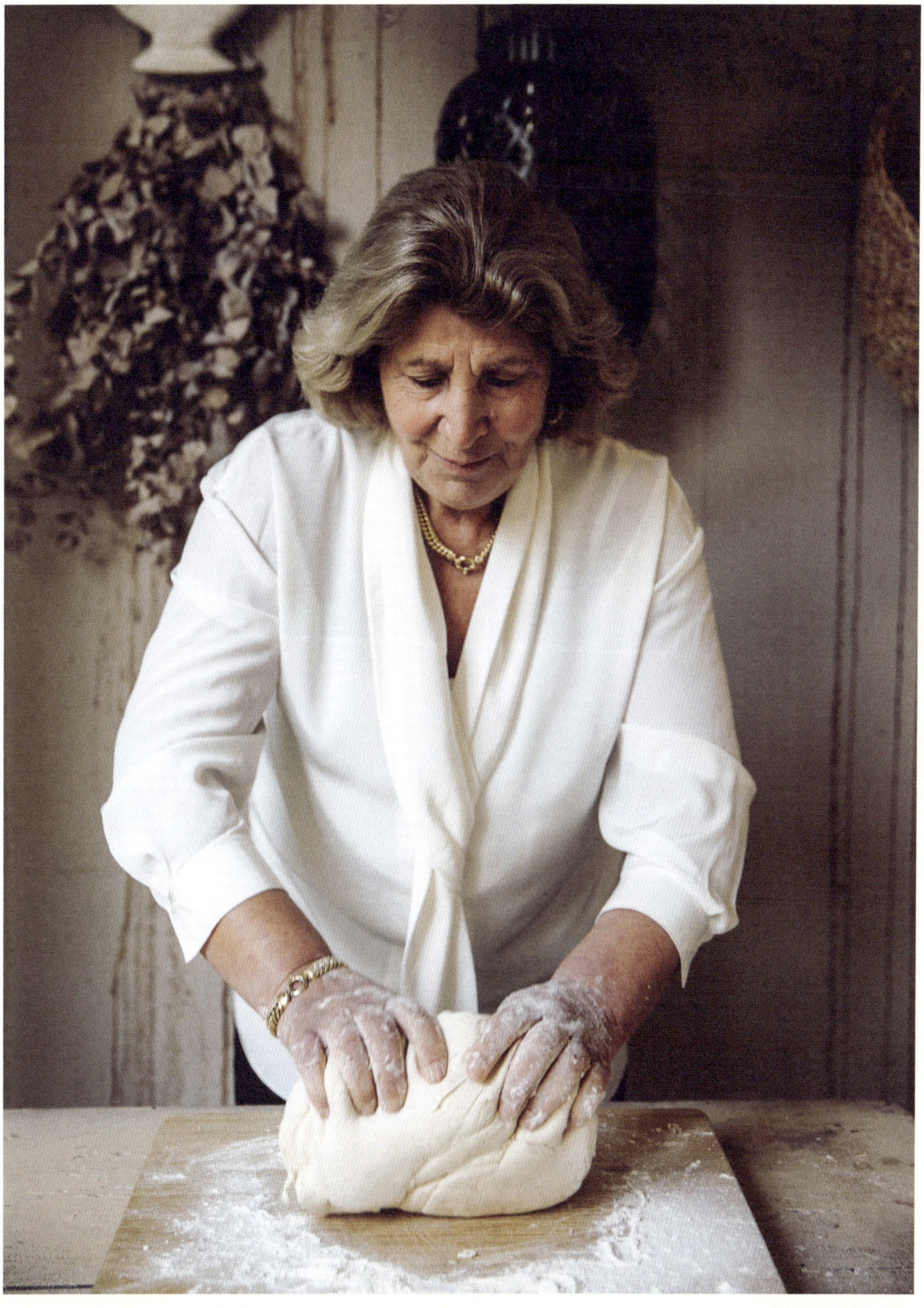

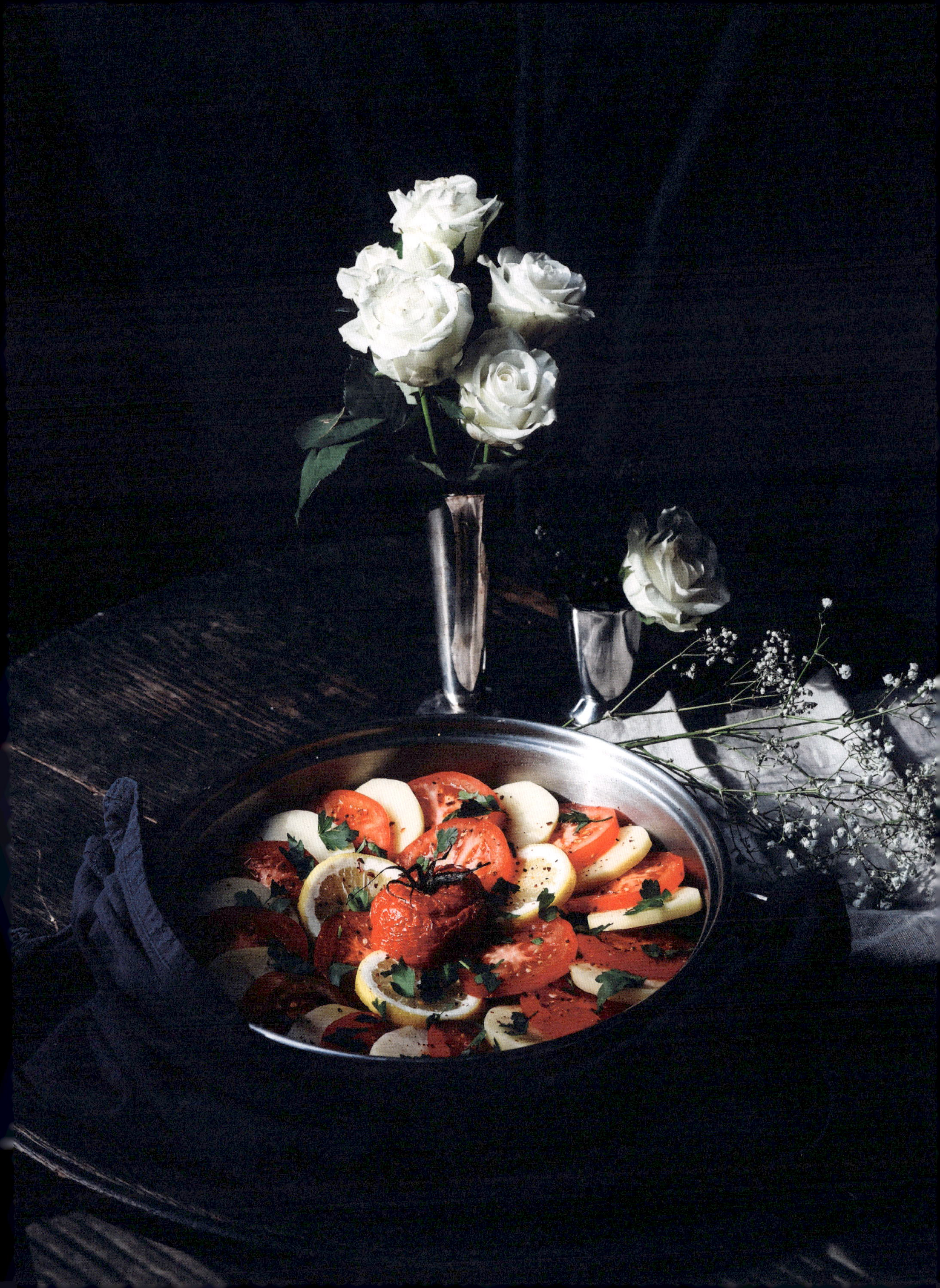

Tawayee di patata *eenpansgerecht met aardappel, tomaat en gehakt*

De Tawa is een pan van gietijzer die je in de oven kunt zetten of gewoon op het vuur. Het gelijknamige gerecht voor in de oven vind je op blz. 67. Zet je 'm op het gas of de kookplaat dan noemen we het gerecht tawayee, wat zoveel betekent als 'een pan die lekker gevuld is'. En dat klopt. Ik zie mijn moeder nog de eindeloze laagjes tomaat, citroen en aardappel afwisselen met heerlijke kruiden en gehakt. Het geheim zit 'm in de sappen die op de bodem vrijkomen, heerlijk om brood in te dippen. Tawayee is een eenpansgerecht waar je, eenmaal op het vuur, een uur lang niet naar om hoeft te kijken. Voor ons kinderen was dat een hele beproeving. Een uur lang wachten op zoiets heerlijks was vaak te veel gevraagd. 'Afblijven!' klonk het streng als een van ons toch even het deksel oplichtte.

VOOR 4 PERSONEN

voor de gehaktlaag:
500 g mager rundergehakt
1 witte ui, gesnipperd
2 tenen knoflook, fijngesneden
1 theel. paprikapoeder
1 eetl. tomatenpuree
2 theel. chilivlokken
2 theel. pimentpoeder
½ bosje platte peterselie, grof gehakt
2 theel. zwarte peper
3 theel. zout
1 theel. vloeibare boter

voor de overige lagen:
6 vastkokende aardappels zonder schil, in dunne plakken
7 trostomaten, in dunne plakken
½ biologische citroen, in dunne plakken
30 ml water

voor erover:
1 theel. chilivlokken
¼ bosje platte peterselie, fijngehakt

ronde hapjespan van ongeveer 28 cm doorsnee en 6 cm hoog

Meng in een kom alle ingrediënten voor de gehaktlaag behalve de boter en kneed door elkaar. Bestrijk de bodem van een hapjespan (liefst van 28 centimeter doorsnee) met de boter en verdeel het gekruide gehakt gelijkmatig over de bodem van de pan. Druk goed aan.

Schik de plakken aardappel en een deel van de plakken tomaat in 2 lagen over het vlees. Schik nog een kleine derde laag met de plakken citroen en de rest van de tomaat. Schenk het water in de pan en sluit af met het deksel.

Verhit de pan ongeveer 5 minuten op hoog vuur. Draai het vuur laag en laat alles in ongeveer 55 minuten gaar pruttelen.

Bestrooi het gerecht met de chilivlokken en de peterselie. Serveer warm met brood of rijst.

Acin *steak tartare op zijn Suryoyo*

De Fransen hebben hun steak tartare, maar wij hebben acin (spreek uit: aadjzien). Mager, supervers rund- of lamsvlees dat je niet alleen aanmaakt met zout, peper en specerijen, maar ook met extra fijne burghul. De textuur daarvan is zo zacht dat het in feite als bindmiddel werkt, wat een heel verfijnde smaak geeft. De manier waarop wij het eten is dan weer wat minder verfijnd, want acin eet je met een opgerold blaadje romainesla zo van het bord, zonder mes en vork dus. Mijn moeder legt er ook graag een spiegeleitje op, dan is het ideaal als hoofdgerecht.

VOOR 10 PERSONEN

1 witte ui, fijngesnipperd
½ theel. zout
250 g extra fijne burghul
4 eetl. extra vierge biologische olijfolie
1 eetl. paprikapoeder
½ eetl. komijnpoeder
1 eetl. korianderpoeder
½ eetl. zwarte peper
150 ml koud water
2 eetl. pittige paprikapuree (merk Oncu)
1 theel. gedroogde munt
500 g dagverse runder- of lamstartaar, rauw
1 bosje platte peterselie, fijngehakt
30 olijven, zonder pit

Doe de ui en het zout in een vijzel en stamp de ui fijn. Meng in een diepe kom het uienmengsel met de burghul en de olijfolie. Kneed met de hand enkele minuten stevig, tot alle olie is opgenomen.

Voeg het paprika-, komijn- en korianderpoeder met de peper en 100 ml van het koude water toe. Herhaal het kneden tot al het water is opgenomen. Voeg de paprikapuree en gedroogde munt toe en kneed nogmaals goed.

Voeg de rauwe rundertartaar toe en kneed grondig tot alles goed is gemengd. Proef en breng eventueel op smaak met extra zout of extra kruiden. Schenk de overgebleven 50 ml koud water in de kom en kneed in 20 minuten tot een glad deeg.

Verdeel de tartaar over ronde borden en druk hem plat met de bolle kant van een lepel. Decoreer met de bolle kant van een vork de randen van de tartaar zodat de afdrukken van de tanden erin staan.

Garneer royaal met de peterselie en olijven.

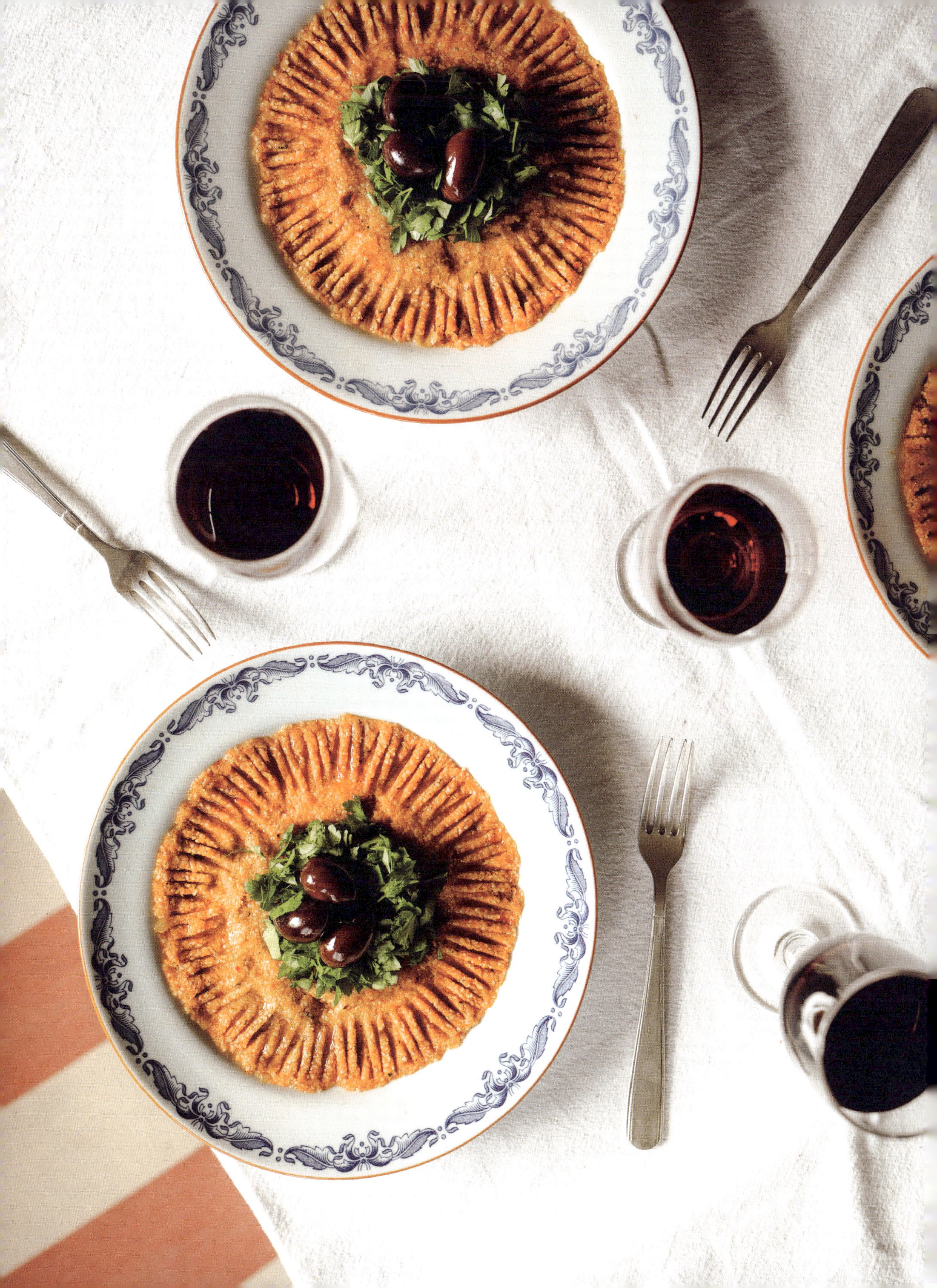

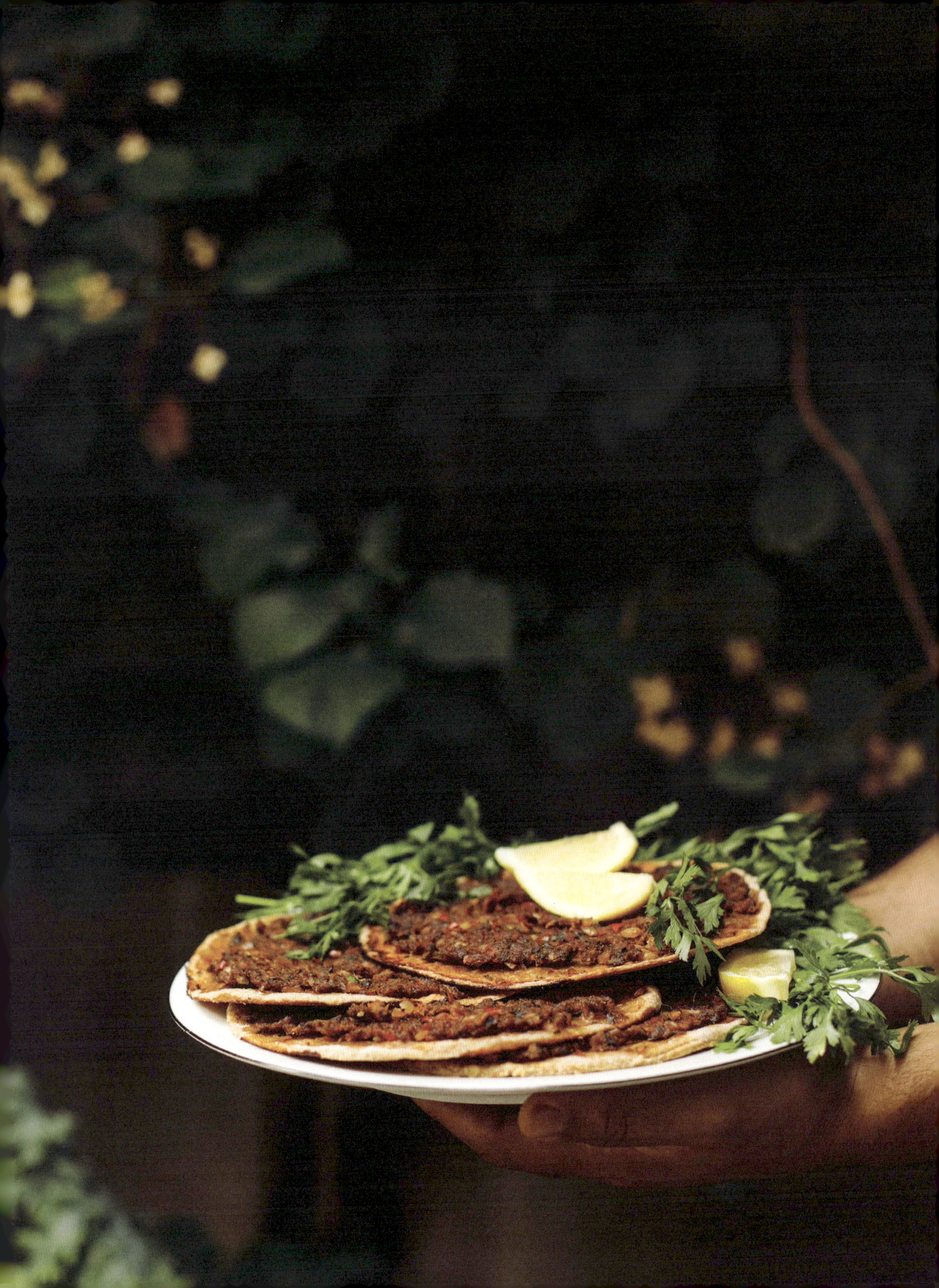

Basro 'al dawqo *gekruid gehakt op mini-platbrood*

Als mijn neefjes en nichtjes die in het buitenland wonen langskomen, willen ze maar één ding: basro 'al dawqo. Het betekent letterlijk 'vlees op brood'. Een beetje misleidende naam eigenlijk, want in feite is het vlees *in* brood. Het is gehakt vermengd met groenten, specerijen en kruiden dat verstopt zit tussen twee lagen brooddeeg. Mijn moeder maakt basro 'al dawqo op de bakplaat en snijdt de pizza vervolgens in rechthoekige stukken. Heerlijk met ijsbergsla, munt en peterselie eroverheen. Ze maakt altijd een flinke stapel, want de hele familie is er dol op. Net als op oma natuurlijk.

VOOR 13 STUKS

voor het deeg:
500 g patentbloem (plus extra om te bestuiven)
2 eetl. olijfolie
1 theel. zout
275 ml warm water

voor de gehaktvulling:
300 g rundergehakt
2 eetl. tomatenpuree
2 eetl. 7-kruidenpoeder
1 eetl. paprikapoeder
1 theel. sambal
2 theel. zout
1 theel. zwarte peper
2 uien, fijngesneden
2 tomaten, fijngesneden
1 groene peper, fijngesneden
½ bos platte peterselie, fijngehakt
1 eetl. olijfolie

Verhit de oven tot 240 °C en bekleed een bakplaat met bakpapier.

Meng de bloem, 1 eetlepel olijfolie, het zout en warme water in een grote kom. Kneed alles goed door elkaar tot het water is opgenomen. Giet de tweede eetlepel olijfolie in de palm van je hand en vorm van het deeg een deegbol die niet aan de handen blijft plakken. Als het deeg te droog of te nat is, voeg dan meer warm water of meer bloem toe. Verdeel het deeg in 13 bolletjes ter grootte van een mandarijn en laat ze afgedekt 15 minuten rusten.

Roer voor het gehaktmengsel het gehakt, de tomatenpuree, het 7-kruidenpoeder, paprikapoeder, de sambal, het zout en de zwarte peper in een grote kom met een lepel door elkaar. Voeg de uien, tomaten, groene peper, peterselie en olijfolie toe en kneed alles met de hand nog eens goed door.

Bestuif je werkblad met een beetje bloem. Pak een bolletje deeg en rol het uit tot een dunne ronde plak. Verdeel hierover ongeveer anderhalve eetlepel van de gehaktvulling en houd de randjes vrij. Leg de gevulde deegplakken op de bakplaat en bak ze in 8 tot 9 minuten goudbruin in de oven.

Serveer met een frisse salade, verse peterselie en partjes citroen.

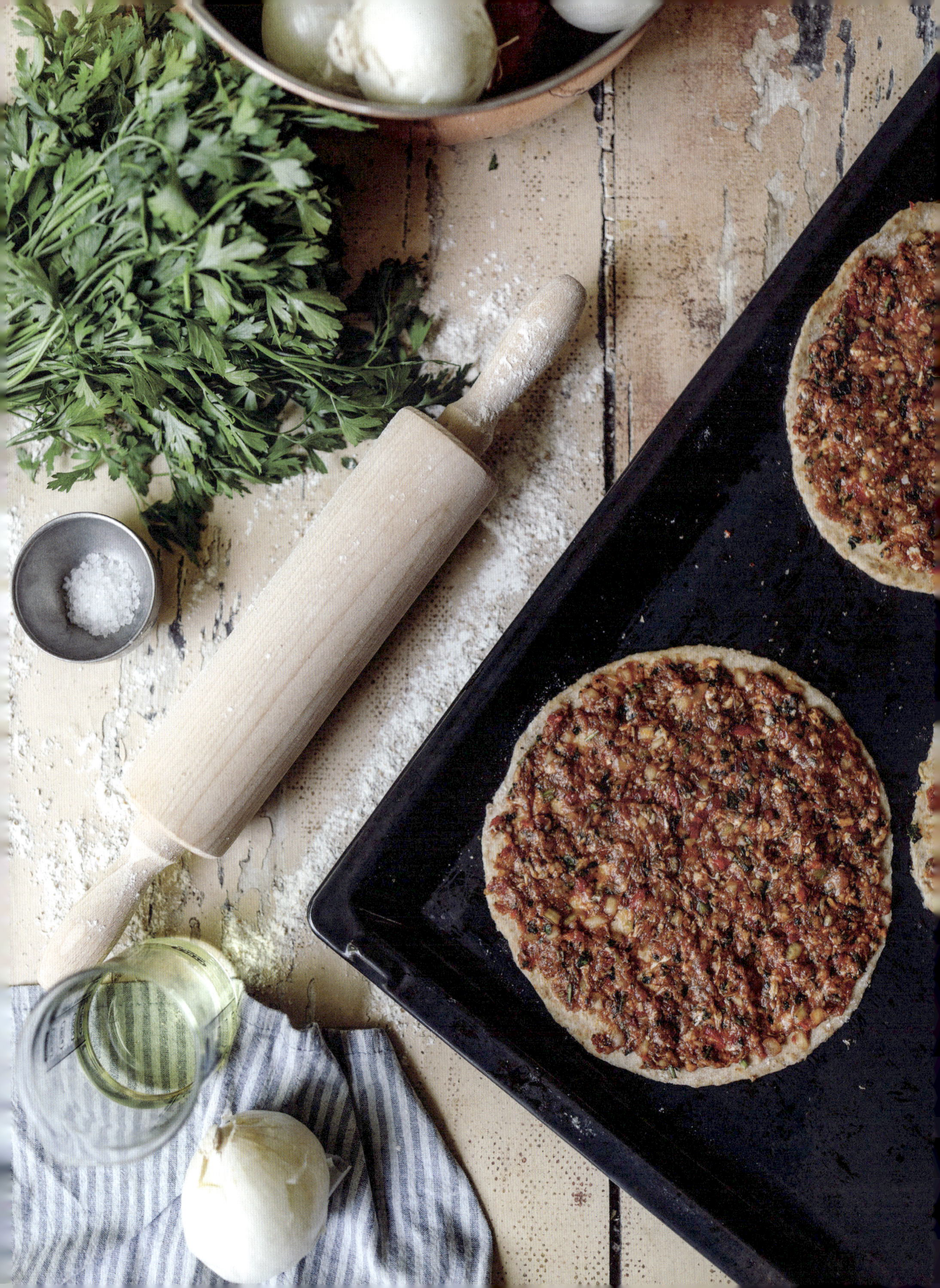

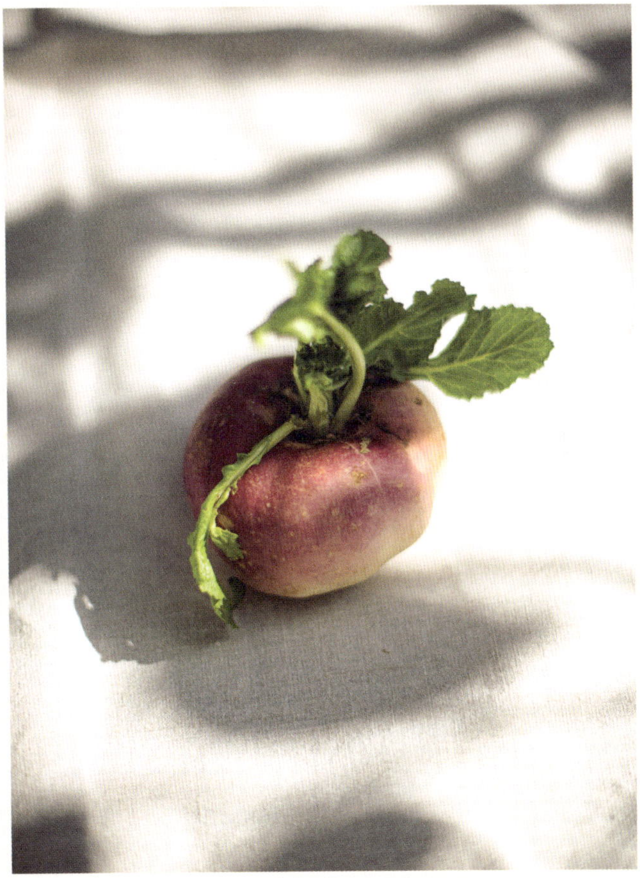

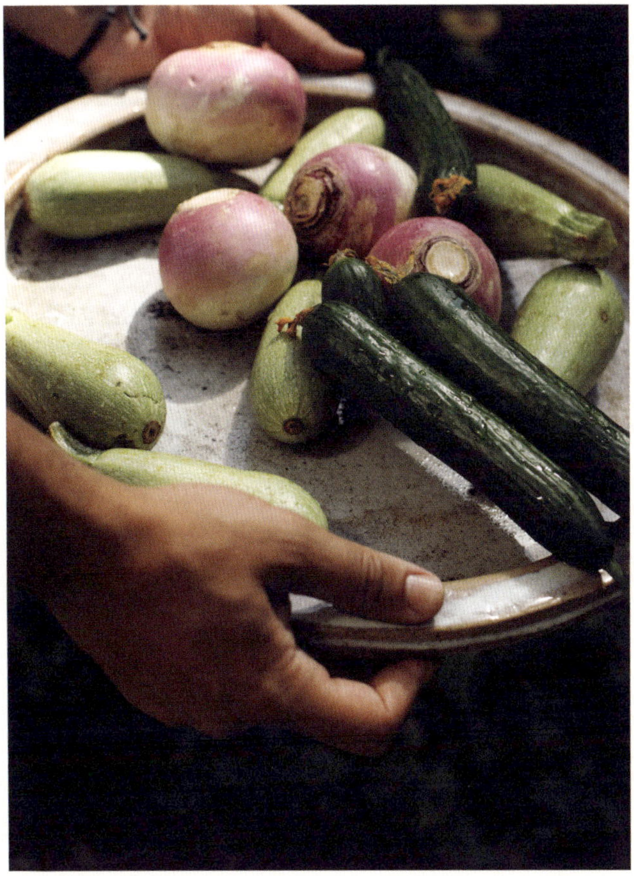

Be'é da dayroye *gebakken eieren met runderworst*

De keukens van het Midden-Oosten vertonen onderling veel overeenkomsten, maar die van de Suryoyo is in elk geval op één punt totaal anders: het gebruik van alcohol. Bij de maaltijd drinken we nu eenmaal graag een goed glas bier of wijn en bij de borrel raki, likeur en whisky. Met mate uiteraard, al gebeurt het mij weleens dat ik net dat laatste glaasje raki beter had kunnen afslaan. En dan 's ochtends.... Op die momenten maak ik altijd be'e da dayroye. Ofwel een verrukkelijk eiergerecht waar je weer helemaal van opknapt, vooral door de sucuk (spreek uit als: suudjuuk), een halfdroge rundvleesworst met de sterke, pittige smaak van knoflook, pul biber (aleppo-peper), komijn- en paprikapoeder. Sucuk vind je tegenwoordig ook bij de grotere Nederlandse supermarkten.
In feite is be'e da dayroye een iets exotischer variant op bacon and eggs, het overbekende Engelse ontbijt. De dooier van het ei blijft heel en vloeibaar, zodat je er lekker met brood in kunt dippen. Liefst meteen uit de pan, zoals bij ons thuis de gewoonte was.

VOOR 2 PERSONEN

2 eetl. olijfolie
2 groene chilipepers, zonder zaadlijst, in halve ringen
4 middelgrote tomaten, in parten
10 dunne plakjes sucuk
4 eieren
1 theel. paprikapoeder
2 theel. zout
1 theel. zwarte peper
handvol platte peterselie, grof gehakt
1 eetl. sesamzaad
2 bosui, alleen het witte deel, in dunne ringen

Verhit de olie in een grote antiaanbakpan op halfhoog vuur en bak de groene pepers en tomaat ongeveer 7 minuten; roer regelmatig.

Verdeel de plakjes sucuk gelijkmatig in de pan en bak 2 minuten mee.

Breek de eieren boven de pan en draai het vuur laag. Breng op smaak met het paprikapoeder, zout en de zwarte peper. Laat de eieren in 8 minuten stollen.

Bestrooi het gerecht met de gehakte peterselie, bosui en het sesamzaad. Serveer het gerecht in de pan met warm brood erbij.

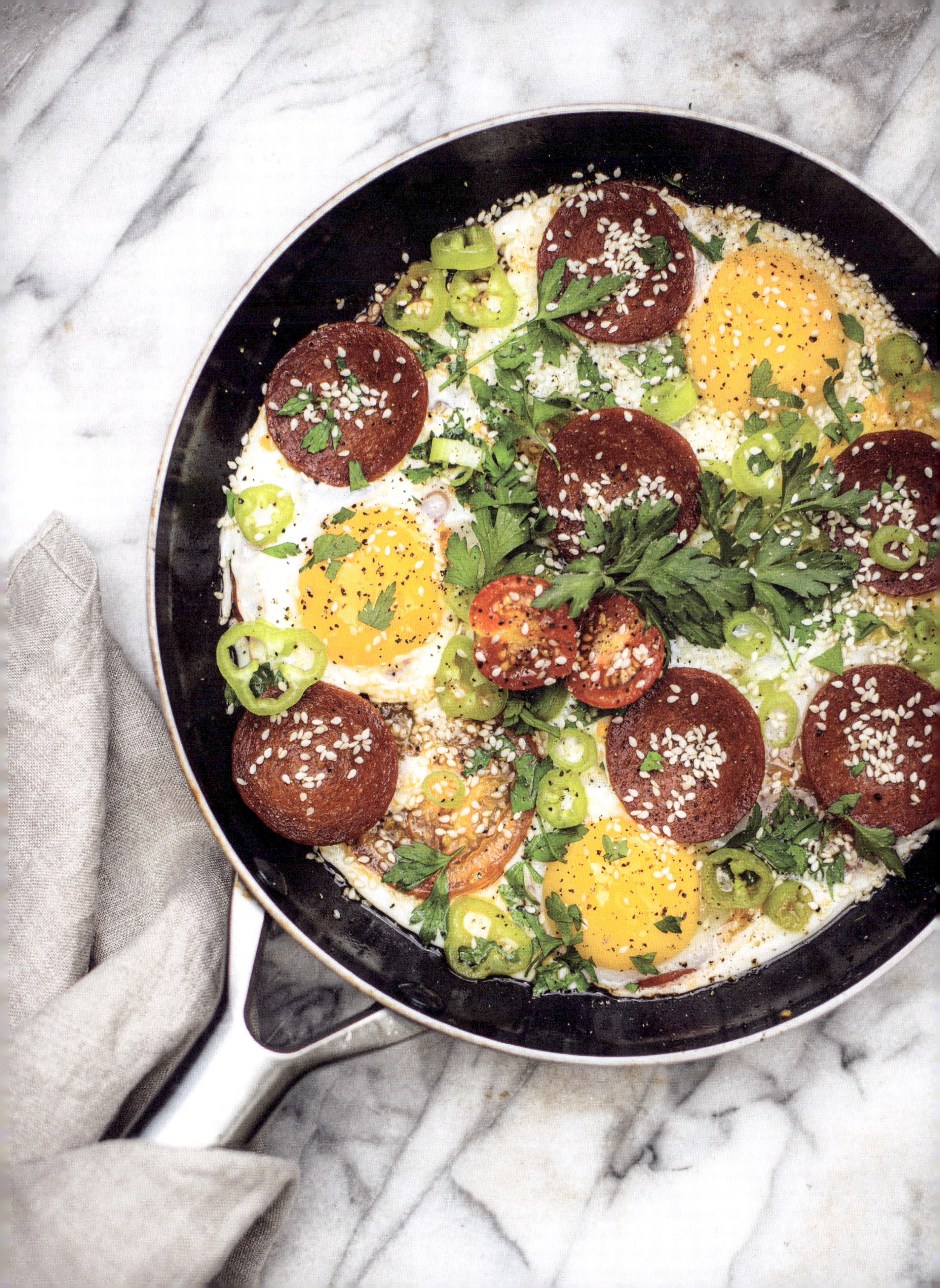

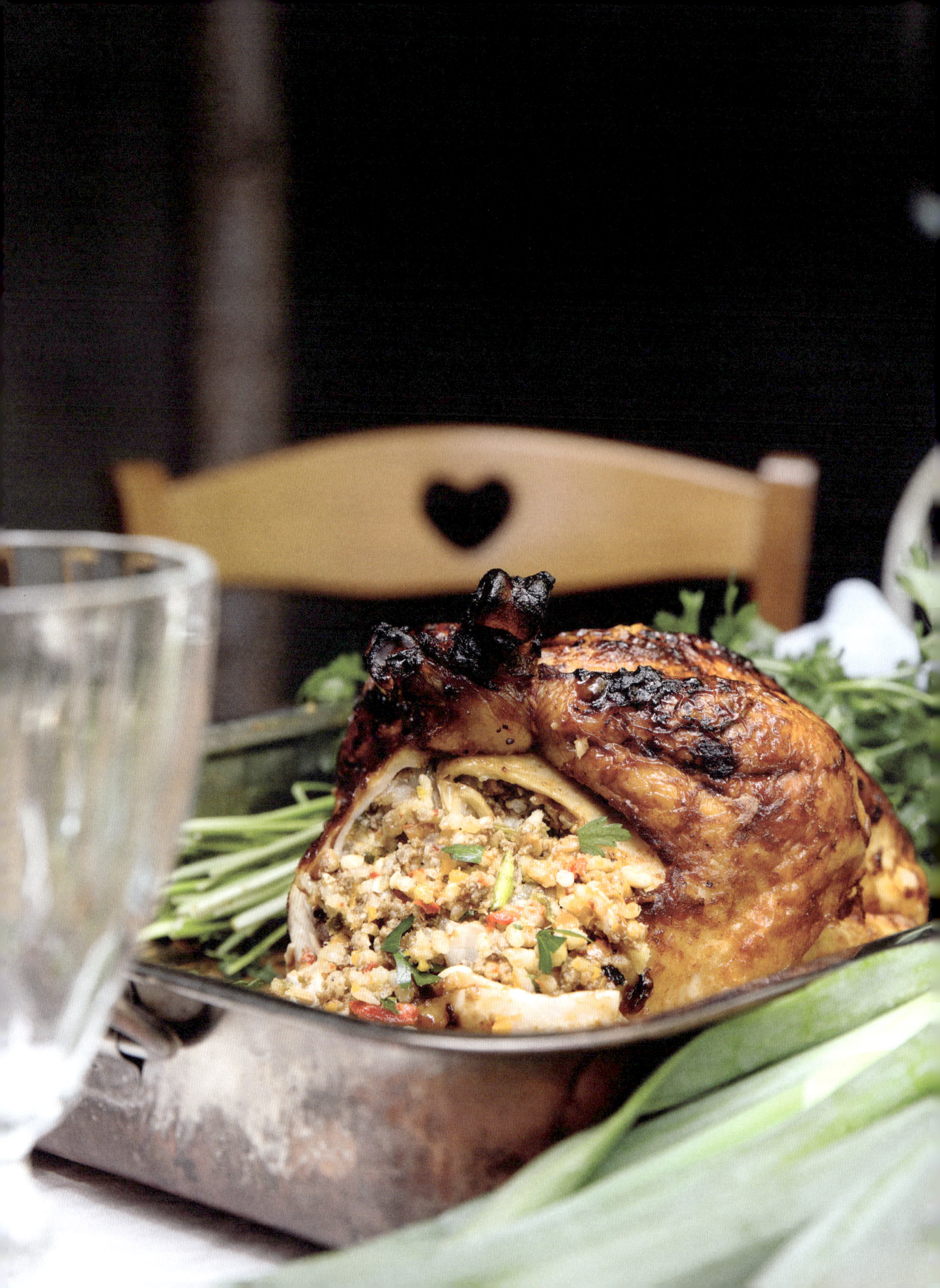

Gyothe melye *gebraden gevulde kip met rijst en groenten*

De techniek van het vullen van gerechten werd al beoefend in Mesopotamië. Groenten en bladeren werden gevuld met allerlei lekkers. De welgestelden vulden zelfs schapen, lammeren of delen daarvan, zoals darmen of een schapenmaag. Mijn moeder probeerde dat ook weleens voor ons in Nederland. Ik herinner me hoe ze een schapenmaag vulde en kookte, maar eerlijk gezegd was het niet aan ons besteed. Daar waren we toch te Nederlands voor geworden. 'Liever kip, mam,' zeiden we dan voorzichtig en gelukkig was ze dan snel om. Haar krokant gebraden gyothe melye (letterlijk 'gevulde kip') is onovertroffen.

VOOR 5 PERSONEN

1 biologische kip, 1½-2 kg
300 ml water

voor het rijstmengsel:
2 eetl. boter
175 g rundergehakt
1 theel. paprikapoeder
3 theel. zout
1 theel. zwarte peper
1 kleine witte ui, fijngehakt
1 rode chilipeper, fijngehakt
1 groene chilipeper, fijngesneden
½ wortel, fijngesneden
1 rode puntpaprika, fijngehakt
4 tenen knoflook, fijngehakt
125 g risottorijst, gespoeld
225 ml water
30 g pijnboompitten, geroosterd
½ bosje platte peterselie, grof gehakt
1 bosui, in dunne ringen

voor de marinade:
1 eetl. sap van biologische citroen
1 eetl. olijfolie
1 eetl. honing
1 eetl. 7-kruidenpoeder of kipkruiden
2 theel. tomatenpuree

satéstokjes of keukengaren

Verhit 1 eetlepel boter in een braadpan en braad het gehakt rul in 4 minuten op halfhoog vuur. Voeg het paprikapoeder, zout en de zwarte peper toe en braad nog 1 minuut. Voeg dan de ui toe en bak nog 1 minuut mee. Voeg de rode peper, groene peper, wortel, paprika, knoflook, rijst en de andere eetlepel boter toe en schep alles goed om. Blijf 5 minuten regelmatig roeren tot de rijstkorrels een vettig laagje hebben. Roer goed en giet het water bij het mengsel zodat alles onderstaat en laat ongeveer 20 minuten koken op laag vuur, of tot al het water door de rijst is opgenomen. Haal de pan van het vuur.

Roer de geroosterde pijnboompitten, peterselie en bosui door het rijstmengsel.

Verhit de oven tot 200 °C.

Doe alle ingrediënten voor de marinade in een kom en meng ze met een lepel door elkaar. Zet opzij.

Verwijder eventuele ingewanden uit de buikholte van de kip. Vul de buikholte en de nek met het rijstmengsel. Bind de kip bij elkaar bij de achterpoten met een satéstokje of keukengaren. Herhaal dit bij de nek.

Wrijf de kip in met de marinade, leg hem in een braadslee en schenk de 300 ml water erbij. Dek de braadslee af met aluminiumfolie en zet hem ongeveer 90 minuten in de oven. Haal de braadslee uit de oven en verwijder de folie. Bedruip de kip met het braadvocht en zet de braadslee nog 30 minuten terug in de oven. De kip is gaar als het vel goudbruin en krokant is.

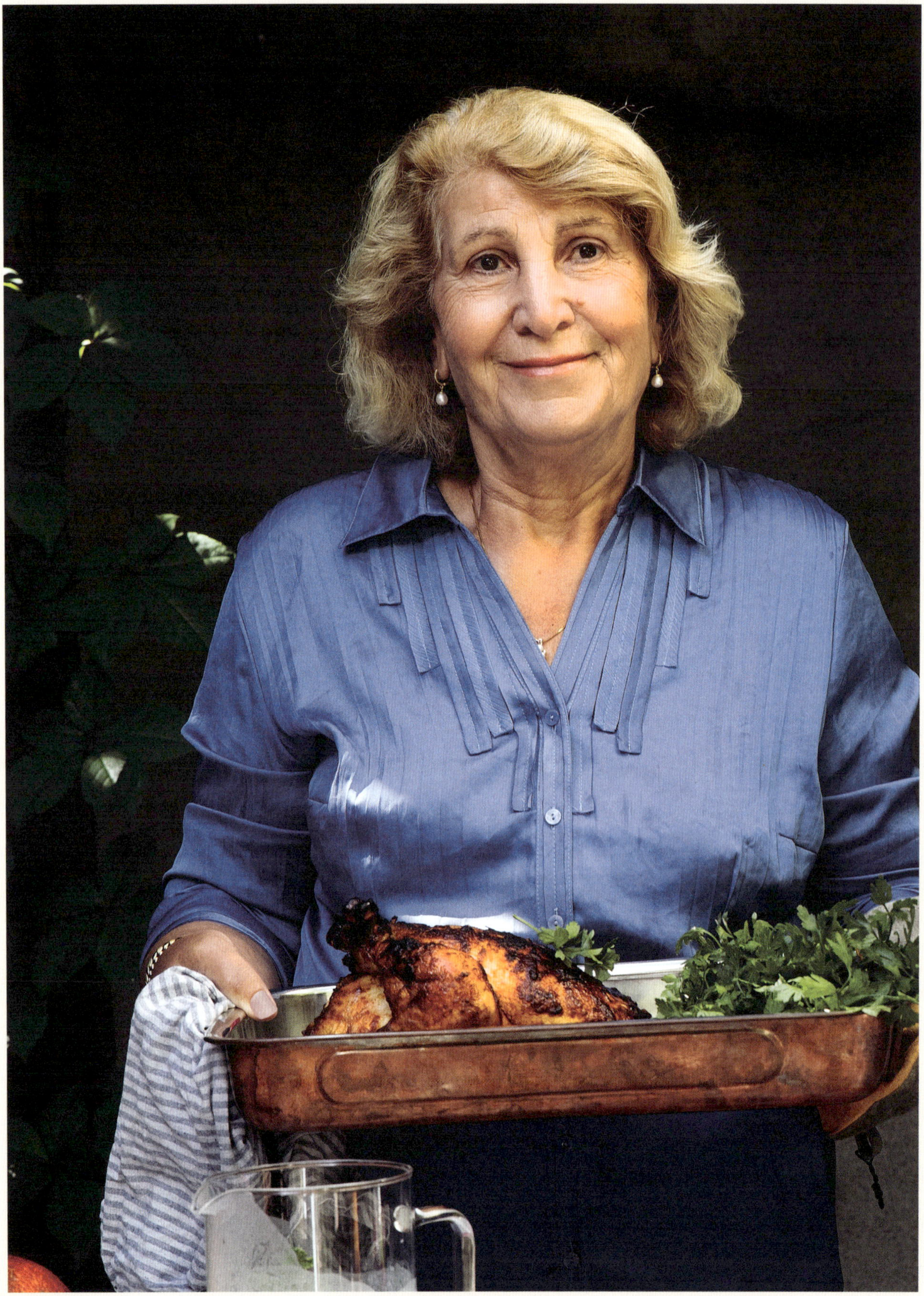

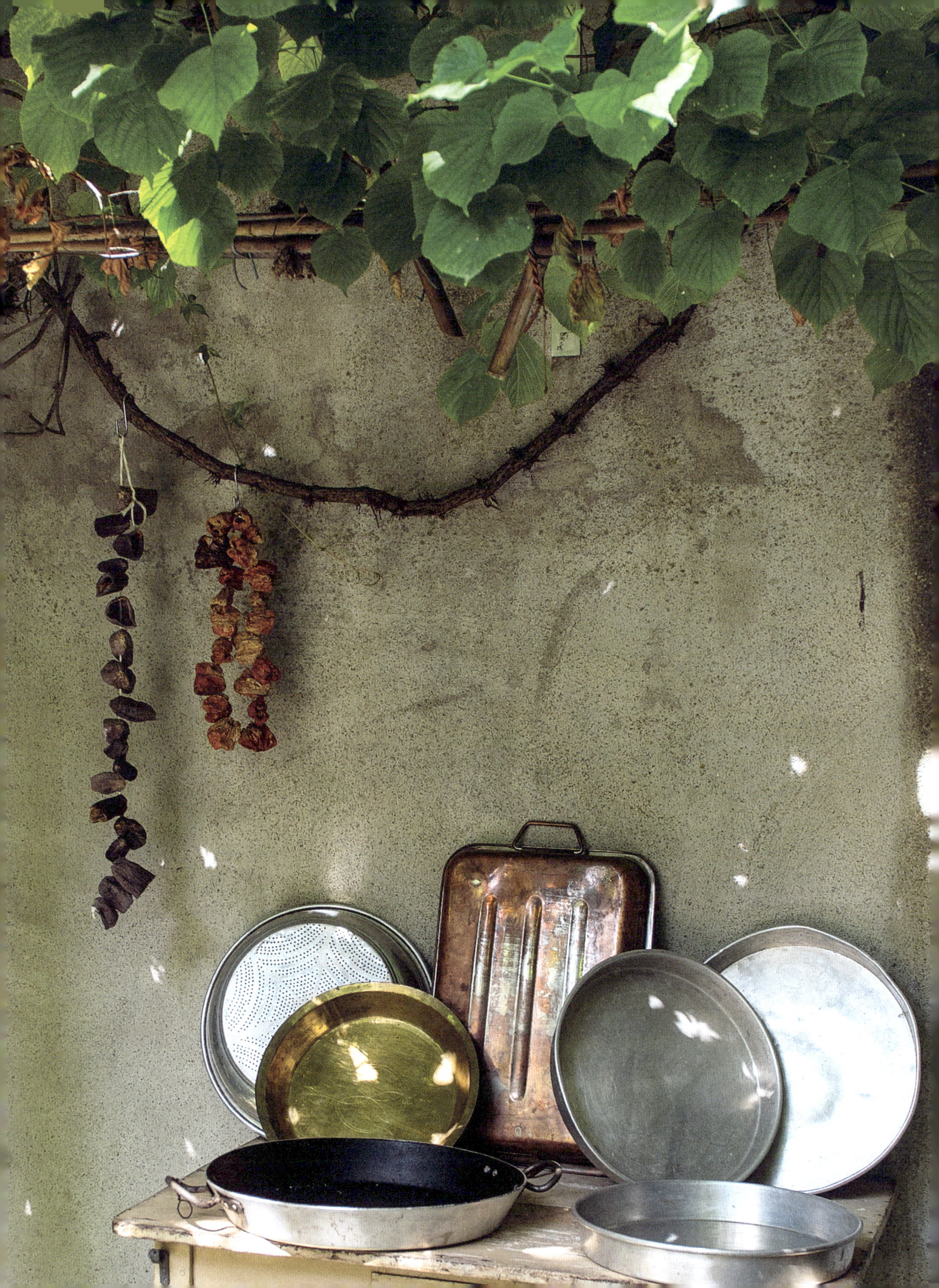

Kabab *gekruid gehakt uit de oven*

Wie kent het niet? Een broodje kebab met knoflooksaus en wat frisse salade. Wat maar weinigen weten is dat kebab één van de oudste gerechten ter wereld is. Het woord komt uit het Akkadisch (kababu, zie blz. 15) en werd al zo'n 2000 jaar voor Christus genoemd op kleitabletten in spijkerschrift. Het betekent 'geroosterd vlees' en de Arameeërs hebben het woord, én het gerecht, later overgenomen. Gelukkig maar, want deze klassieker is nu favoriet in het hele Midden-Oosten, en eigenlijk in de hele wereld.

10-12 KABABS

voor de kabab:
250 g lamsgehakt
250 g kalfsgehakt
½ witte ui, fijngehakt
4 tenen knoflook, fijngehakt
2 eetl. krulpeterselie, fijngehakt
1 eetl. tomatenpuree
1 eetl. aleppo-peper
1 theel. paprikapoeder
1 theel. zout
½ theel. zwarte peper

voor erover:
30 g pijnboompitten, geroosterd

Doe alle ingrediënten voor de kabab in een kom en meng met de hand goed door elkaar.

Verhit de oven tot 200 °C en bekleed een bakplaat met bakpapier.

Verdeel het gehakt met vochtige handen in gelijke porties van 60-70 gram. Vorm van elke portie een soort compacte stevige 'kroket', maar dan langer en platter, zonder dat het gehakt scheurt (het is even oefenen). Houd je handen vochtig tijdens het vormen.

Verdeel de kababs op de bakplaat en bak ze ongeveer 15 minuten in de oven tot ze goudbruin zijn.

Haal de kababs uit de oven en bestrooi ze met de geroosterde pijnboompitten. Serveer met platbrood en een frisse yoghurt-komkommersalade met dille (blz. 46).

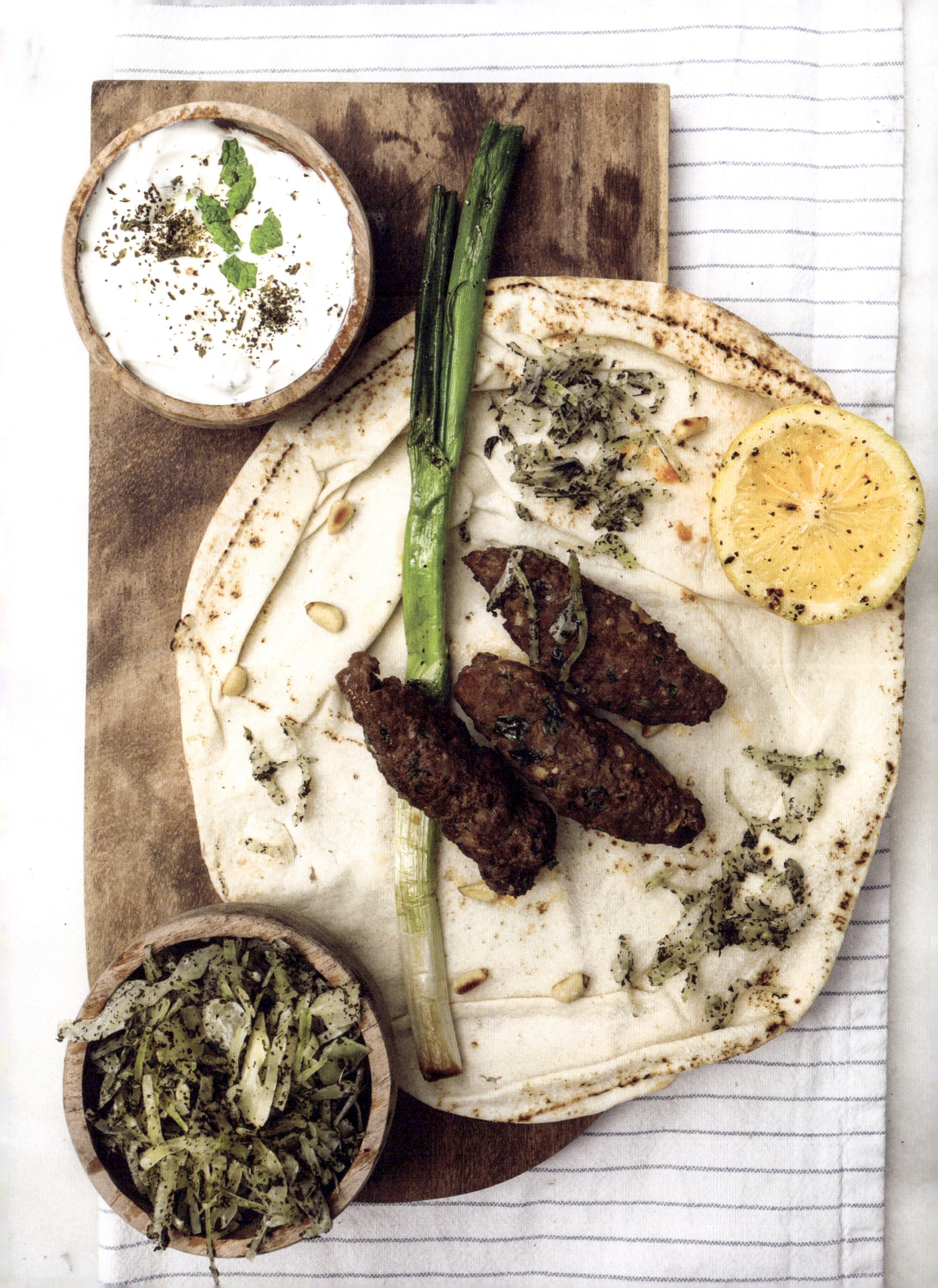

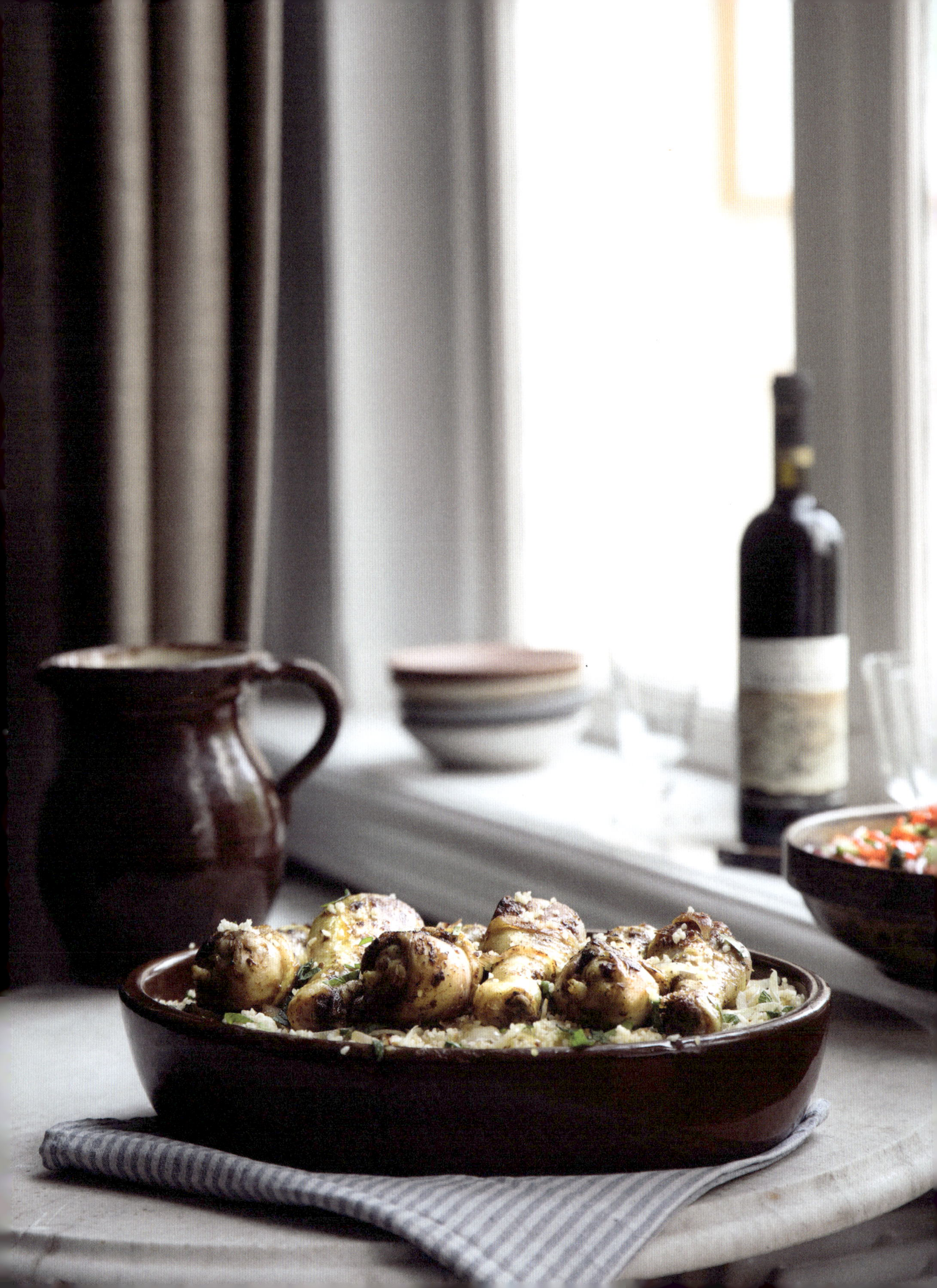

Gyothe shliqe *gekookte kip met burghul en ui*

Het geheim van dit gerecht zit 'm in het tegelijkertijd koken van de gyothe (kip) en de burghul in één pan. Zo krijgt de burghul een rijke, volle smaak. Mijn moeder en oma namen altijd de eerste de beste kip die in de tuin rondliep. Die slachtten ze en bereidden ze zelf. Omdat een hele kip veel langer moet koken dan losse delen, neem ik altijd drumsticks of kippendijen. Ik kan nu eenmaal niet zo lang wachten op zoiets lekkers.

VOOR 4 PERSONEN:

voor de kip en marinade:
8 kipdrumsticks (totaal ca. 800 g)
1 eetl. zout
½ eetl. kurkumapoeder
½ eetl. piment
½ eetl. gemberpoeder
½ eetl. zwarte peper
½ eetl. paprikapoeder
sap van ½ biologische citroen
50 g boter

voor het uienmengsel:
1 eetl. olijfolie
1 witte ui, in dunne ringen
2 tenen knoflook, fijngesneden

verder:
250 g middelgrove burghul
700 ml warm water
1 eetl. pittige paprikapuree, uit een pot
zout
zwarte peper

voor erover:
½ bosje munt, de blaadjes, grof gehakt
½ bosje platte peterselie, grof gehakt

Leg de drumsticks op de bodem van een brede, diepe pan en voeg genoeg water toe zodat de kip onderstaat. Voeg het zout toe en breng aan de kook op halfhoog vuur. Kook de kip 10 minuten en giet af. Deze stap is belangrijk, omdat je hiermee de drumsticks schoonspoelt.

Meng voor de marinade alle specerijen met het citroensap in een kom en wrijf de drumsticks in. Verhit de boter in de braadpan op halfhoog vuur en bak de kip 5 minuten aan elke kant.

Voeg de burghul, paprikapuree en 700 ml warm water toe aan de pan met kip en laat 25 minuten in een afgedekte pan koken op laag vuur.

Maak intussen het uienmengsel. Verhit de olie in een antiaanbakpan op halfhoog vuur en fruit de uienringen, regelmatig roerend, 10 minuten. Voeg de knoflook toe en bak 1 minuut mee.

Neem de pan met de kip en burghul van het vuur. Al het vocht moet nu door de burghul zijn opgenomen. Roer het uienmengsel door de inhoud van de pan. Voeg zout en peper toe naar smaak.

Schep alles op een schaal en bestrooi met de munt en peterselie.

Gyothe mqalye *pittige paprikaroerbak met kip en sumak*

Ga er maar aan staan. Zeven kinderen opvoeden, schoonmaken, wassen, strijken, boodschappen doen en dan ook nog in een taal die je aanvankelijk maar heel beperkt spreekt. Mijn moeder deed het meer dan dertig jaar en toch stond er elke dag een heerlijk gerecht op tafel. 'Hoe deed je dat allemaal, mam?' is een vraag die wij, net als miljoenen andere kinderen ongetwijfeld, weleens aan onze moeders hebben gesteld. Mijn moeder kon daar geen antwoord op geven maar deed het gewoon, bijvoorbeeld met dit pittige roerbakrecept dat ze binnen een handomdraai op tafel zette.

VOOR 5 PERSONEN

500 g kipfilet, in blokjes
5 eetl. vloeibare boter
2 theel. kaneel
2 theel. kurkuma
2 theel. komijnpoeder
2 theel. zout
1 witte ui, in dunne ringen
2 rode paprika, in reepjes
1 rode chilipeper, fijngesneden
3 tenen knoflook, fijngehakt
2 eetl. sumak
2 eetl. pijnboompitten, geroosterd
5 eetl. yoghurt
1 eetl. gedroogde munt

Meng in een grote kom de kip met 3 eetlepels boter, de kaneel, kurkuma, het komijnpoeder en zout, en zet ongeveer 60 minuten in de koelkast.

Verhit de overgebleven 2 eetlepels boter in een pan en bak de ui, paprika en rode chilipeper in ongeveer 10 minuten zacht op halfhoog vuur. Draai het vuur uit, schep het mengsel uit de pan en zet het opzij.

Bak in dezelfde pan de kipblokjes in ongeveer in 5 minuten gaar op halfhoog vuur. Voeg de knoflook en sumak toe en bak nog 1 minuut.

Doe het ui-paprikamengsel terug in de pan en roerbak alles nog 1 minuut. Strooi de geroosterde pijnboompitten over de roerbak.

Serveer de warme kip met een lepel yoghurt gemengd met gedroogde munt. Geef er rijst of burghul en een wittekoolsalade (blz. 142) bij.

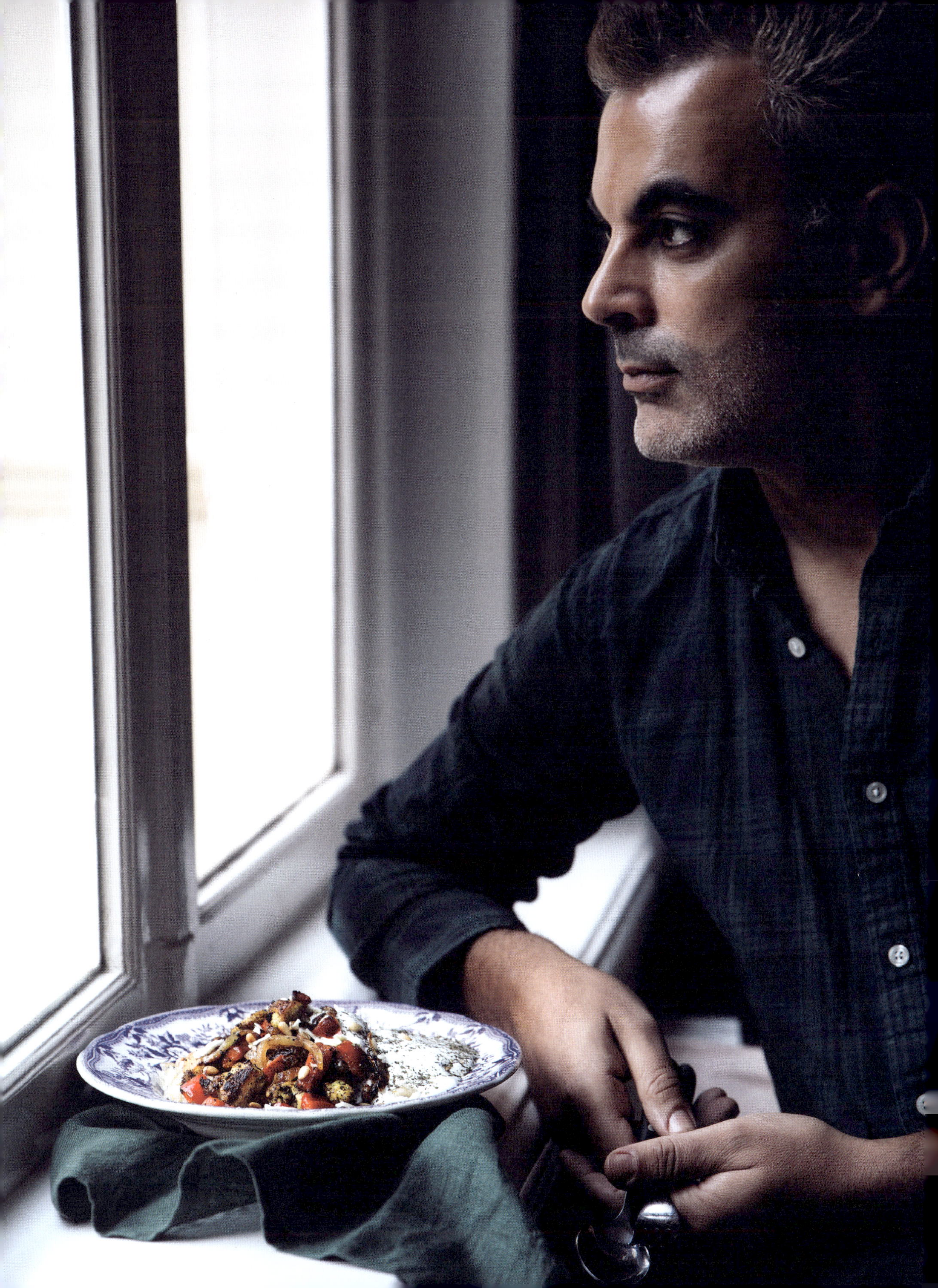

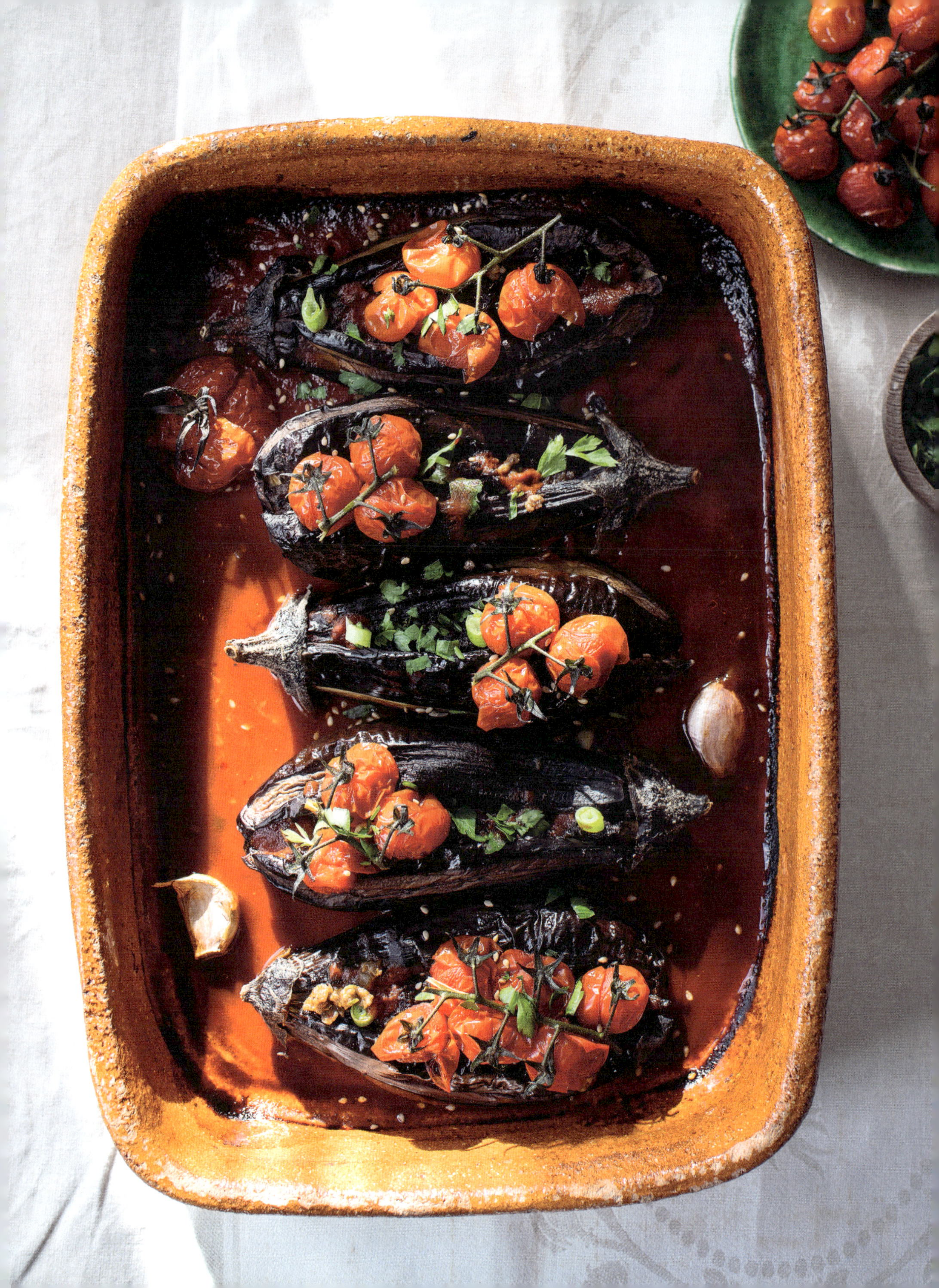

Bacanat komé hashye *met gehakt gevulde aubergines*

De Suryoye hebben geen naam voor aubergines. Ze heten eenvoudigweg 'zwarte tomaten' (*bacanat komé*). Toch is er geen enkele groente in onze keuken waar meer mee wordt gekookt dan met deze 'zwarte tomaten'. We bakken ze, pureren ze, maken ze in en poffen ze in de oven. De bacanat komé hashye (gevulde aubergines) zijn mijn favoriet. Niet alleen vanwege de heerlijke mild-zoete, scherpe smaak, maar ook omdat ze er zo feestelijk uitzien.

VOOR 5 PERSONEN

5 rechte aubergines van ongeveer gelijk formaat
4 eetl. olijfolie
3 tenen knoflook, fijngehakt
200 g mager rundergehakt
2 witte ui, grof gehakt
1 groene chilipeper, fijngehakt
1 eetl. 7-kruidenpoeder
1 eetl. chilipoeder
2 theel. paprikapoeder
2 theel. zout
2 theel. zwarte peper
3 eetl. tomatenpuree
200 ml water
3 eetl. sap van biologische citroen
250 g zoete cherrytomaatjes, aan tak
5 takjes platte peterselie, grof gehakt

Verhit de oven tot 220 °C en bekleed een bakplaat met bakpapier.

Snijd de aubergines verticaal open, maar snijd ze niet helemaal door. Haal er met je vinger ongeveer de helft van het vruchtvlees uit en bewaar het in een kom. Kwast de aubergines aan de buitenkant in met 1 eetlepel olijfolie en leg ze op de beklede bakplaat. Bak ze 25 minuten in de hete oven.

Verhit 1 eetlepel olijfolie in een antiaanbakpan en bak het apart gehouden auberginevruchtvlees met de knoflook op halfhoog vuur in ongeveer 5 minuten gaar. Zet het mengsel opzij.

Verhit de laatste 2 eetlepels olijfolie in een pan op hoog vuur en bak het gehakt, terwijl je het rult met een lepel, in 4 minuten rondom bruin. Voeg de ui, groene peper, het 7-kruidenpoeder, chilipoeder, paprikapoeder, zout en peper toe. Roer goed en bak ongeveer 5 minuten tot de uien glazig zijn. Meng vervolgens het gebakken auberginevruchtvlees erdoor en bak alles nog 2 minuten.

Haal de aubergines uit de oven maar laat de oven aan staan. Leg de aubergines tegen elkaar in een ovenschaal en vul ze met het gehaktmengsel.

Meng in een maatbeker de tomatenpuree met het water en citroensap, voeg zout en peper toe en schenk dit mengsel over de aubergines. Leg eventuele restjes knoflookteen of citroenschijf in de schaal voor extra smaak. Dek de schaal af met aluminiumfolie en zet hem 25 minuten in de hete oven.

Verwijder de folie en verdeel de cherrytomaatjes over de aubergines, druk ze aan en zet de schaal zonder folie 20 minuten terug in de oven.

Haal de schaal uit de oven en giet het vocht dat op de bodem ligt over de aubergine. Bestrooi met peterselie en serveer.

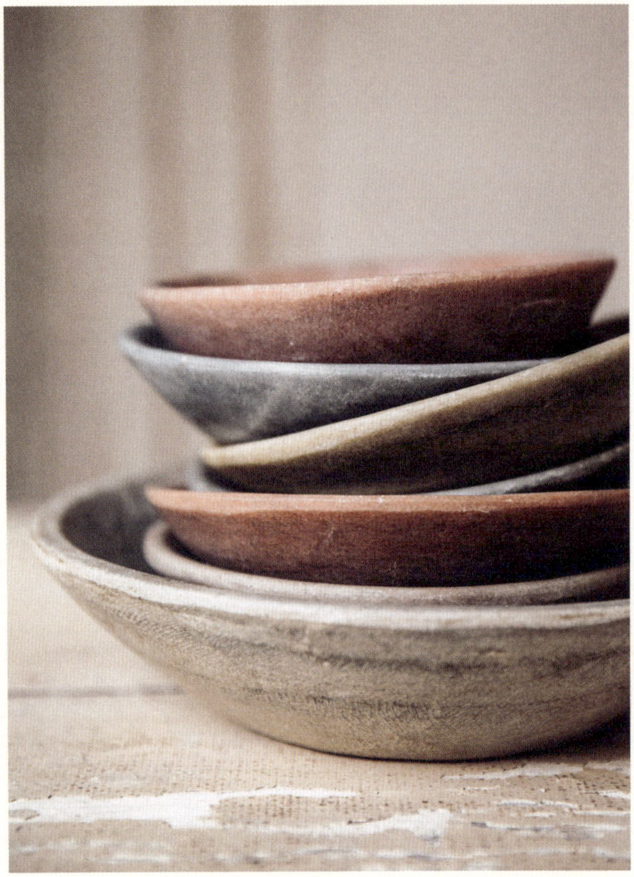

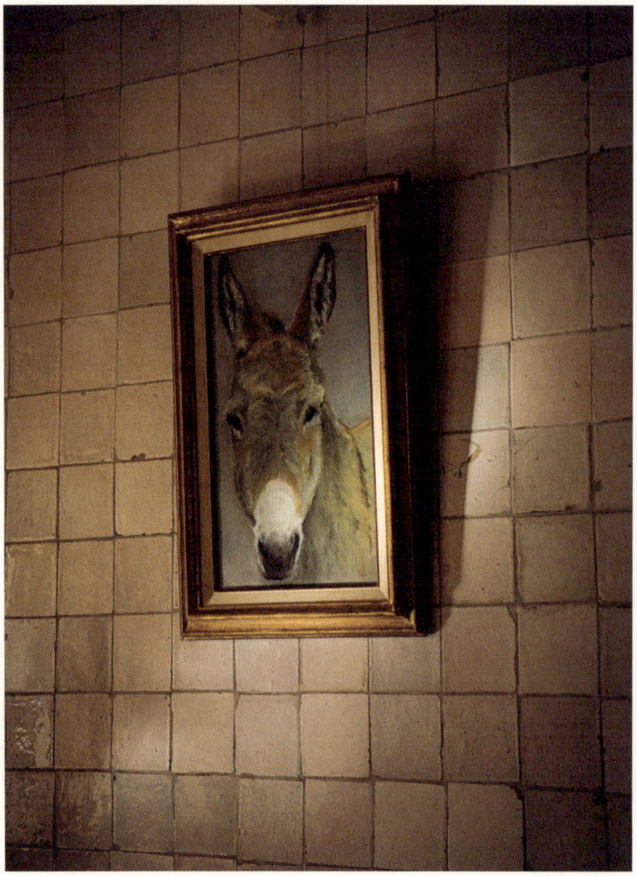

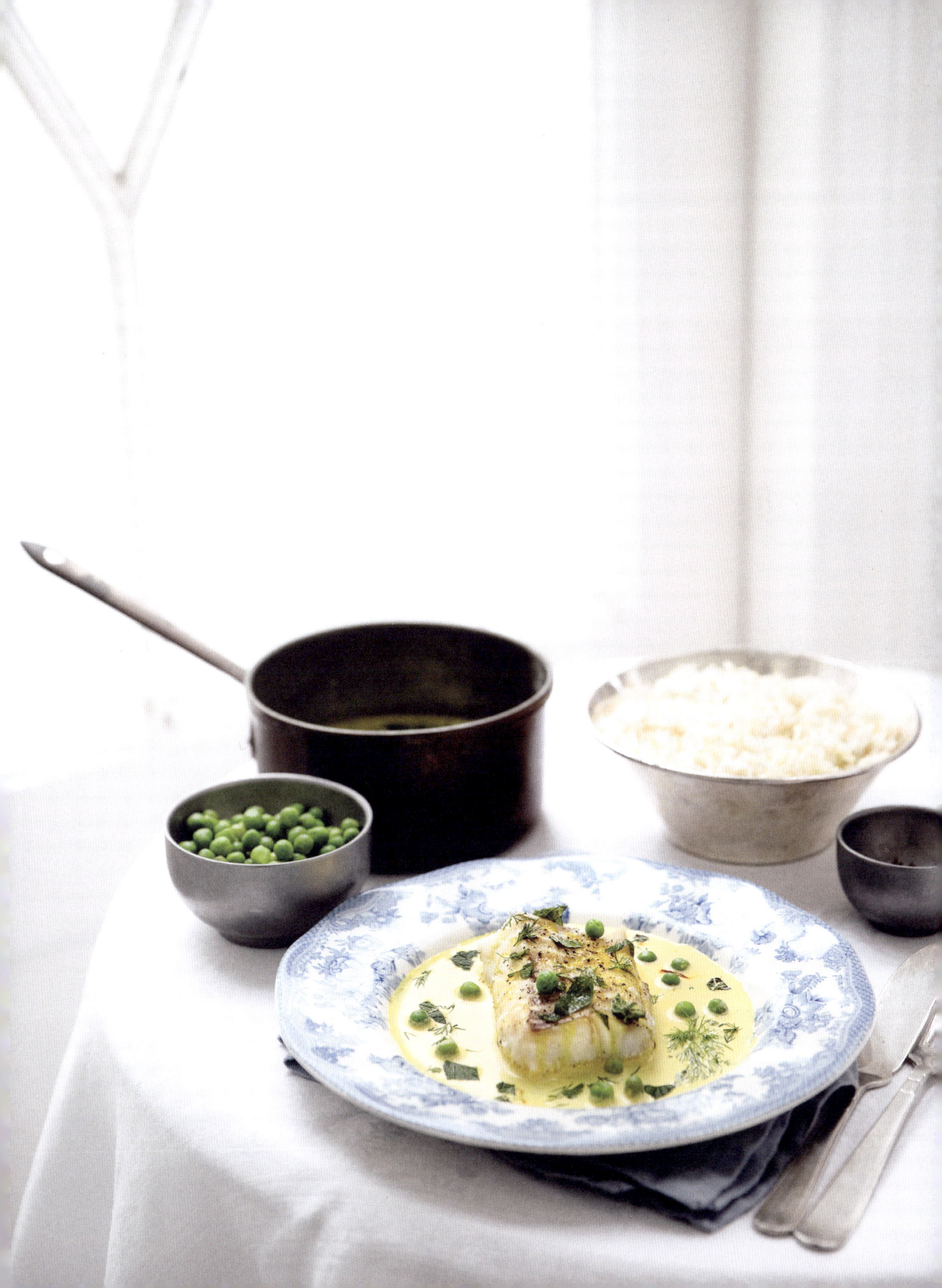

Nuno zafaran *witvis met saffraan, munt, dille, doperwtjes*

Het Dyrul Zafaran, in de regio Tur Abdin waar mijn vader en moeder zijn opgegroeid, is een van de oudste christelijke kloosters ter wereld. Het is gesticht in 493 en gebouwd op de resten van een meer dan vierduizend jaar oude zonnetempel. Monniken geven er tot op de dag van vandaag godsdienstonderwijs en taalles in het Aramees. Het Dyrul Zafaran wordt ook wel Saffraanklooster genoemd, naar de warme gele kleur van de stenen van het gebouw. In de mortel zou bij het bouwen saffraan zijn gebruikt. Wij moeten er altijd aan denken als mijn moeder nuno zafaran maakt, vis met saffraan. Een kruid waar ze zuinig mee omgaat, omdat het zo duur is. Veel Midden-Oosterse winkels verkopen ook goede namaak, maar echte saffraan is het natuurlijk het lekkerst. En je hebt er maar weinig van nodig om die verfijnde smaak en kleur te krijgen.

VOOR 6 PERSONEN

- 300 g diepvriesdoperwten
- 250 ml visfond
- 1½ envelopje saffraandraadjes
- 6 moten witvis
- zout
- zwarte peper
- 150 ml Griekse yoghurt (op kamertemperatuur) of 150 ml kookroom
- ½ bosje munt, de blaadjes, grof gehakt
- ½ bosje dille, gesnipperd

Verhit de oven tot 180 °C.

Doe de bevroren erwten in een pan en voeg kokend water toe tot ze net onderstaan. Laat 3 minuten staan en giet het water af.

Kook in een andere pan de visfond op laag vuur in tot 150 ml. Voeg de saffraan toe en roer ongeveer 2 minuten totdat de draadjes goed zijn opgenomen. Draai het vuur uit.

Bestrooi de moten vis aan beide kanten royaal met zout en peper en leg ze in een ovenschaal. Bak de vis in de voorverwarmde oven in ongeveer 15 minuten gaar.

Maak intussen de saus af. Verwarm de ingekookte saffraan-visfond. Draai het vuur laag en voeg de yoghurt, doperwten, munt en dille toe en verwarm alles al roerend nog 2 minuten. Let op dat de saus niet gaat koken, want dan gaat de yoghurt schiften. In plaats van Griekse yoghurt kun je ook kookroom gebruiken. Niet origineel, wel erg lekker.

Draai het vuur uit en breng de saus op smaak met zout en peper.

Haal de schaal met vis uit de oven en giet de saus erover. Serveer met rijst.

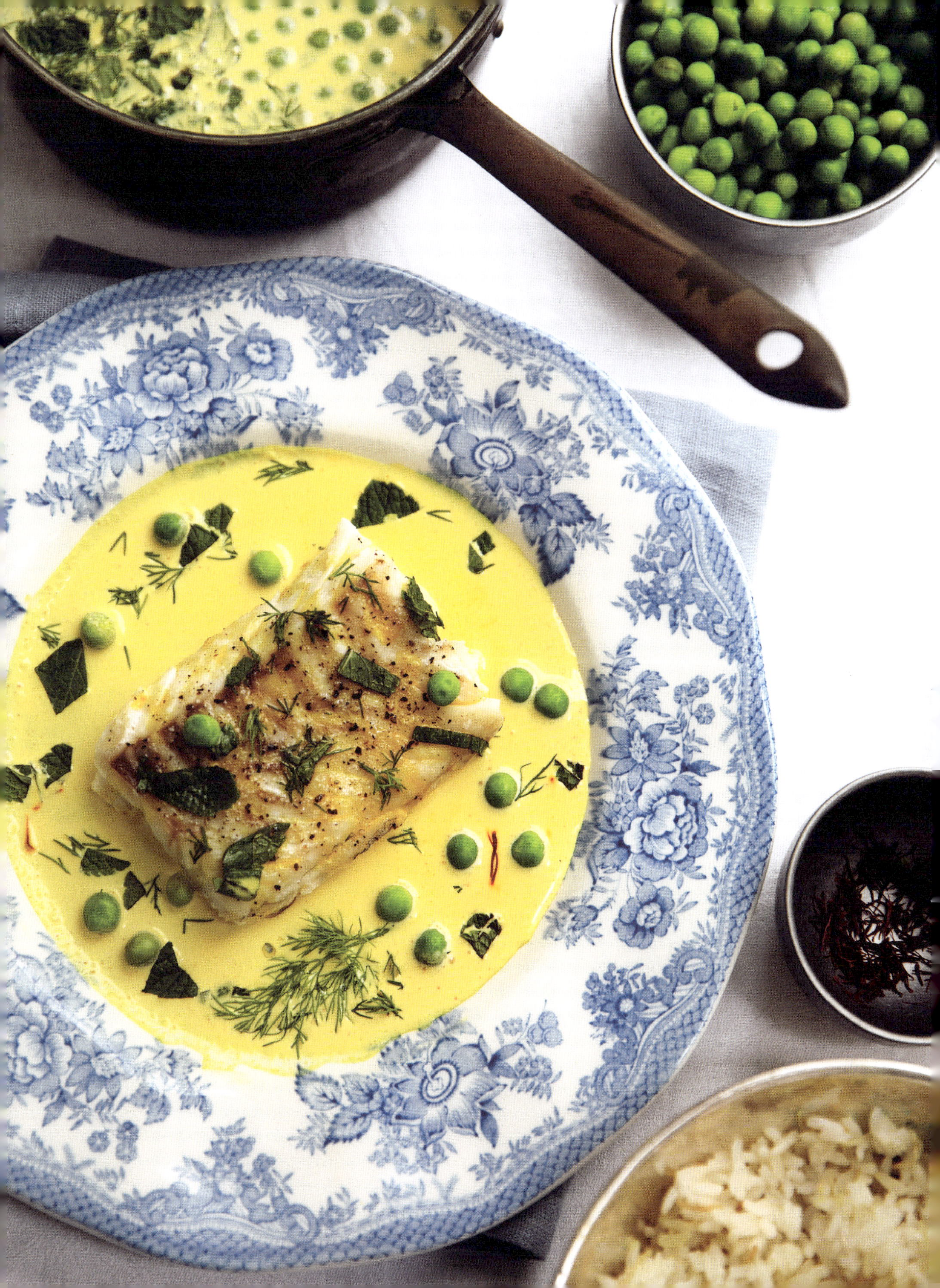

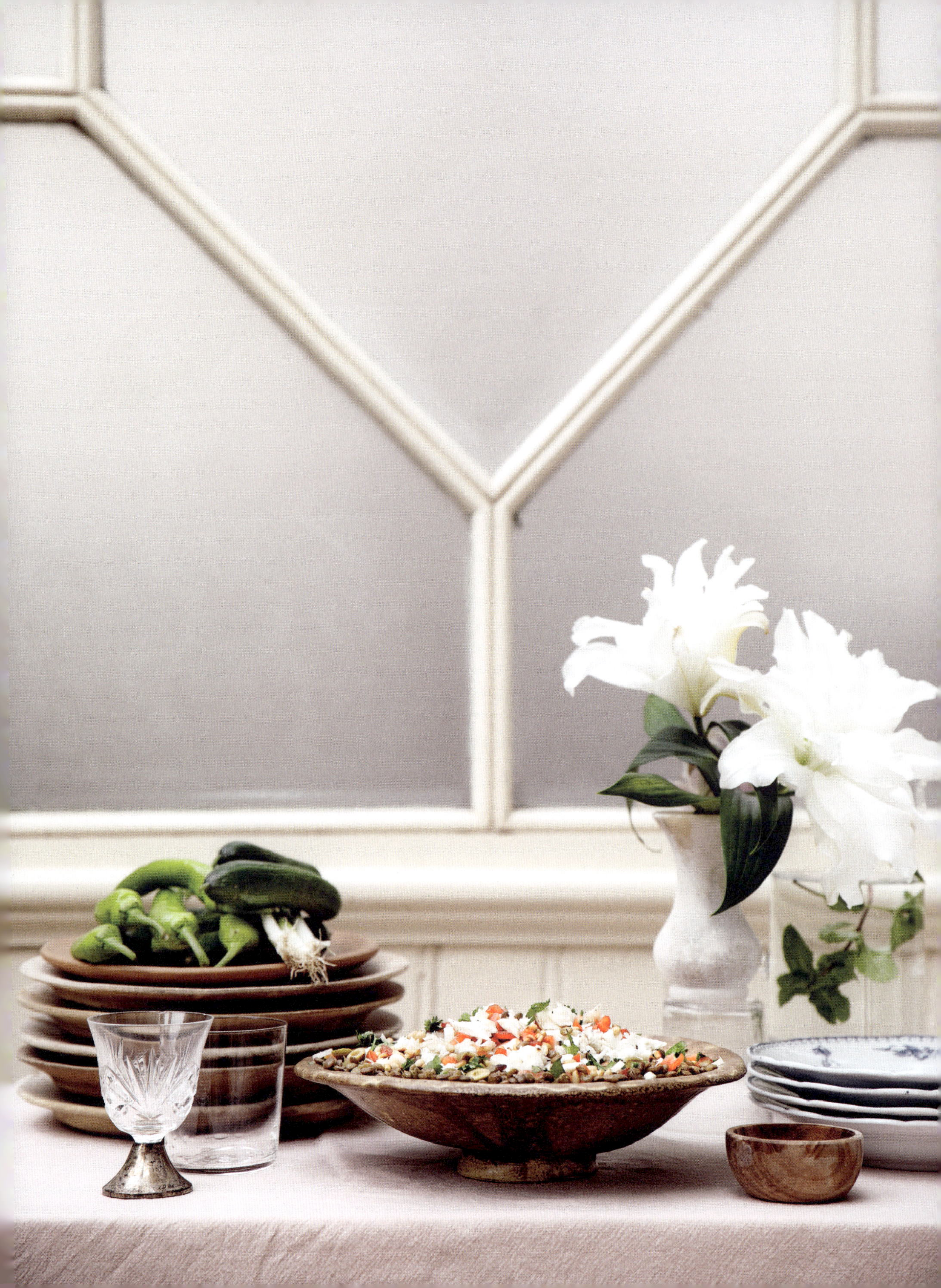

Nuné shliqe   *in witte wijn gekookte vis met linzensalade*

In Sare, het christelijk dorpje in het huidige Zuidoost-Anatolië waar mijn moeder is opgegroeid, werd nauwelijks vis gegeten. Ze herinnert zich een oom die weleens een gepekelde zwaardvis meenam. Toch maakt mijn moeder soms de verrukkelijkste visgerechten, die ze leerde bereiden van familieleden die dichter bij de zee of een rivier woonden. Zoals deze in witte wijn gekookte vis met een heerlijke linzensalade. Ik kies meestal voor kabeljauw, maar je kunt eigenlijk elke witte vis nemen. Drink er een glaasje witte (Libanese) wijn bij!

VOOR 4 PERSONEN

voor de vis:
sap van een 1 biologische citroen
400 g kabeljauw
125 ml droge witte wijn
100 ml water
1 theel. zout
1 theel. zwarte peper

voor de linzensalade:
170 g gedroogde groene linzen, gespoeld
525 ml water
4 eetl. granaatappelmelasse
2 eetl. extra vierge biologische olijfolie
3 tomaten, fijngehakt
70 g groene olijven, in plakjes
25 g pijnboompitten, geroosterd
3 stengels bosui, alleen het witte deel, in dunne ringen
½ bosje koriander, grof gehakt
zout
zwarte peper

Begin met het opzetten van de linzen. Breng in een diepe pan op halfhoog vuur het water met de linzen aan de kook. Leg het deksel op de pan en laat 20 minuten pruttelen op laag vuur.

Ga verder met de vis. Giet het citroensap op een bord en dep beide kanten van de kabeljauw in het sap. Leg de vis opzij op een stuk aluminiumfolie.

Stort de linzen in een grote kom en meng alle overige ingrediënten voor de salade erdoor.

Breng in een brede pan de wijn, het water, zout en de peper aan de kook. Leg de kabeljauw in de pan en laat 10 minuten pruttelen op laag vuur.

Schep de vis uit de pan op een bord. Pluk de vis met een vork of schone handen in stukjes en breng op smaak met zout en peper. Meng de stukjes lauwwarme vis door de linzensalade.

ḤALYUTHO
―――― Zalig zoet

Seble - Raha doe debis da hinwe - Harise - Gabula -
Lahmo halyo - Kleicha - Baqlawa - Dashishto - 'Oliqé - Qawité

Smuni Turan, *mijn moeder.*

Begin jaren zeventig verhuisde mijn moeder met haar gezin naar Nederland. Het was een moeilijke tijd waarin ze veel heimwee had, omdat ze de taal niet sprak en de gewoontes niet kende.

'Mijn man kreeg een nieuwe baan in Nederland. Ik bleef achter in Istanbul met mijn twee kinderen. Eén keer per jaar kwam mijn man op vakantie in de zomer. Hij stuurde het hele jaar door brieven, geld en cadeautjes. Na drie jaar ging ik hem achterna, op 28 oktober 1973. In Nederland was niks te krijgen, geen aubergines, geen courgettes, geen paprika, ga zo maar door. Behalve soms bij Turkse winkels. Aubergines kostten vier gulden per stuk, wat toen heel veel geld was. Pas na een paar jaar veranderde dat, maar het bleef vooral bij aardappels en dan meestal tot pap gekookt, heel vies. Ik leerde noodgedwongen Hollands te koken.
Mijn man en ik waren, op twee gezinnen na, de eerste Suryoye in Nederland. We kwamen terecht in Hengelo waar mijn man een kerk stichtte. In eerste instantie gingen we naar een gewone katholieke kerk. Toen de Suryoyo gemeenschap alsmaar groeide en groeide, werd het tijd om een eigen kerk te bouwen. Iedereen legde geld in, mijn man leidde de inzameling en de bouw. De kerk is een groot succes geworden, er kwam zelfs een Suryoyo klooster bij, in Glane. Mijn man was ook contactpersoon voor andere Suryoye om naar Nederland te komen. Hij regelde het papierwerk, maar ook onderduikadressen omdat sommigen illegaal naar Nederland kwamen. We hadden soms wel vijfentwintig man bij ons in huis. Die moesten aangemeld worden bij het gemeentehuis om asiel aan te vragen. Ik kookte voor al die mensen. Ze konden niets betalen, het waren politieke vluchtelingen. Ze hadden alleen een koffertje met wat kleren, dat was alles. In hun eigen land werden ze gemarteld en vervolgd omdat ze christenen waren. De broer van mijn man was de eerste die we onderbrachten. Daarna kwamen mijn twee broers.

> ## "Ik kookte voor al die mensen. Ze konden niets betalen, het waren politieke vluchtelingen."

We kregen het voor elkaar om ze allemaal een legale status te geven en dat viel op. Mensen dachten: hoe krijgen Smuni en Garibo dat toch voor elkaar? Zo kwamen steeds meer mensen bij ons langs. We kregen zelfs brieven uit Amerika van een Amerikaanse priester: neem die mensen in huis, help ze! Soms hadden we de vreemdelingenpolitie aan de deur. U heeft mensen hier zonder vergunning. Dan loog ik: helemaal niet. Ik heb zelfs mensen verstopt, wat niet zo makkelijk was, want de politie doorzocht soms het hele huis. Ik verstopte ooit een jongen achter de sluier van de wieg waar Matay in lag. Hij en mijn andere kinderen zijn allemaal in Nederland geboren. In totaal heb ik zeven kinderen gekregen. Ze eten alles, behalve schaap, lam of gevulde maag. Dat heb ik altijd een beetje jammer gevonden.'

Lees verder op blz. 213

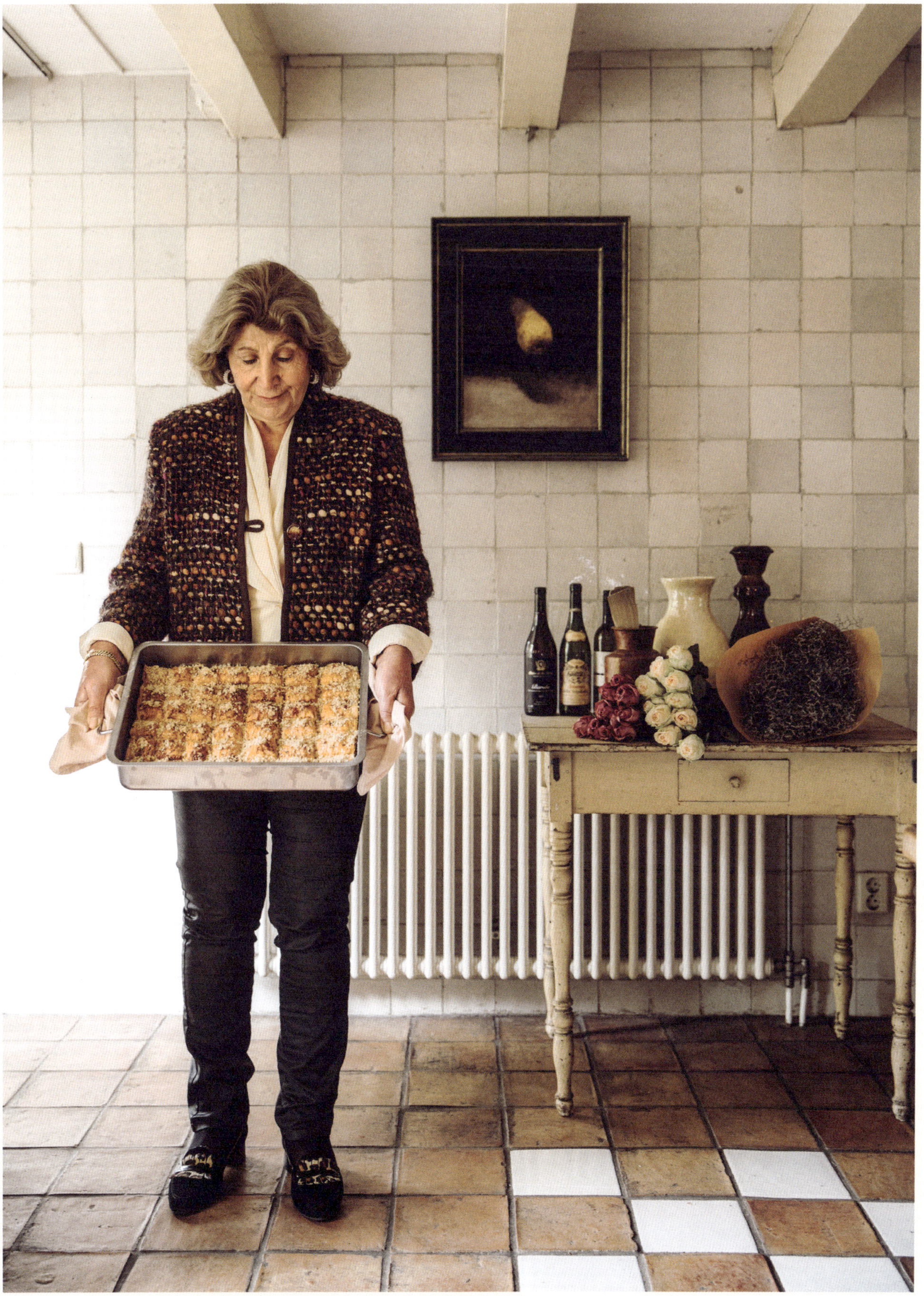

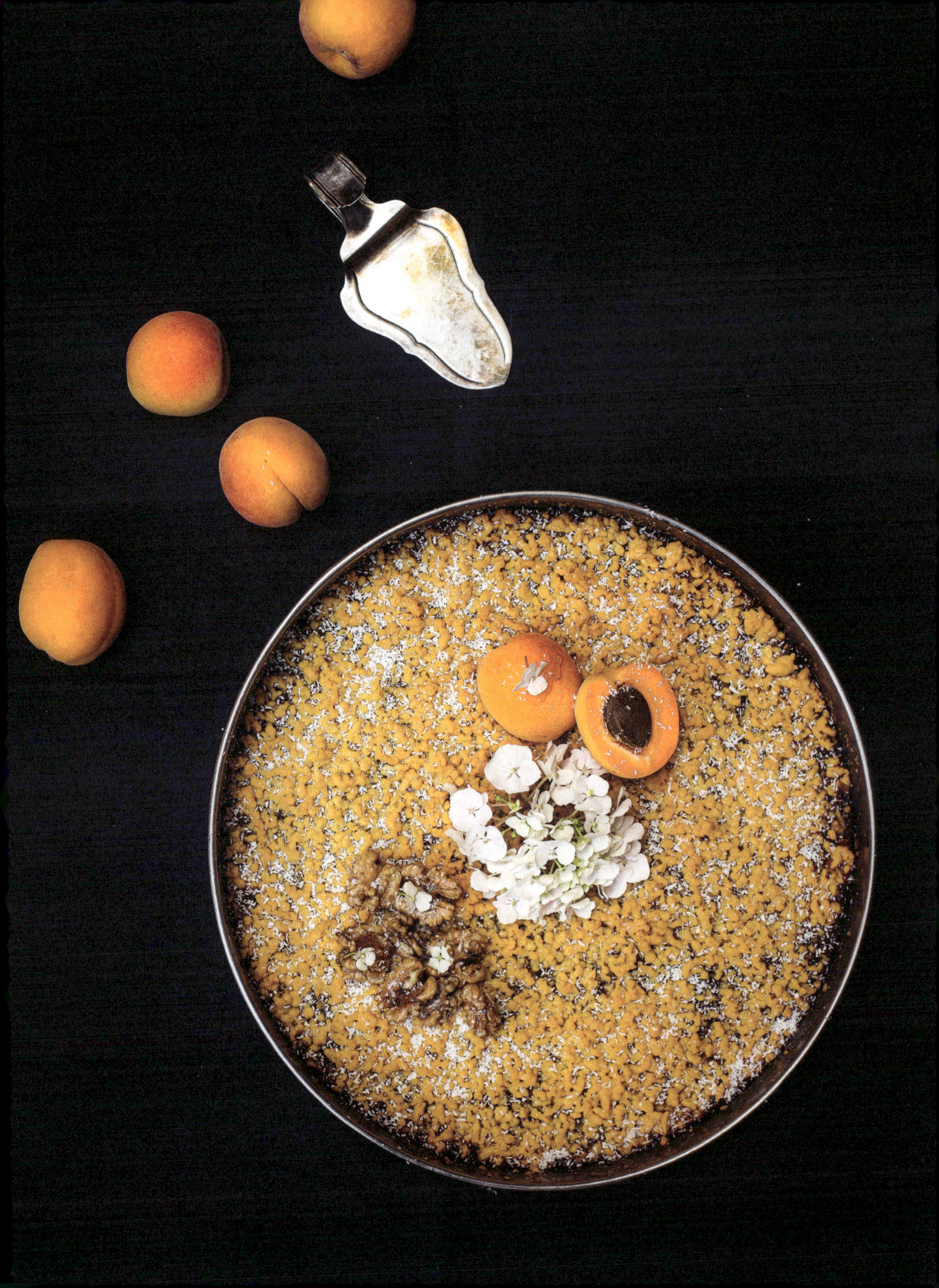

Seble *kruimeltaart met walnoten, kokos en abrikozenjam*

Het zou mij niet verbazen als seble, de naam van een van mijn favoriete taarten, afkomstig is van het Franse *sable* dat 'zand' betekent. De aanwezigheid van de Fransen in delen van Syrië, Libanon en Zuidoost-Anatolië, de regio waar mijn moeder is opgegroeid, heeft natuurlijk zijn culinaire sporen achtergelaten. Seble is een kruimeltaart van zandgebak met een krokante crumble-textuur. En toch niet droog dankzij de toevoeging van abrikozenjam en kokos. Een taart uit het Midden-Oosten dus, maar met een vleugje Franse elegantie.

VOOR 10 PERSONEN

4 eieren
400 ml vloeibare boter, plus extra om in te vetten
16 g vanillesuiker
100 g kristalsuiker
rasp van 1 biologische citroen
15 g bakpoeder
750 g patentbloem
130 g biologische abrikozenjam
100 g walnoten, grof gehakt
25 g gemalen kokos, plus extra om te bestrooien

ronde bakvorm (doorsnee ca. 33 cm)

Klop in een kom de eieren, boter, vanillesuiker, kristalsuiker en citroenrasp met een handmixer 5 minuten door elkaar. Zeef het bakpoeder en ongeveer een derde van de patentbloem erbij en kneed met je handen door elkaar. Zeef de helft van de overgebleven patentbloem erbij en kneed weer door. Herhaal dit met de rest van de bloem en kneed tot er een soepel deeg ontstaat. Het deeg mag niet meer plakkerig voelen.

Verdeel het deeg in twee gelijke porties. Doe één portie deeg in een diepvrieszak en leg het 15 minuten in de vriezer.

Verhit de oven tot 185 °C. Vet de bodem en wanden van de bakvorm in met vloeibare boter.

Verdeel de niet-diepvries helft van het deeg gelijkmatig over de bodem van de bakvorm en druk zachtjes aan. Verdeel de abrikozenjam gelijkmatig over het deeg. Strooi de gehakte walnoten en kokos over de jam.

Rasp het deeg uit de vriezer met een grove rasp over de taart. De vulling moet goed bedekt zijn, zodat de walnoten niet meer zichtbaar zijn. Deeg dat overblijft kan gebruikt worden om kleine koekjes mee te bakken.

Zet de bakvorm midden in de oven en bak de taart in 40-45 minuten lichtbruin. Haal de vorm uit de oven en bestrooi met extra gemalen kokos. Laat de taart in de vorm helemaal afkoelen.

Snijd de taart in punten en serveer eventueel met nog wat abrikozenjam en stukjes walnoot. De taart blijft 2 dagen lekker in de koelkast en 7 dagen in de vriezer.

Raha doe debis da hinwe *gekaramelliseerde pistache-sinaasappelreep*

Hoe lekker alle gangbare candybars en gezondheidsrepen ook zijn, ik kom altijd weer terug bij de oervorm die mijn moeder in onze jeugd vaak maakte: raha doe debis da hinwe. Het betekent zoveel als 'snoepgoed van druivenmelasse' en dat is ook de basis van deze onweerstaanbare lekkernij. Heerlijk als tussendoortje, bij de koffie, thee, nou ja, de hele dag door eigenlijk.

VOOR 12 REPEN

100 g kristalsuiker, extra fijn
2 eetl. kokend water
1 eetl. boter
1 eetl. sap van biologische citroen
½ theel. zout
50 g druivenmelasse
rasp van ½ biologische sinaasappel
100 g pompoenpitten
150 g gepelde, ongezouten pistachenoten

Zet een groot plat bord klaar en leg er een vel bakpapier op.

Meng met een garde de suiker, het water, de boter, het citroensap en zout in een diepe pan met dikke bodem. Breng al roerende in 1-2 minuten aan de kook op halfhoog vuur.

Draai het vuur laag, voeg de druivenmelasse toe en laat het 10 minuten zachtjes koken. Blijf het mengsel af en toe roeren met de garde.

Haal de pan van het vuur en roer met een lepel de sinaasappelrasp, pompoenpitten en de helft van de pistachenoten door het mengsel.

Schep de inhoud van de pan snel op het bord met bakpapier, bestrooi het gelijkmatig met de andere helft van de pistachenoten en leg er een ander vel bakpapier op. Druk de massa stevig aan met je handen tot een ronde plak van 1 centimeter dik. Leg het bord in de koelkast en laat de plak in ongeveer 60 minuten opstijven.

Snijd de plak in repen of breek ze in stukken. Bestrooi de repen eventueel met een beetje maïzena of suikerpoeder als ze plakkerig aanvoelen. Bewaar ze in de koelkast, want bij kamertemperatuur willen ze een beetje inzakken.

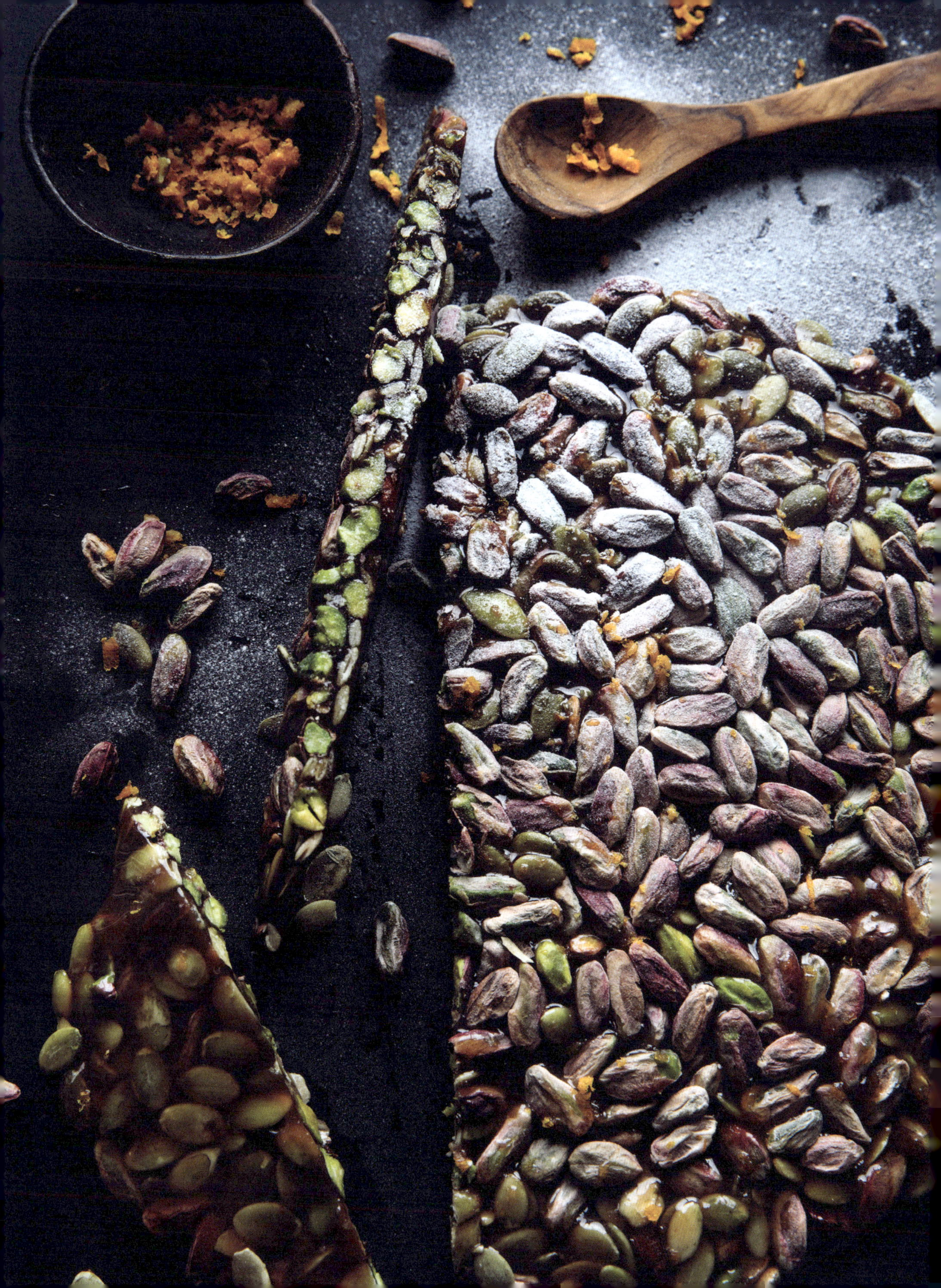

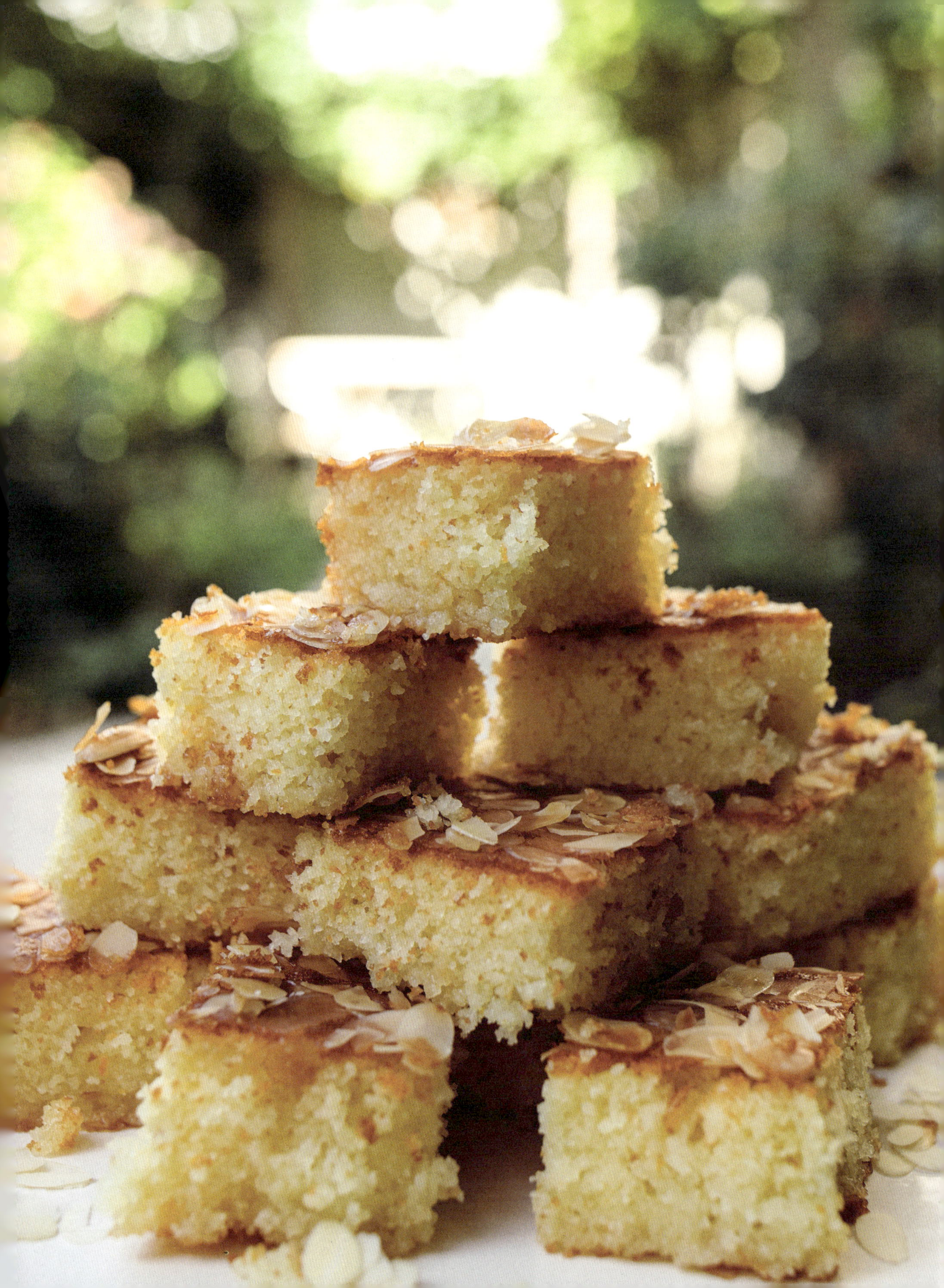

Harise *griesmeeltaart met amandel en sinaasappel*

In het dorp van mijn moeder waren er geen bakkers, laat staan banketbakkers. Alles werd zelf gemaakt, brood en banket. Meestal brood natuurlijk, maar als er een zoete geur uit de oven kwam, was dat niet zelden harise, een luchtig baksel van fijne gries gemaakt van harde tarwe dat het midden houdt tussen taart en cake. Harise wordt in een ronde vorm gebakken, daarna gedrenkt in suikersiroop, in blokjes gesneden en ten slotte bestrooid met amandelschaafsel. De siroop, wij noemen het atter, doet 't hem natuurlijk, die is in combinatie met de luchtige cake gewoonweg onweerstaanbaar. Atter wordt ook gebruikt om limonade van te maken, meestal met ingekookte vruchten, maar er zijn ook varianten met kruiden en zelfs bloemen.

VOOR 10 PERSONEN

4 eieren
1 eetl. sap van biologische citroen
100 g suiker
275 ml zonnebloemolie
300 ml yoghurt
500 g griesmeel
rasp van 1 biologische sinaasappel
32 g bakpoeder
75 g amandelschaafsel

voor de suikersiroop (atter):
500 ml water
600 g suiker
1 eetl. sap van biologische citroen

ronde bakvorm van 37 cm

Verhit de oven tot 175 °C.

Klop de eieren, het citroensap, de suiker en olie in een diepe kom met een garde door elkaar. Voeg de yoghurt, het griesmeel en de sinaasappelrasp toe en klop alles tot een licht en luchtig mengsel. Zet dit 20 minuten weg. Voeg het bakpoeder toe en mix tot alles goed is vermengd.

Breng voor de siroop het water met de suiker en het citroensap in een steelpan aan de kook op laag vuur. Laat 45 minuten op heel laag vuur doorkoken en roer de siroop regelmatig tot de suiker is opgelost.

Stort het beslag in de bakvorm, strijk de bovenkant glad en bestrooi met een laagje amandelschaafsel. Bak de cake 30-35 minuten in de oven goudbruin.

Haal de bakvorm uit de oven en snijd de cake in vierkante of rechthoekige blokjes. Schenk de hete suikersiroop beetje bij beetje over de warme cake. Laat de cake in de vorm 30 minuten afkoelen.

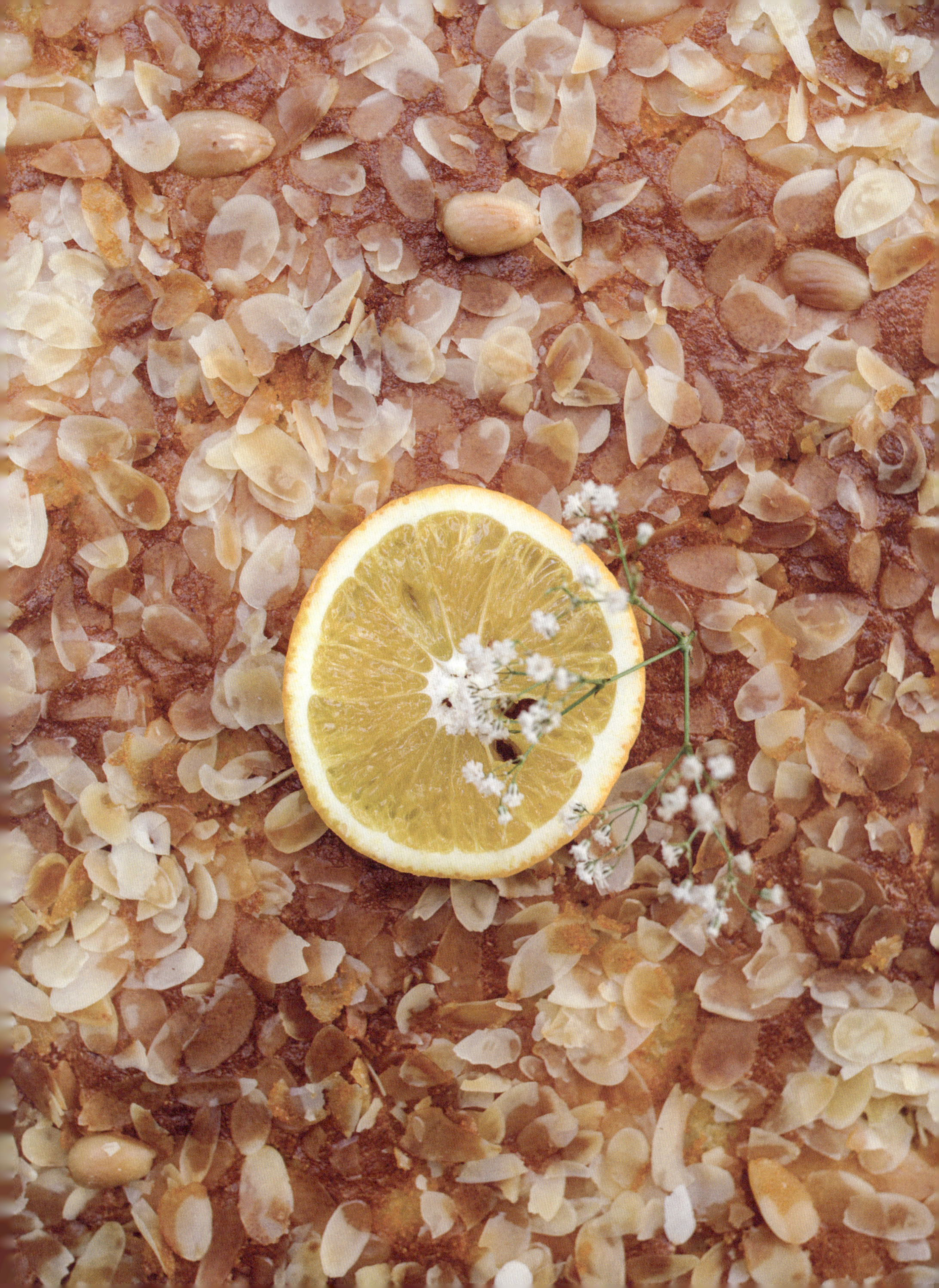

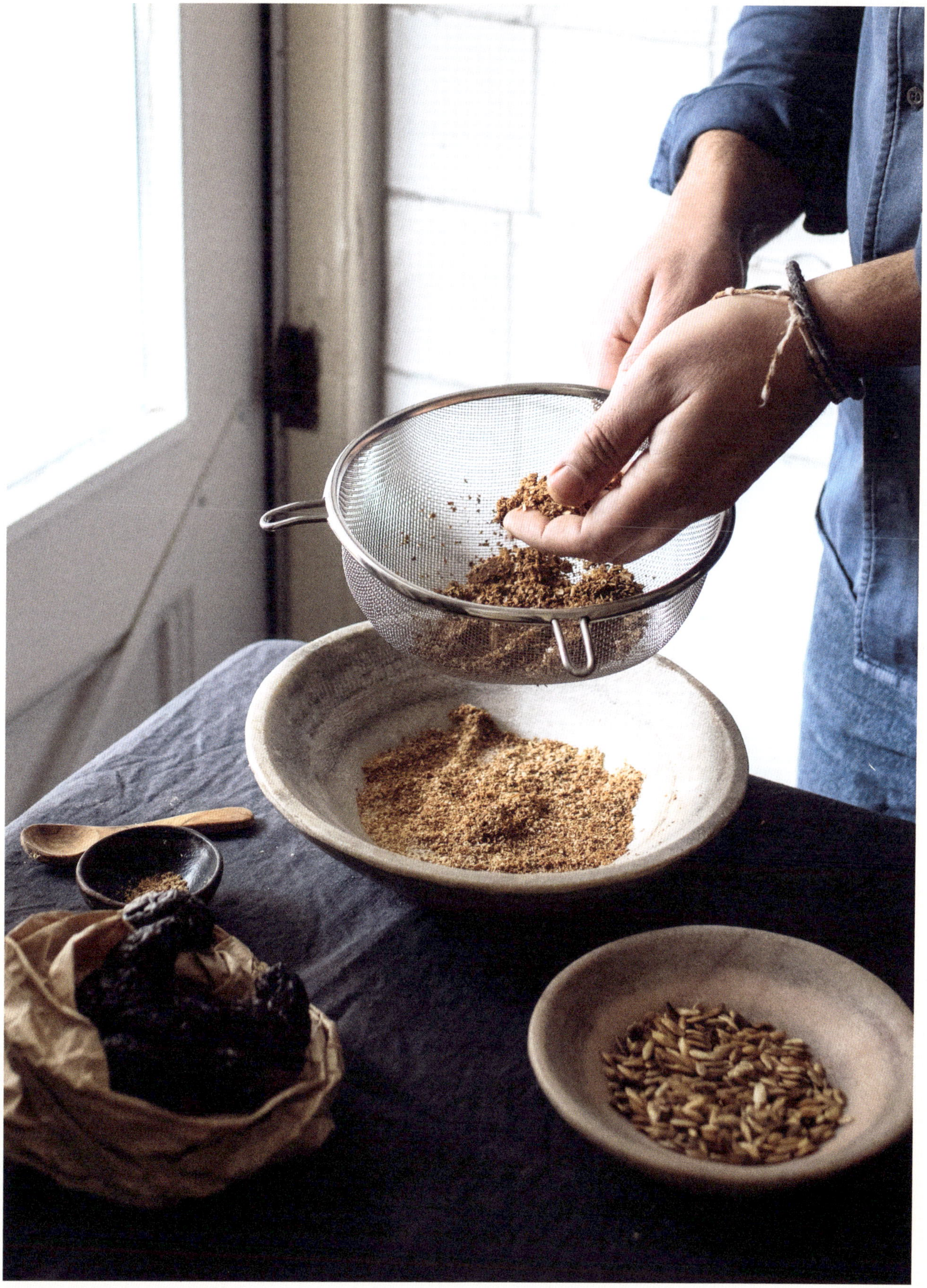

Gabula *warme tarwe met gedroogde pruimen en gemalen meloenpit*

Gemalen meloenpit? Eerlijk gezegd was ik ook verbaasd toen mijn moeder mij vertelde over dit ontbijtgerecht uit haar jeugd. Het heet gabula en heeft zijn specifieke smaak te danken aan het deel van de meloen dat wij gewend zijn om weg te gooien: de pitten. Mijn moeder bewaarde ze juist: ze droogde, roosterde en maalde ze in een molen en zeefde ze vervolgens tot poeder. Ik besloot ogenblikkelijk om het te gaan proberen, al was het alleen maar omdat ik deze toepassing nog nooit was tegengekomen. En het resultaat is verbluffend. Zelden at ik een gerecht met zo'n verfijnde notensmaak.

VOOR 4 PERSONEN

1,3 liter water
250 g tarwegrutten, grof (ook wel te vinden als: weizengrütze)
1 eetl. zout
1 theel. olijfolie
100 g gedroogde galiameloenpitten
8 eetl. yoghurt
20 gedroogde pruimen, ontpit
honing

koffie- of specerijenmolen

Breng in een grote pan het water aan de kook. Voeg de tarwegrutten en zout toe en roer goed door. Schep met een lepel het schuim af dat naar boven komt drijven en blijf dit ongeveer 15 minuten herhalen. Zet dan het vuur laag, voeg de olijfolie toe en laat in 20 minuten gaar pruttelen. Blijf roeren totdat het een mooi geheel wordt en niet te dik.

Rooster de meloenpitten in een bakpan zonder olie op laag vuur en schud de pan regelmatig. Blijf dit doen totdat de pitten goud beginnen te kleuren. Vul een koffie- of specerijenmolen met de pitten en maal een paar minuten tot ongeveer poedertextuur. Schud het poeder door een zeef in een kom. Gooi de achtergebleven stukjes uit de zeef weg.

Serveer de warme tarwe in diepe borden. Verdeel er de yoghurt over, samen met het meloenpitpoeder, de pruimen en honing.

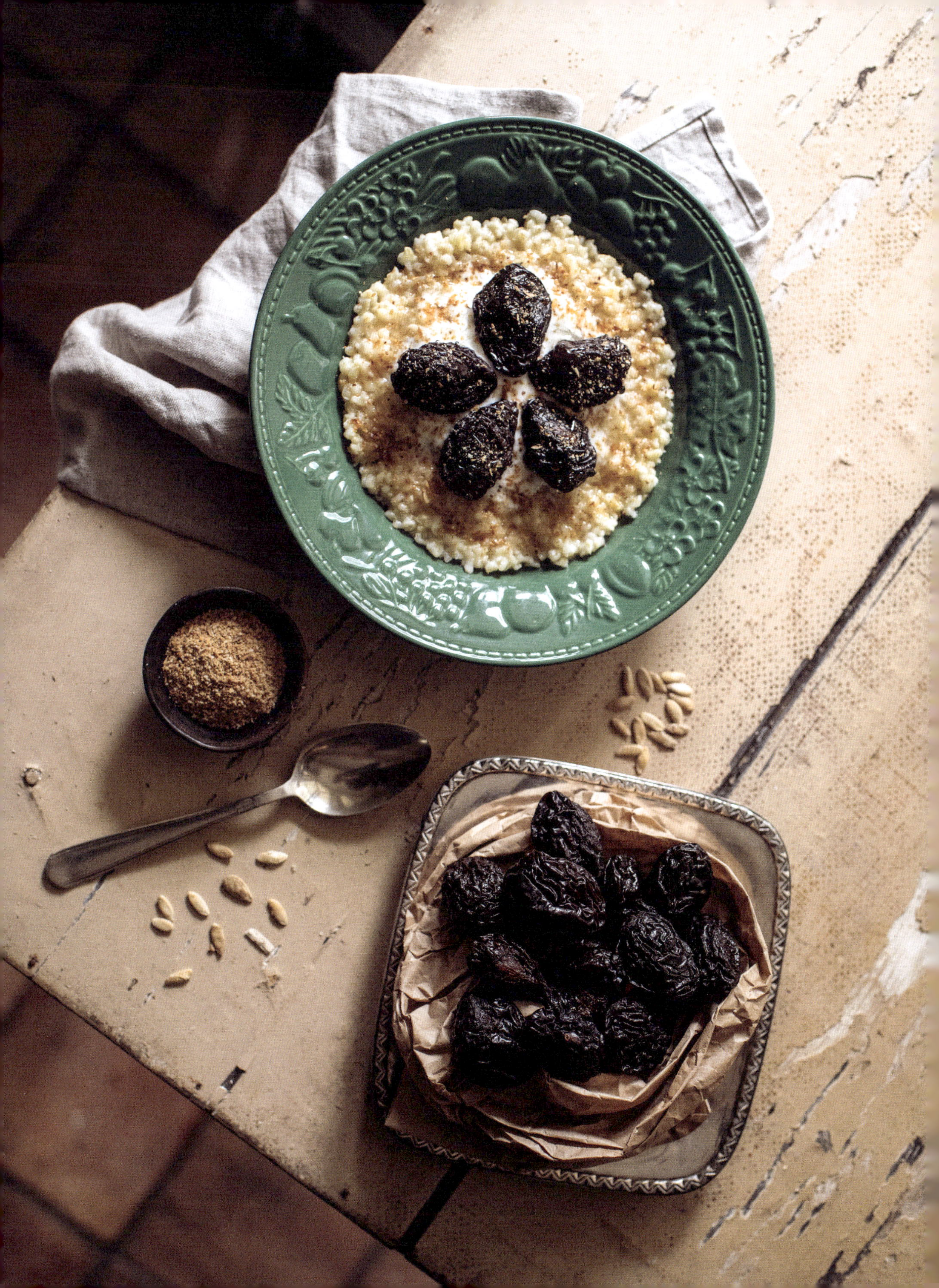

Lahmo halyo *zachte zoete broodjes*

De Suryoye vasten niet alleen voorafgaand aan Pasen, maar ook gedurende tien dagen voor Kerstmis. Twee keer per jaar is het dan ook feest als de vastenperiode voorbij is en 's ochtends de bijzondere zoete geur van lahmo halyo uit de oven komt. Het brood wordt ook wel chorek genoemd, wat 'gekneed' betekent (in Griekenland heet het tsouriki), en dat kneden gebeurt met veel zorg en liefde. Het resultaat is een zacht, zoet brood dat een beetje doet denken aan de Franse brioche. Als we uit de kerk kwamen, stond de met boter, jam, witte kaas, ei en zwarte thee gedekte ontbijttafel klaar en werd er gevochten om de ronde of gevlochten broodjes. Mijn moeder nam zelf altijd als laatste, in afwachting van ons oordeel. De eeuwenoude traditie wil nu eenmaal dat lahmo halyo niet mag mislukken. Als het mislukt, dan zijn de feestdagen mislukt. Het maakt het brood bijkans heilig. Eén ingrediënt mag nooit ontbreken: mastiek (blz. 28). Een specerij die wordt gewonnen uit de mastiekboom en met een smaak ergens tussen hout en frisse dennen. Maar daar dachten wij als kinderen niet over na, wij konden er simpelweg geen genoeg van krijgen.

VOOR CA. 35 BROODJES

200 ml volle melk
180 g suiker
250 g ongezouten boter
20 g verse gist
100 ml water
1 kg biologische tarwebloem
16 g vanillesuiker
16 g bakpoeder
1 flinke eetl. nigellazaad
1 flinke eetl. mahlab, fijngemalen
1 theel. mastiek, fijngemalen
4 biologische eieren
1 eetl. zonnebloemolie
2 eidooiers, losgeklopt met 1 theel. melk

Verwarm de melk met de suiker in een steelpan op heel laag vuur (niet koken). Roer regelmatig tot de suiker is opgelost.

Smelt in een ander pannetje de boter op laag vuur.

Meng de gist met het water in een glas en roer tot de gist helemaal is opgelost.

Roer de bloem, vanillesuiker, het bakpoeder, nigellazaad, de mahlab en het mastiekpoeder in een grote mengkom door elkaar. Giet het gistmengsel in de kom en kneed met de hand tot een glad deeg. Voeg de 4 hele eieren toe en kneed ongeveer 5 minuten grondig door. Giet het suikerwater in de kom en kneed nogmaals. Giet de gesmolten boter op de bodem van de kom (niet over het deeg) en kneed 10 minuten door. Voeg de zonnebloemolie toe en kneed alles nog 1 minuut tot een gladde en soepele deegbal.

Dek de kom met de deegbal af met een droge theedoek en bijvoorbeeld een dikke jas (dat doet mijn moeder altijd) en laat op een tochtvrije plek 90 minuten rijzen tot het in volume verdubbeld is.

Verhit de oven tot 200 °C. Bekleed een bakplaat met bakpapier en zet de losgeklopte eidooiers klaar.

Rol tussen je handpalmen ongeveer 35 balletjes van het deeg. Druk elk balletje met de handpalm tot een platte cirkel (diameter ongeveer 9 centimeter). Leg de deegcirkels steeds op 2 centimeter afstand van elkaar op de beklede bakplaat.

Bestrijk de deegcirkels met het eidooiermengsel. Bak de broodjes in 20-25 minuten goudbruin. Laat ze op een rooster afkoelen. Serveer binnen een dag. Maximaal 2 maanden te bewaren in de vriezer.

TIP

Maak een vlecht door het deeg te verdelen in 3 gelijke deegstrengen. Leg ze naast elkaar, druk aan één kant de uiteinden op elkaar en vlecht met de linker- en rechterstreng om en om over de middelste heen. Vlecht zo door tot je onderaan de strengen komt en druk de uiteinden aan de onderkant op elkaar.

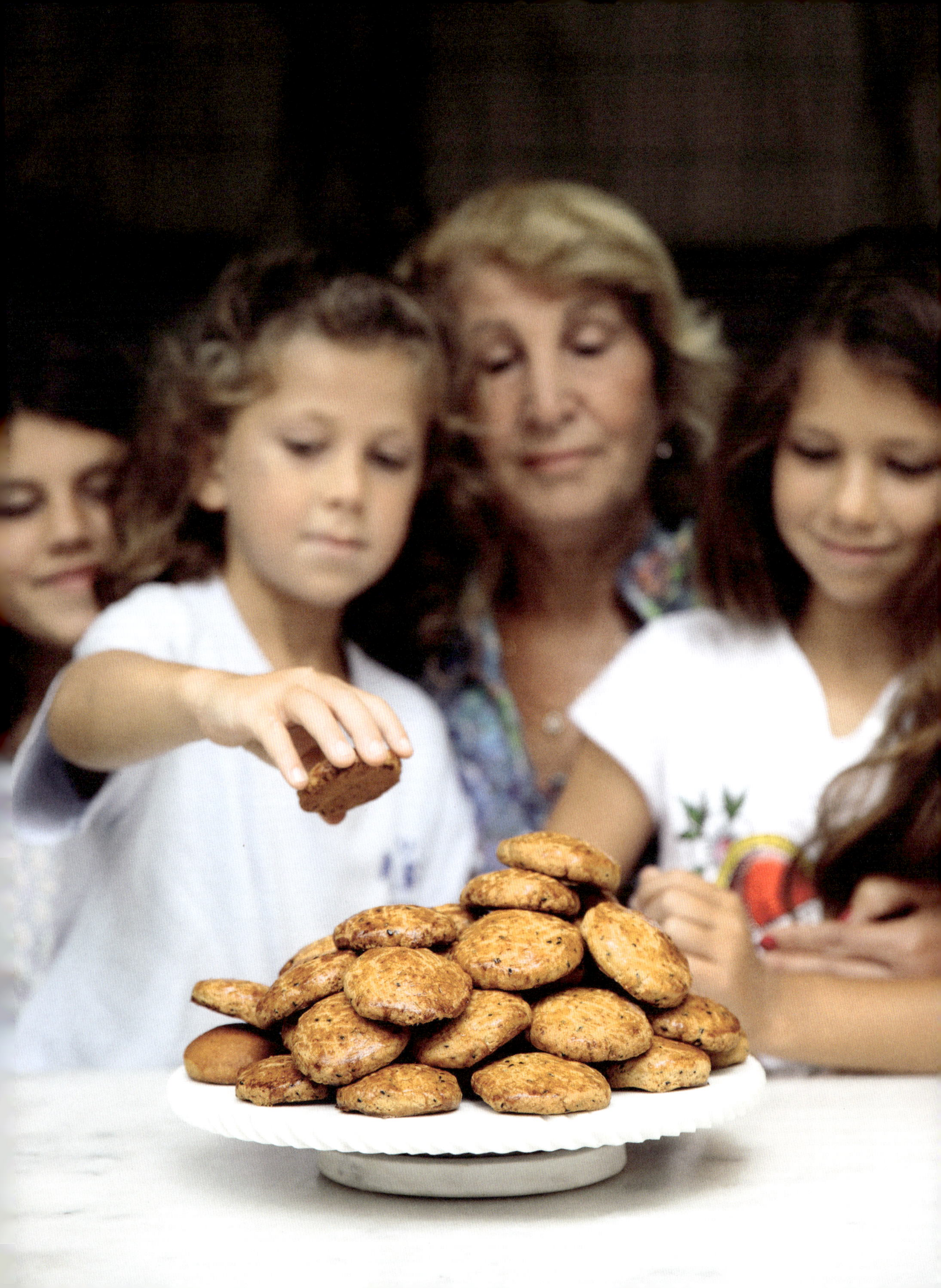

Kleicha *luchtige krokante specerijkoekjes*

Van alle recepten uit dit kookboek is dit ongetwijfeld een van de alleroudste. Bekend is dat duizenden jaren geleden in Mesopotamië al deeg werd gezoet met vruchten of gekruid met specerijen. Kleicha komt van *ko laysho* dat 'zij maakt deeg' betekent (*laysho* is 'deeg'). Inmiddels kun je dit luchtige, kruidige koekje wel het nationale koekje van de Suryoye noemen, zoals speculaasjes dat zijn voor de Nederlanders. Het is het lievelingskoekje uit mijn jeugd. Iedereen eet ze, vooral met Pasen en Kerstmis, en iedereen bakt ze in enorme hoeveelheden. Niet alleen de Suryoye, maar vrijwel alle volken in het Midden-Oosten. Uiteraard zijn er honderd-en-een varianten. Alle families hebben hun eigen recept met verschillende kruiden, of verschillende doseringen daarvan, afhankelijk van waar hun voorouders zijn opgegroeid. Ook mijn moeder heeft haar eigen recept en dat vind ik (uiteraard) nog altijd het allerlekkerste.

VOOR 32 KOEKJES

100 ml water
90 g kristalsuiker
185 ml boter
8 g bakpoeder
8 g vanillesuiker
1 eetl. mahlabpoeder
2½ eetl. nigellazaad
1½ theel. kaneelpoeder
1 theel. anijszaad, gemalen
1 theel. kruidnagel, gemalen
½ theel. kardemon, gemalen
½ theel. piment, gemalen
½ theel. nootmuskaat
500 g biologische tarwebloem
4 g instantgist
2 eieren, gescheiden in eiwit en dooiers, de eidooiers losgeklopt met 1 eetl. citroensap of melk
50 ml zonnebloemolie

Verwarm het water met de suiker in een steelpan op laag vuur (niet koken) en roer tot de suiker is opgelost. Neem de pan met suikerwater van het vuur.

Laat in een ander pannetje de boter op laag vuur smelten. Neem de pan van het vuur; gesmolten boter moet lauwwarm zijn als je hem straks verder verwerkt.

Meng het bakpoeder, de vanillesuiker en alle specerijen in een grote kom. Zeef de bloem beetje bij beetje door een fijne zeef in de kom. Voeg het suikerwater, de gist en het eiwit toe en kneed ongeveer 4 minuten. Voeg de lauwwarme gesmolten boter toe en kneed het met de hand tot een geheel. Voeg de olie toe en kneed alles in 15 minuten tot een gladde deegbal. Dek de kom af met een droge theedoek en laat het deeg 60 minuten rijzen op een tochtvrije plek tot het in volume iets toeneemt.

Bekleed een bakplaat met bakpapier en zet de losgeklopte eidooiers klaar.

Haal het deeg uit de kom en rol daar tussen je handpalmen 32 kleine deegballetjes van. Druk elk balletje met de handpalm tot een platte ronde vorm (diameter ongeveer 3 centimeter). Leg ze op de met beklede bakplaat op 2 centimeter afstand van elkaar. Laat de deegrondjes 20 minuten rusten.

Verhit de oven tot 220 °C.

Bestrijk na de rustperiode de boven- en zijkant van het deegrondjes met het eidooiermengsel. Bak de koekjes in 10-12 minuten goudbruin. Haal de bakplaat uit de oven en laat de koekjes 10 minuten rusten. Laat ze daarna op een rooster afkoelen. Serveer ze of bewaar ze maximaal 4 dagen in een gesloten trommel. Invriezen kan ook.

Baqlawa *gevuld filodeeg met walnoot*

In de straten van elke willekeurige stad in het Midden-Oosten ruik je altijd wel ergens de zoete geur van baqlawa. De oorsprong van baqlawa staat niet helemaal vast, maar een aannemelijke theorie is dat de Arameeërs, mijn voorouders dus, rond 800 v.Chr. voor het eerst laagjes brood bakten met walnoten ertussen. *Baqlawa* betekent ook 'laagjes'. Er zijn ontelbare varianten, smaken, structuren, vormen en kleuren, maar mijn moeder maakt natuurlijk de lekkerste. Haar Suryoyo versie kenmerkt zich opmerkelijk genoeg vooral door wat er níét in zit. Geen rozijnen, geen rozenwater, geen honing, wel veel boter, iets minder suiker en, last but not least, grof gemalen walnoten, en wie dat proeft moet wel heel sterk in zijn schoenen staan om het bij één stukje te laten.

VOOR 30-40 STUKJES

300 g walnoten
1 theel. kaneelpoeder
470 g filodeeg, ontdooid (koop deze bij de Turkse kruidenier, merk Au Blé D'or, zie tip op blz. 201)
500 g ongezouten grasboter

voor de suikerstroop:
140 g suiker
70 g water
¼ theel. vers sinaasappelsap

rechthoekige ovenschaal of bakvorm (ca. 30 x 40 x 4 cm)

Verhit de oven tot 180 °C.

Doe de walnoten en het kaneelpoeder in de keukenmachine en maal tot een grof tot middelgrof mengsel (voorkom dat het meel wordt). Houd 5 eetlepels gemalen walnoot apart voor de decoratie later.

Snijd de filovellen op maat zodat ze in de ovenschaal passen. Ik leg de schaal op het deeg en snijd de bakvorm eruit. Gebruik de restjes van de vellen straks eerst om de bodem mee te bedekken. Probeer het deeg niet te lang buiten de verpakking te bewaren, want dan wordt het droog.

Smelt de boter in een pan en verwijder de witte eiwitvlokjes, tot er een heldere gele vloeistof overblijft: geklaarde boter.

Bestrijk de bodem en wanden van de bakvorm met de geklaarde boter en begin de bodem gelijkmatig te bedekken met de restjes filodeeg. Bestrijk de 'restjeslaag' met 2 eetlepels gesmolten boter en bedek met een vel filodeeg. Ga zo door, bestrijk elk vel met 2 eetlepels gesmolten boter en herhaal tot de bodem is bedekt met 6 extra lagen. Druk de vellen niet aan, zodat de baqlawa luchtig en krokant blijft.

Verdeel de walnootvulling nu over het bovenste vel. Leg op de vulling een nieuw vel, bestrijk met gesmolten boter en herhaal. Maak af met de overige vellen. Elk vel bestrijk je weer met de gesmolten boter.

Snijd de baqlawa met een scherp mes in stukjes. Vergeet niet ook de onderste laag door te snijden. De rest van de gesmolten boter giet je over de baqlawa. Bak de baqlawa in 30 minuten in de oven goudbruin en gaar.

Bereid de suikersiroop. Doe de suiker, het water en de druppel sinaasappelsap in een pan en breng het aan de kook. Roer alles goed door en laat de siroop niet afkoelen.

Haal de baqlawa uit de oven, verdeel de warme suikersiroop erover en bestrooi met de 5 eetlepels apart gehouden gemalen walnoten.

TIP

Turkse kruideniers verkopen vaak filodeeg in grote vellen om baqlawa mee te maken, dat werkt beter dan het diepvries-filodeeg uit de supermarkt. Wij gebruiken altijd Au Blé D'or 'filodeeg groen'.

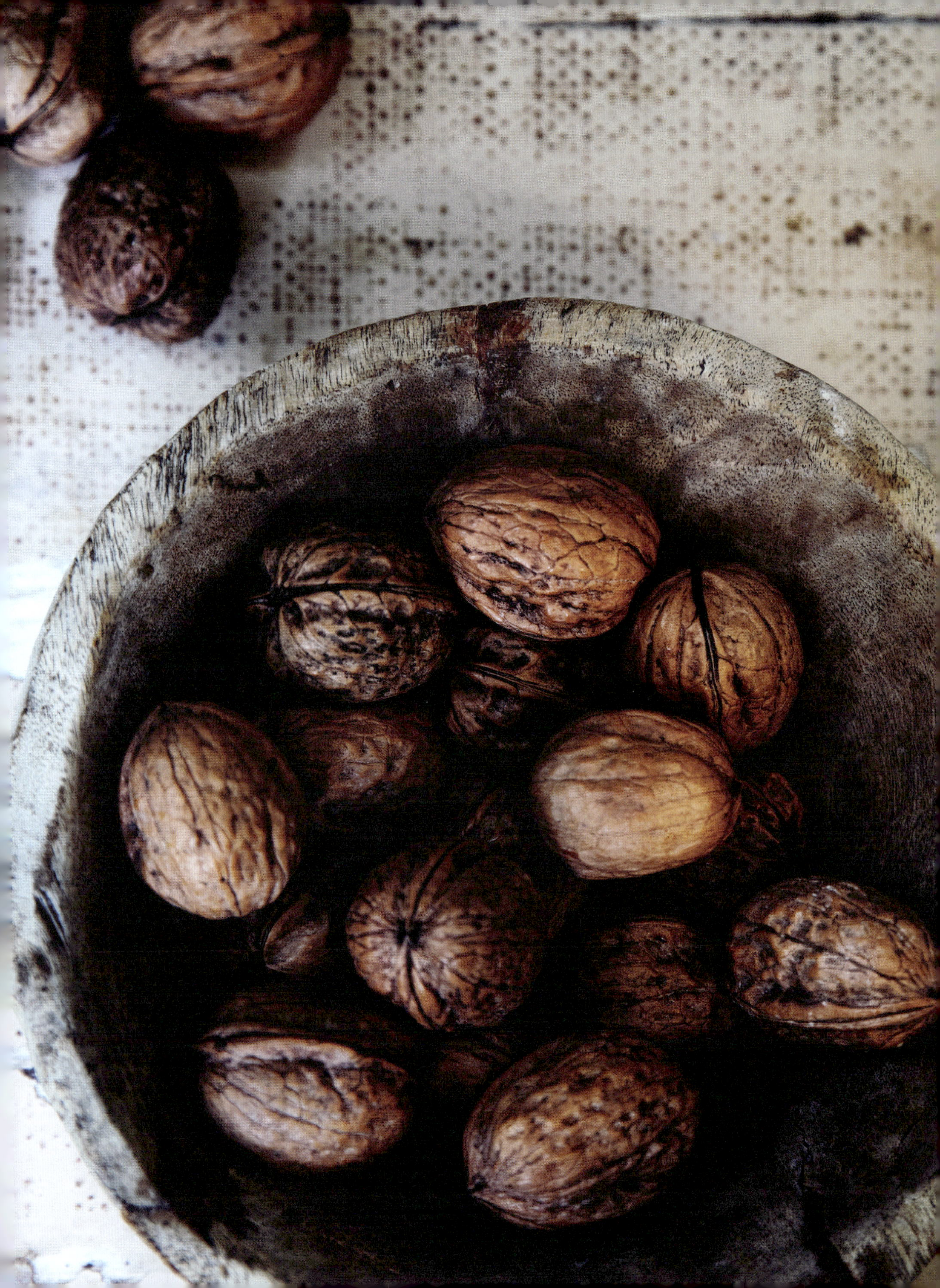

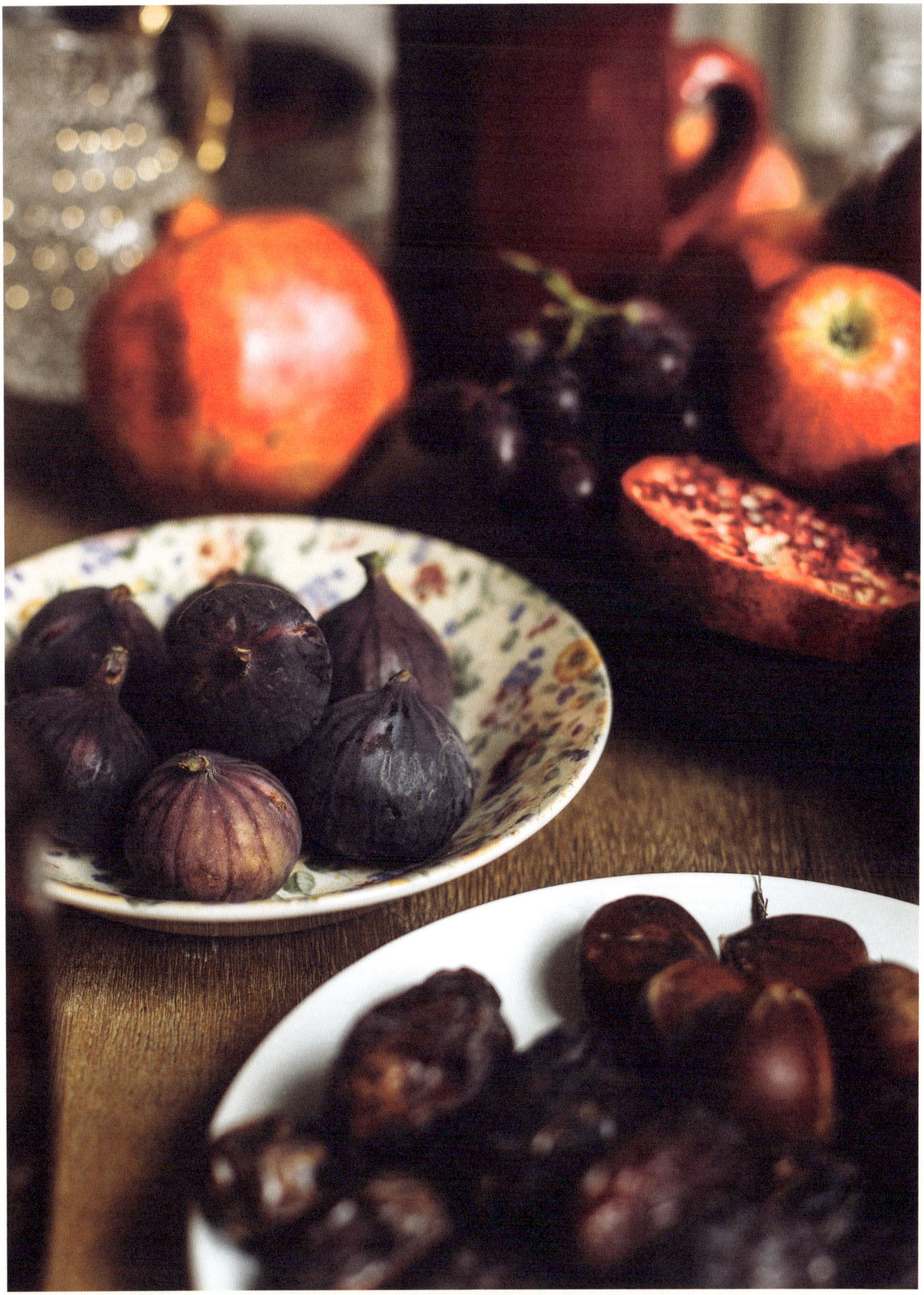

Dashisto   *zoete rijstpudding*

Deze eenvoudige rijstpudding, die op verschillende momenten van de dag warm of koud gegeten wordt, is een favoriet met Pasen. Na de vastentijd, waarin geen zuivel werd gegeten, was iedereen wel toe aan dit heerlijke gerecht met de geur van warme melk en suiker.
Mijn moeder vertelde me eens dat dashisto ook werd uitgedeeld om de rouwperiode van veertig dagen af te sluiten na het overlijden van een dierbare. Ofwel comfortfood in de meest letterlijke zin van het woord. Soms werd de pudding vervangen door linzensoep (blz. 96), maar alleen als de veertigste dag in een vastenperiode viel. Dan worden dierlijke producten, waaronder melk, vermeden.

VOOR 4 PERSONEN

50 ml water
200 g risottorijst, gespoeld
750 ml biologische volle melk
50 g suiker
1 theel. kaneel
2 verse vijgen, in stukjes
4 eetl. pistachenoten, geroosterd

Breng het water in een diepe pan aan de kook en voeg de rijst toe. Roer goed en laat hem ongeveer 4 minuten koken.

Giet de melk in de pan en voeg de suiker toe, blijf roeren en breng op laag vuur aan de kook. Draai het vuur helemaal laag en laat ongeveer 25 minuten zacht doorkoken. Blijf roeren totdat de risotto gaar maar nog stevig is. Als de pudding droog aanvoelt, voeg dan meer melk of water toe. Draai het vuur uit en laat 2 minuten afkoelen.

Verdeel de pudding over 4 borden. Bestrooi met kaneel, stukjes vijg en pistachenoten en serveer. Of laat hem afkoelen om te bewaren in de koelkast.

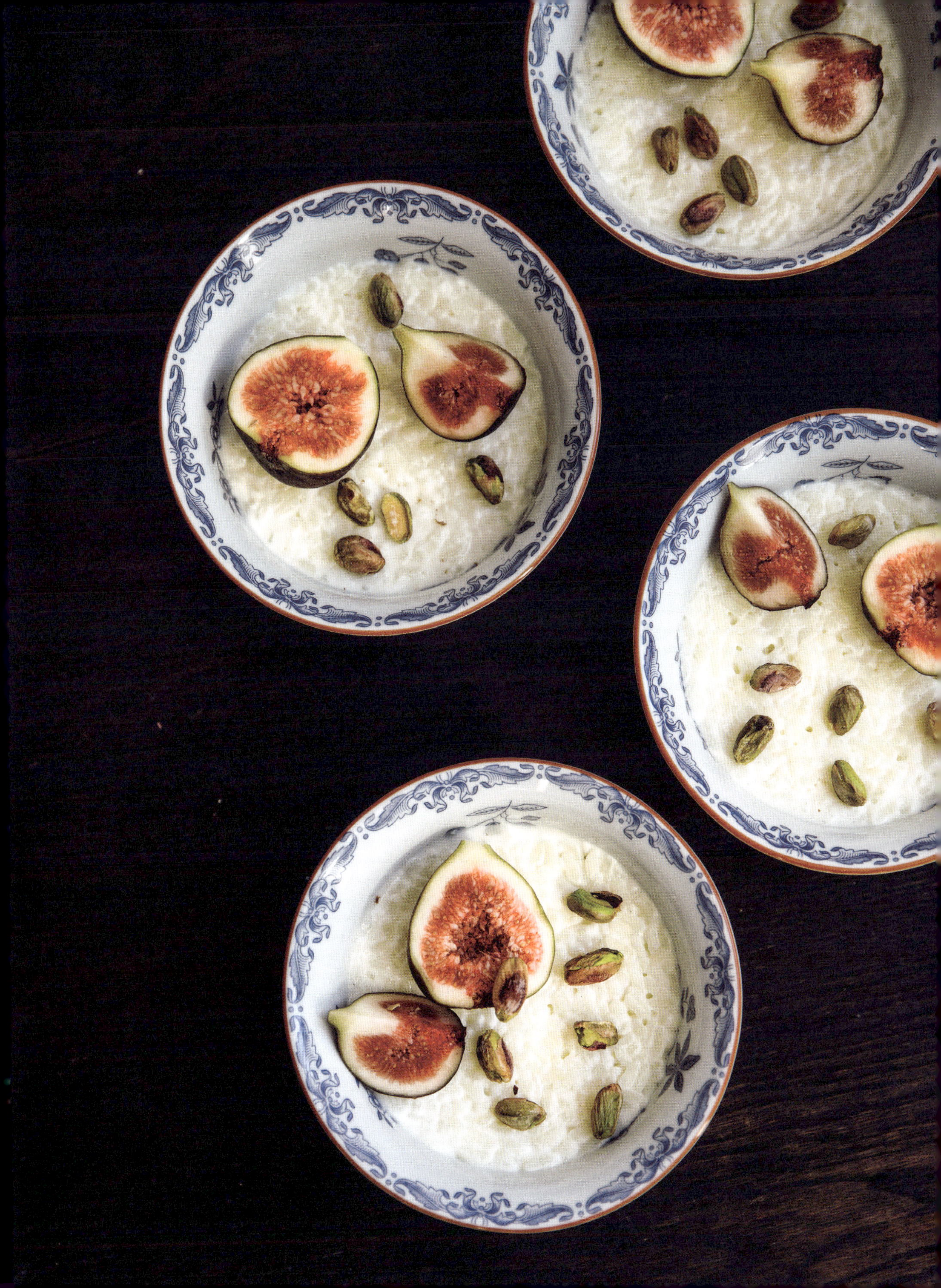

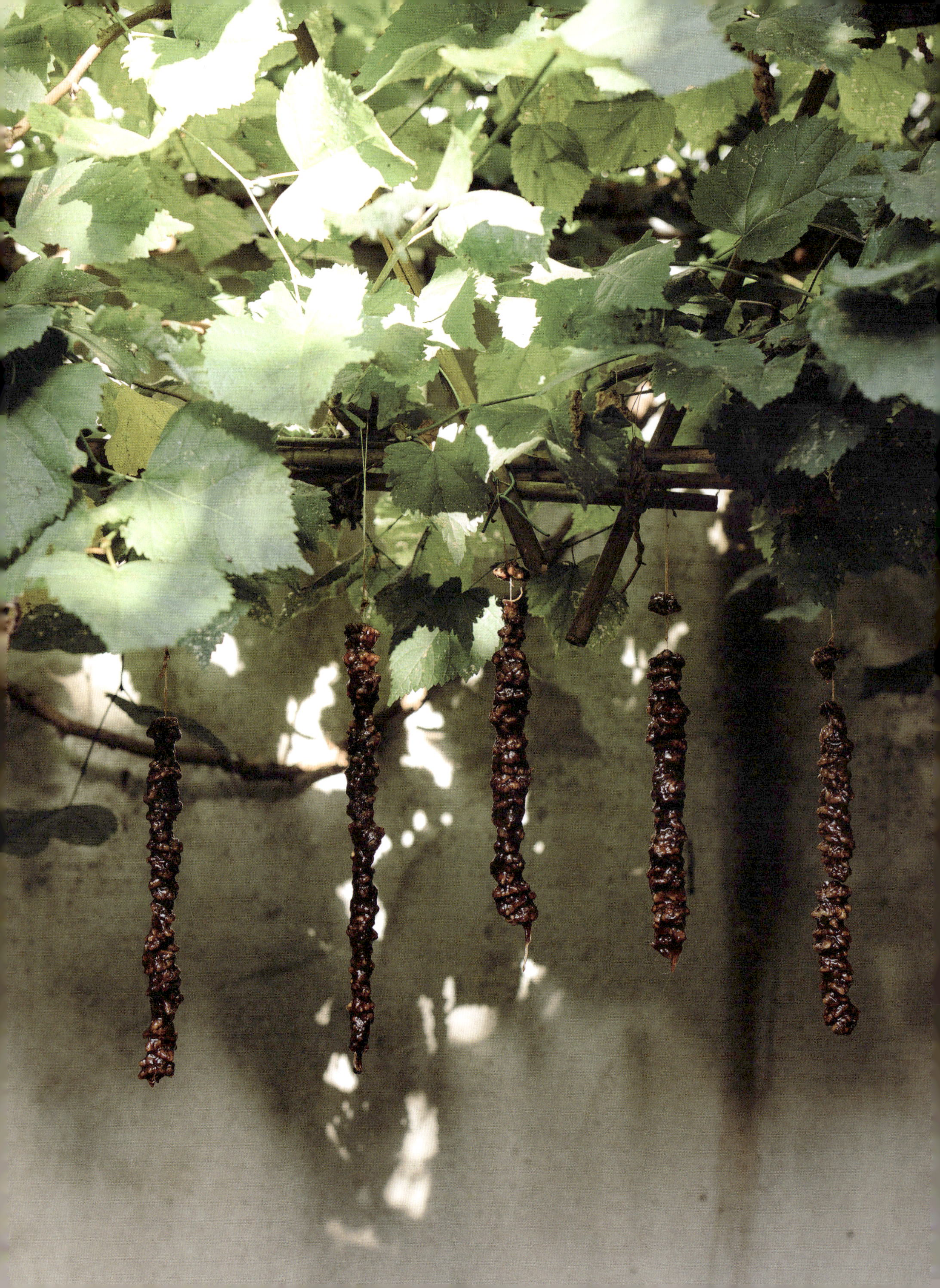

'Oliqé *slingers van walnoten in druivenmelasse*

'Oliqé (spreek uit: olikee) is vermoedelijk afgeleid van het woord *eloqo*, dat 'hangen' of 'ophangen' betekent. 'Oliqé zijn strengen walnoten aan een lange draad die gedompeld zijn in hete druivenmelasse. Ze hangen buiten aan een touw of tak te drogen, niet te verwarren met de worsten die ook aan een touwtje hangen. Het is eigenlijk dezelfde techniek als de zogenaamde dompelkaarsen. Mijn moeder maakte de melasse zelf, een mengsel van ingedikt druivensap, maar tegenwoordig kopen we het gewoon in een pot. Ik vind 'oliqé er nog altijd spectaculair uitzien, maar ook de smaak is uniek. Licht bitterzoet met een stevige bite, geen energy bar kan ertegenop!

VOOR 8 WALNOOTSLINGERS

160 gehalveerde walnoten
  (20 walnoothelften per draad)
950 ml water
500 ml natuurlijke druivenmelasse
150 g patentbloem

fijne naald
2 meter dun stevig katoenen draad

Knip het draad in 8 gelijke stukken. Haal een stuk draad door het oog van een fijne naald en maak een knoop aan het einde van de draad. Prik de naald door 20 walnoothelften en eindig met een knoop. De walnootslinger heeft ongeveer een afmeting van 20-25 centimeter. Herhaal dit met de andere stukken draad en de rest van de walnoten.

Breng in een diepe pan op hoog vuur het water aan de kook. Roer met een garde de druivenmelasse erdoor tot een glad geheel. Voeg de bloem toe en roer het mengsel er grondig door; blijf ongeveer 5 minuten roeren tot de bloem goed is opgenomen. Draai het vuur uit.

Giet het mengsel door een vergiet om klonten te voorkomen en vang het op in een kom. Doe de inhoud van de kom weer in de pan op laag vuur, en roer een paar minuten tot er een dikke stroperige substantie ontstaat. Draai het vuur uit.

Houd een walnootslinger aan de bovenkant vast en dompel het draad met walnoten in het mengsel. Herhaal dit tot alle kanten van de walnoten met het mengsel bedekt zijn, eventueel met behulp van een lepel. Hang de draad meteen met een wasknijper aan een waslijn of met een lusje aan een horizontaal opgehangen stok. Herhaal dit met de rest van de walnootslingers. Laat minimaal drie dagen drogen, binnen of buiten. Door het drogen van het sap wordt de gelei steviger.

Qawité *taart van Ninive*

Wij Suryoye hebben meer vastentijden dan veel andere geloofsgemeenschappen. Vooral de Saumo d'Ninwe (blz. 19) is een zware vastentijd die bestaat uit drie dagen zonder eten en drinken. Ik zal eerlijk bekennen dat mijn moeder en ik die graag aan ons voorbij laten gaan, behalve dan de beloning die traditiegetrouw je deel is na zo'n tijd van ontbering: qawité, ofwel een taart van druivenmelasse waar alles in zit om weer op krachten te komen. Qawité is dan ook afgeleid van het woord *quwa* dat 'kracht' betekent, of 'opkikker'. Een traditioneel gerecht dat duizenden jaren geleden al gemaakt werd van druivenmelasse met zeven soorten granen van het land. Tegenwoordig zijn de granen deels aangevuld met kikkererwten, noten, zaden en pitten die allemaal geroosterd en fijngemalen worden. De pitten die oorspronkelijk gebruikt werden zijn die van de galiameloen, maar pompoenpitten zijn ook prima.

VOOR 6 PERSONEN

- 100 g fijn tarwegries, geroosterd
- 25 g fijn maisgries, geroosterd
- 25 g tarwemeel, geroosterd
- 25 g gedroogde kikkererwten, geroosterd en fijngemalen
- 25 g sesamzaad, geroosterd en fijngemalen
- 25 g amandelen, geroosterd en fijngemalen
- 50 g walnoten, geroosterd en fijngemalen
- 75 g galiameloenpitten (of pompoenpitten), geroosterd en fijngemalen
- ¼ theel. kaneel
- 400 ml water
- 300 ml druivenmelasse
- ½ theel. zout
- druiven, om te garneren
- noten, om te garneren

Neem acht bakjes of kommetjes en doe in het eerste bakje het tarwegries, in het tweede het maisgries, in het derde het tarwemeel, en ga zo door met de kikkererwten, het sesamzaad, de amandelen, de walnoten en de galiameloenpitten. Rooster in een pan zonder boter of olie de ingrediënten uit de bakjes een voor een enkele minuten zonder dat er iets verbrandt op halfhoog vuur. Schep elk geroosterd ingrediënt weer terug in z'n bakje.

Maal achtereenvolgens de kikkererwten, het sesamzaad, de amandelen, de walnoten en de galiameloenpitten in een keukenmachine of koffiemolen fijn.
Schep, behalve de gemalen galiameloenpitten, alles in een grote kom. Voeg het tarwegries, maisgries, tarwemeel en de kaneel toe en meng. Zeef het mengsel boven een andere kom door de zeef langzaam heen en weer te bewegen. Zeef de gemalen galiameloenpitten afzonderlijk op dezelfde manier en gooi de achtergebleven stukjes schil uit de zeef weg. Voeg het galiameloenpoeder toe aan de kom met de rest van de gezeefde ingrediënten.

Breng in een grote pan het water, de druivenmelasse en het zout al roerende aan de kook. Roer het mengsel van fijngemalen ingrediënten erdoor tot alles goed is gemengd. Haal de pan van het vuur en laat de inhoud 2 uur afkoelen.

Stort de inhoud van de pan in een kom, bevochtig je handen en kneed het deeg een paar minuten. Het moet stevig maar zacht zijn. Pak een bord en vorm het deeg met je handen tot een gladde ronde taart. Bestrooi de qawité met een paar noten en druiven.

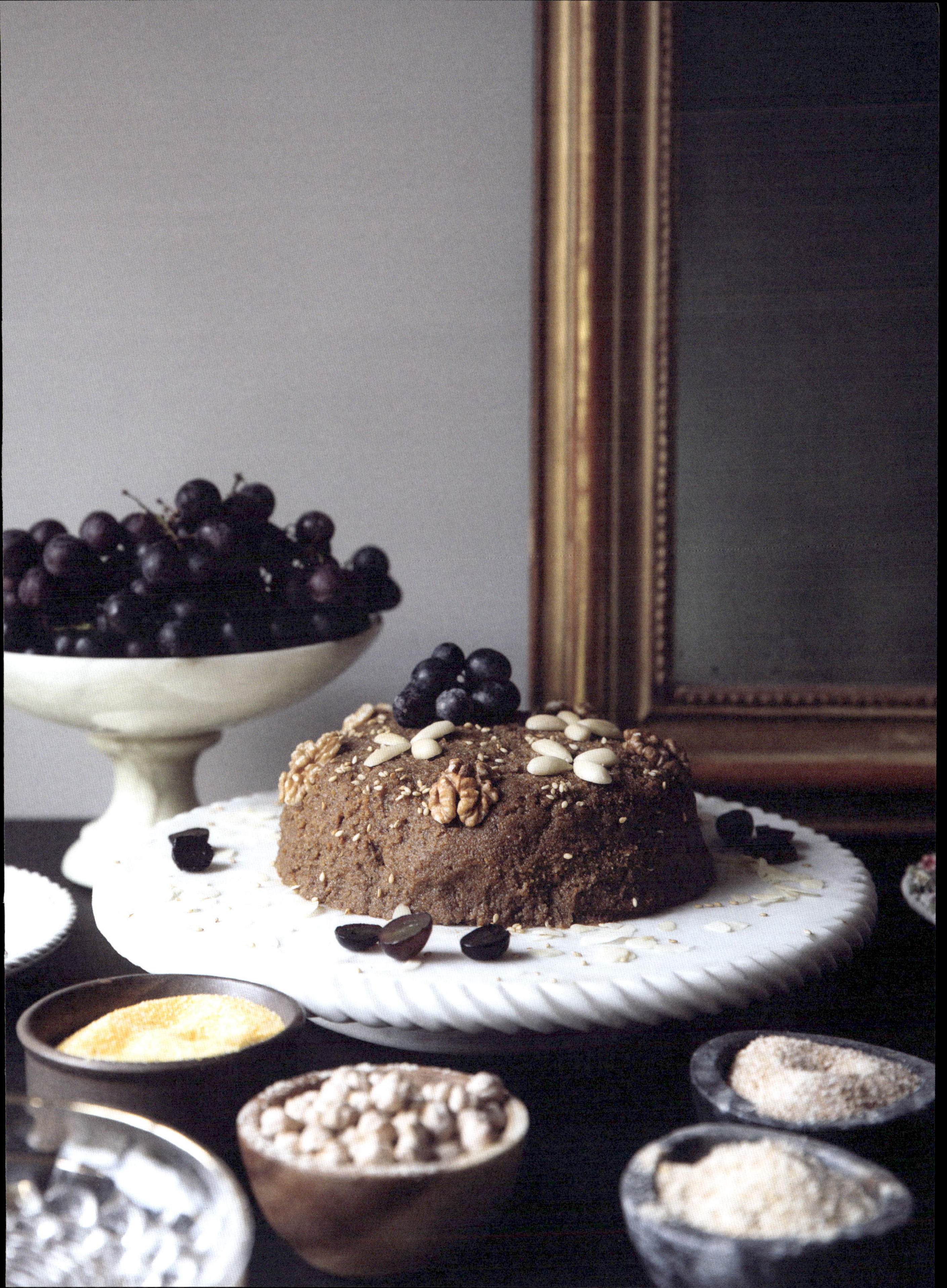

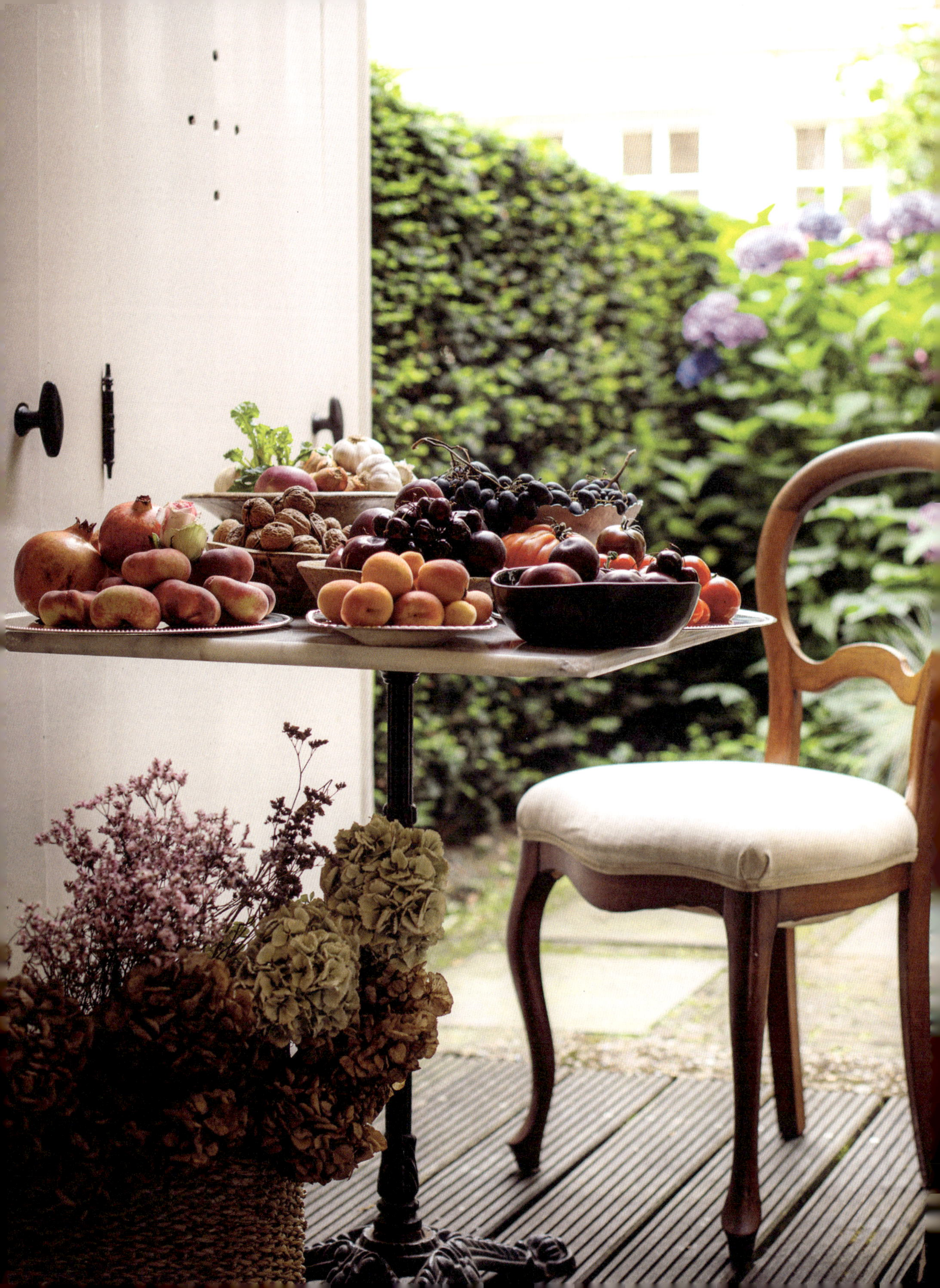

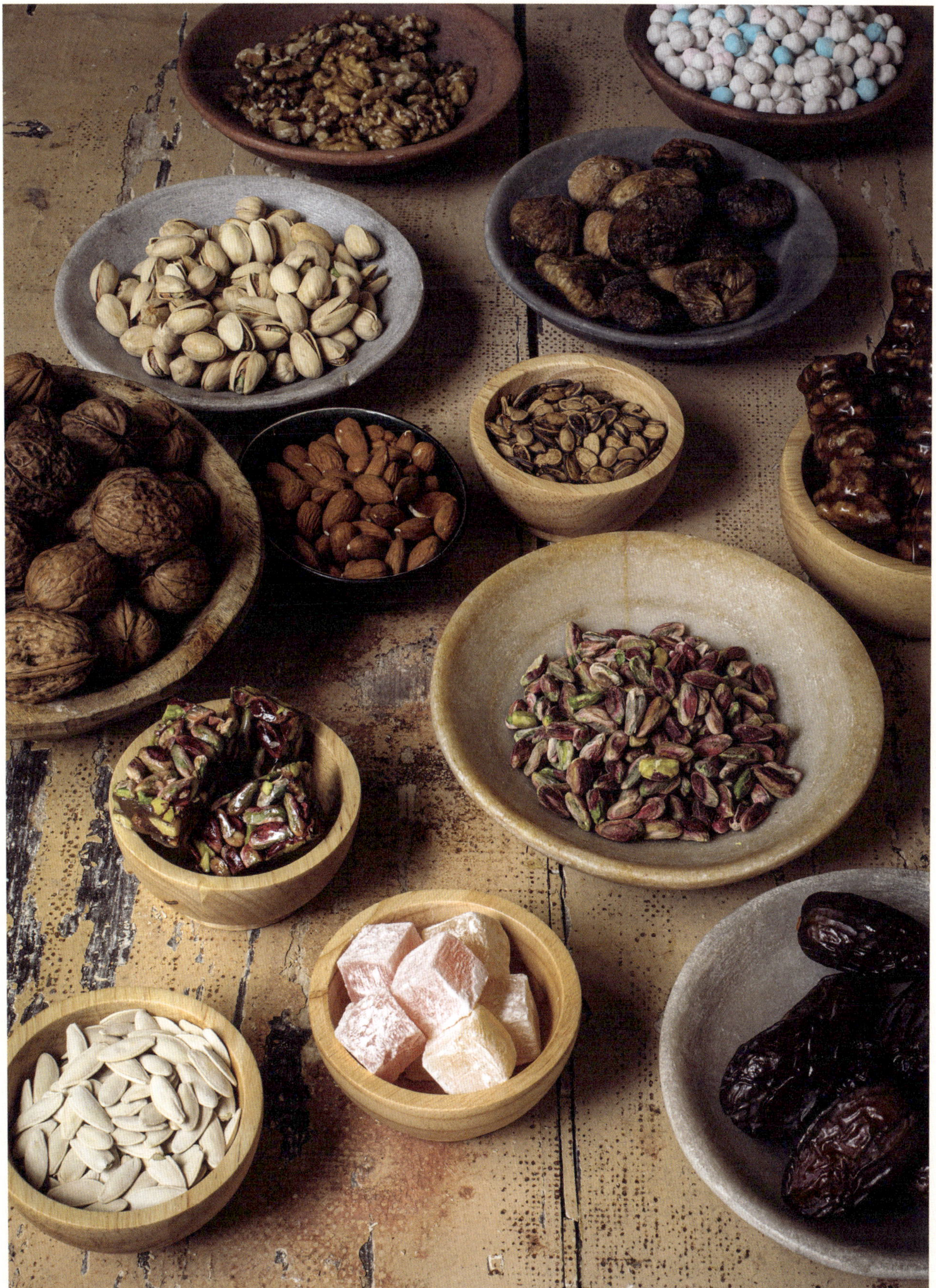

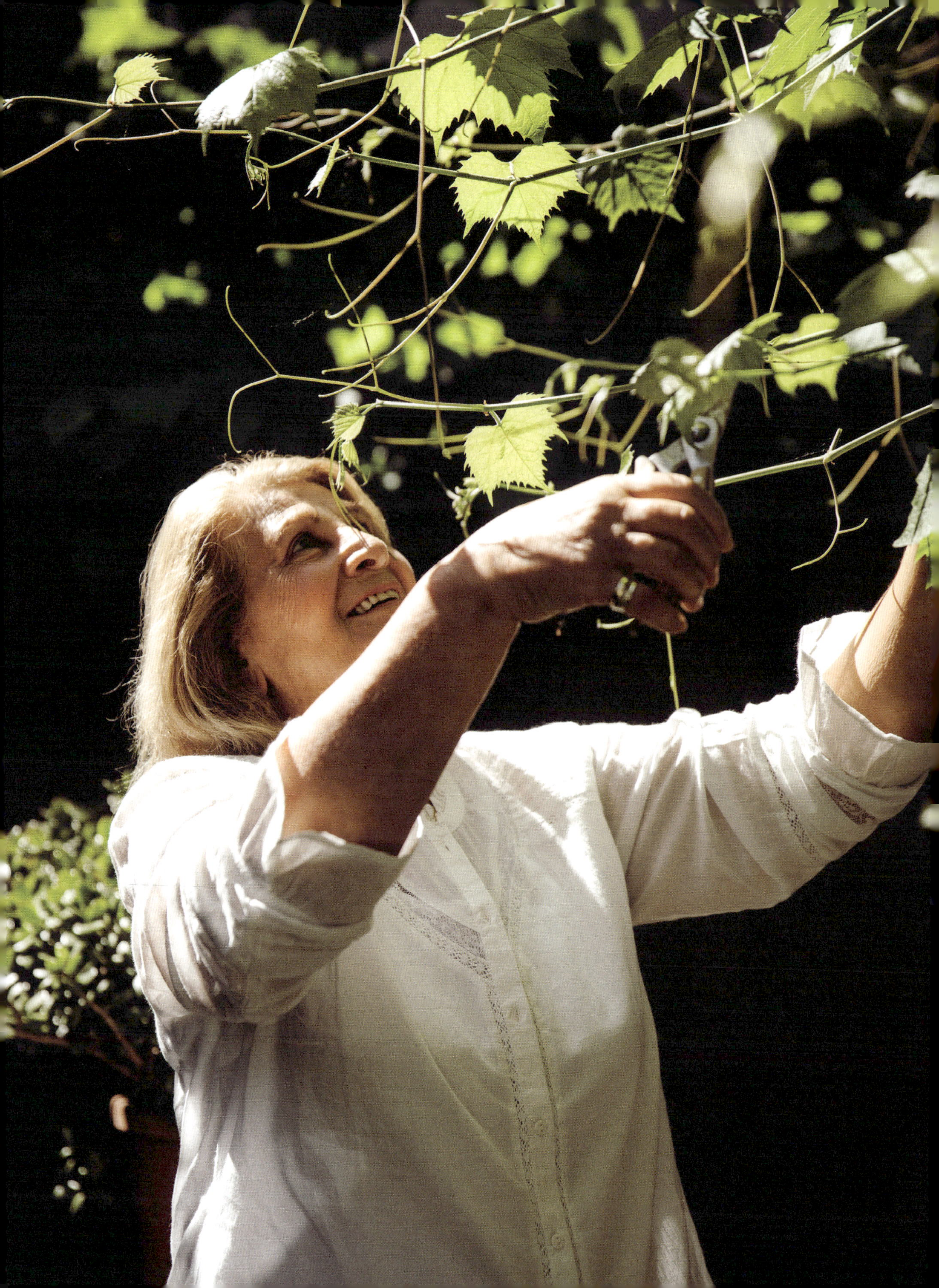

Smuni Turan, *mijn moeder.*

Inmiddels is mijn moeder helemaal 'vernederlandst'. Helemaal? Nee, er blijft altijd wat heimwee bestaan naar het land waar ze is opgegroeid.

'Ik ben nog een keer naar mijn geboortedorp teruggegaan, in 2007. Mijn broer en mijn neef hebben ons ouderlijk huis weer opgebouwd en gerenoveerd. Het land van mijn ouders is een druivenparadijs. We hebben rozijnen gemaakt en heerlijk gegeten in een restaurant met uitzicht op de grens met Syrië. We dronken wijn van de wijnboer Shiluh die de productie van Suryoyo wijn in stand houdt. De wijntraditie is al eeuwenoud en zou hier in Mesopotamië zijn begonnen. Deze Tur Abdin-wijn is nu zelfs in Nederland te koop.

> "We dronken wijn van de wijnboer Shiluh die de productie van Suryoyo wijn in stand houdt."

Toch was ik ook heel verdrietig: in ons dorp waren de meeste huizen kapot, er woonde vrijwel niemand meer. De meeste mensen zijn er verdreven, de meeste christenen zijn er weg en daarmee is ook veel van de cultuur verloren gegaan. Spooksteden zijn het. Het huis waar ik met mijn man woonde, stond er nog wel. In de kerk kwamen we de burgemeester tegen die ons begroette. Hij kende mijn man nog. Ook hebben we nog een aantal eeuwenoude kloosters bezocht. De priester was boos omdat veel christenen naar het buitenland zijn vertrokken. Maar wat wil je? Als christen kreeg je in deze regio elke dag moslims aan de deur die je beroofden van je brood en alles eigenlijk. Het was geen doen en gewoon gevaarlijk. Met pijn in ons hart gingen we terug naar Nederland.'

Hoewel recentelijk een aantal families is teruggekeerd, blijven de meeste Assyrische dorpen in de regio verlaten.

Taudi sagi!

Vrijwel alle gerechten en ingrediënten hebben in dit boek hun oorspronkelijke Aramese of Assyrische naam gekregen, met daarbij de Nederlandse vertaling. Eén ingrediënt ben ik nog vergeten: *taudi sagi*. Ofwel (in onze taal) veel dank! Want, eerlijk is eerlijk, zonder de hulp van vele getalenteerde mensen zou geen enkel gerecht zijn weg hebben gevonden naar één van de 224 pagina's die dit boek telt.

Allereerst de grootste taudi sagi voor mijn moeder. Zoals ik elders al schreef is zij in feite de auteur van dit boek. Alle recepten zaten in haar hoofd, ik hoefde alleen maar naar haar te luisteren en mee te kijken hoe ze te werk ging in haar keuken. Tegelijkertijd luisterde ik naar de verhalen over haar jeugd, haar afkomst, haar cultuur. Koken en goede gesprekken gaan nu eenmaal heel goed samen. Het leverde een fascinerend inkijkje op in een manier van leven die nauwelijks meer bestaat.

Dan een hele grote taudi sagi voor het enthousiasme van Ronit Palache die het idee van dit kookboek direct omarmde en voor mij de weg vond naar de uitgever. Nog een paar vrouwen tegen wie ik met veel warme gevoelens taudi sagi wil zeggen: mijn zusjes Yildez, Susan en Linda die meedachten en meelazen ('je bent samburakat toch niet vergeten, hè?'), mijn zusje Jacqueline, die met de styling hielp ('mam, even stilzitten voor de make-up'), fotografe Emma Peijnenburg ('kan die lamp even uit, ik wil alleen natuurlijk licht'), fotografe en beeldend kunstenaar Claire Witteveen ('niet wéér die peterselie en citroenen!'), en vormgever Marjolein Meulendijks ('ik vind de Coromant Garamond met schreef toch het mooist').

En dan de mannen. Allereerst mijn goede vriend Daan Heijbroek die de foto maakte die het hele boek in één beeld samenvat: de recepten die een moeder aan haar kinderen doorgeeft. Het was meteen duidelijk dat dit de foto voor de cover moest worden. Ook wil ik fotograaf Milan Gino bedanken die onder meer met veel geduld mijn zusje en haar kinderen Violette, Céline en Jack voor de camera kreeg. Dan Rany Elyo, mijn neef, die mij geholpen heeft met de juiste vertaling uit het Surayt, Suret(h) en Akkadisch. Ten slotte dank ik ook mijn dierbare vriend Romke Oortwijn voor zijn verfrissende tekstbijdragen.

Bij het schrijven van dit dankwoord bedenk ik me opeens dat dit boek grotendeels tot stand is gekomen door mensen die niet eerder betrokken zijn geweest bij het maken van een kookboek. Foodstylisten of -fotografen zijn er niet aan te pas gekomen. Maar zonder professionals natuurlijk geen boek. Ik dank Francis Wehkamp, Willemijn Visser, Milou Breunesse en Marije Braat van Fontaine Uitgevers die als geen ander weten waar ze het over hebben. Dat geldt natuurlijk ook voor Nigel Slater en Karin Hamersma die het manuscript lazen en er lieve woorden over schreven. Dus deze twee lieve woorden terug: taudi sagi!

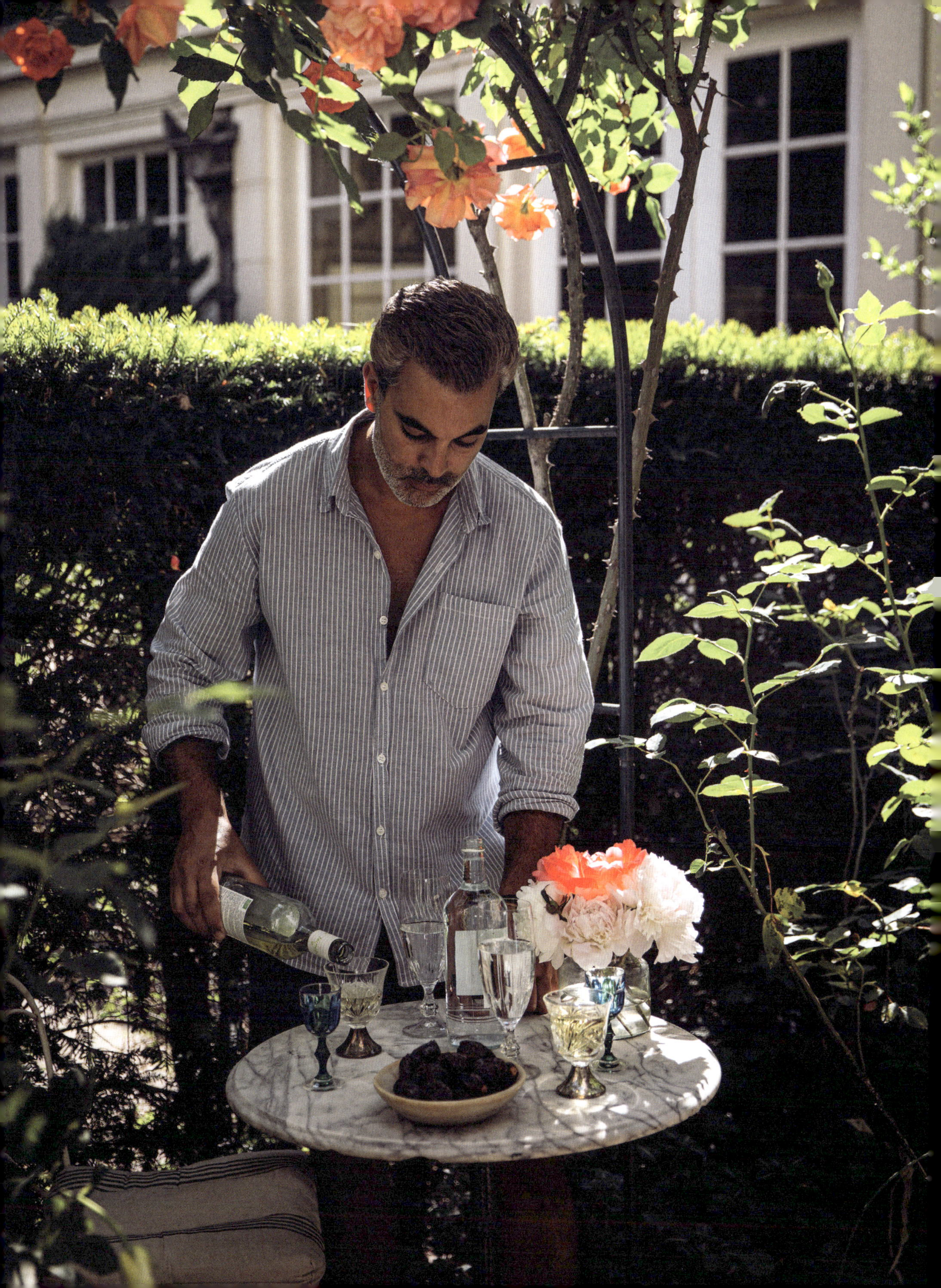

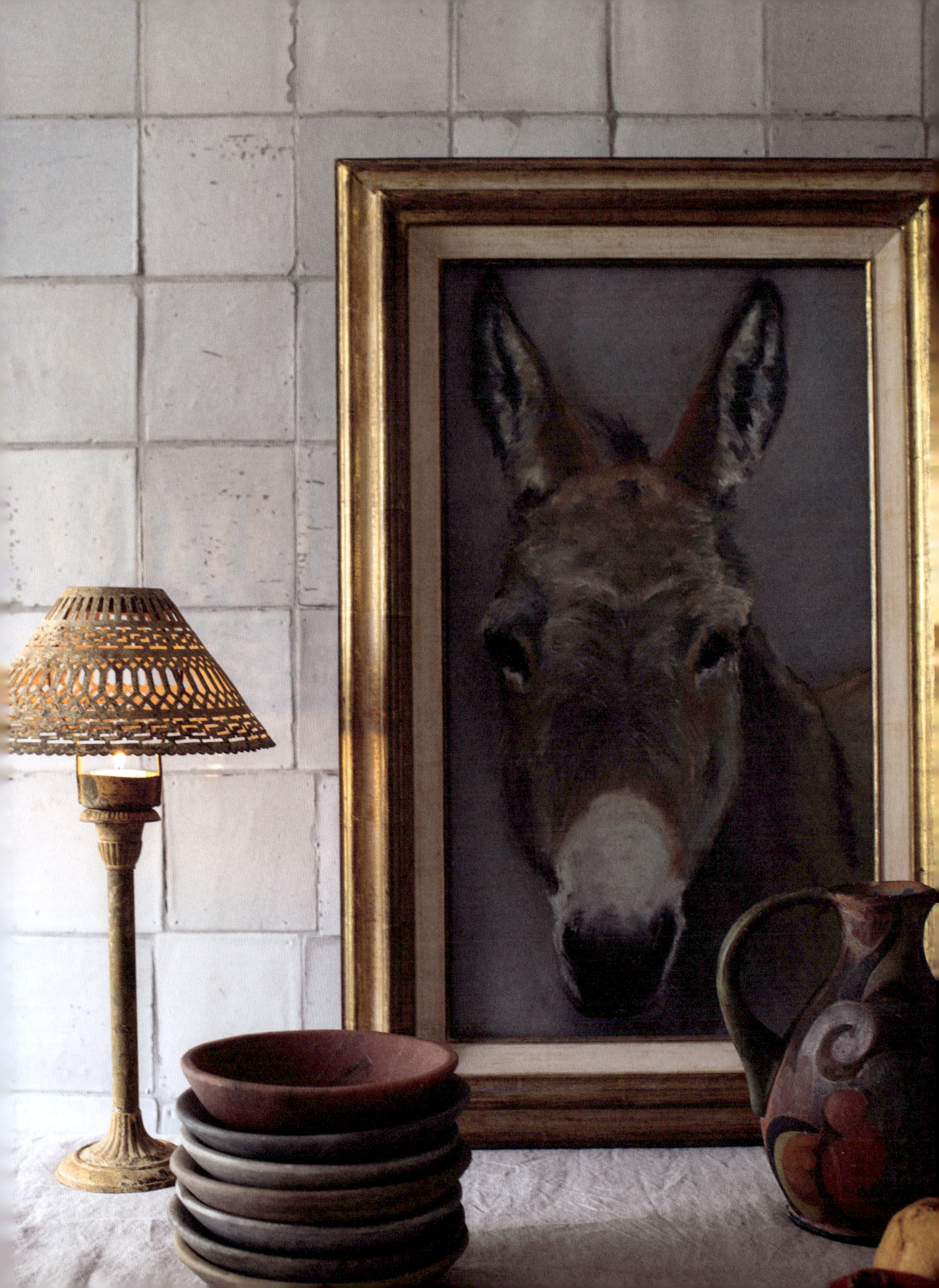

Register

A

aardappel:
- *Tawayee di patata* (eenpansgerecht met aardappel, tomaat en gehakt) 155
- *Tlawhé* (traditionele rodelinzensoep) 96

Acin (steak tartare op zijn Suryoyo) 156

abrikozen(jam):
- *Seble* (kruimeltaart met walnoten, kokos en abrikozenjam) 187

aleppo-peper: 27
- *Kabab* (gekruid gehakt uit de oven) 168
- *Muhammara* (pittige geroosterde-paprikapasta met granaatappel) 139
- *Qar'ukkat* (roerei met courgette en knoflook) 118
- *Yarqunto semaqto* (geroosterde rodekool met witte kaas, munt en pistachenoten) 121

amandelen:
- *Harise* (griesmeeltaart met amandel en sinaasappel) 191
- *Qawité* (taart van Ninive) 208
- *Yarqunto di lhana* (wittekoolsalade met geroosterde amandelen) 142

anijszaad:
- *Kleicha* (luchtige krokante specerijkoekjes) 199

Apprakhe (gevulde wijnbladeren) 70

Assyrische groentesalade (*Yarqunto*) 56

Atter (suikersiroop) 191

aubergine:
- *Bacanat komé hashye* (met gehakt gevulde aubergines) 175
- *Makdous* (gevulde baby-aubergines) 132
- *Maqloubeh* (hartige taart ondersteboven) 88
- *Tawa* (ovenschotel met gehakt en groenten) 67

B

Bacanat komé hashye (met gehakt gevulde aubergines) 175
Ballo' (pittige borrelhapjes van rode linzen en burghul) 146
Bamya (okrastoof met rund) 103
Baqlawa (gevuld filodeeg met walnoot) 200
Basle hashye (gestoofde gevulde ui) 77

basmatirijst:
- *Mujadarah* (linzen en rijst met gekaramelliseerde ui) 131

Basro 'al dawqo (gekruid gehakt op mini-platbrood) 159
Be'e da dayroye (gebakken eieren met runderworst) 162
Be'é semoqe (rode eieren) 136

borrelhapjes:
- *Ballo'* (pittige borrelhapjes van rode linzen en burghul) 146

bosui:
- *Ballo'* (pittige borrelhapjes van rode linzen en burghul) 146
- *Be'e da dayroye* (gebakken eieren met runderworst) 162
- *Gyothe melye* (gebraden gevulde kip met rijst en groenten) 165
- *Muhammara* (pittige geroosterde-paprikapasta met granaatappel) 139
- *Nuné shliqe* (in witte wijn gekookte vis met linzensalade) 181
- *Tlawhé* (traditionele rodelinzensoep) 96
- *Yarqunto fattoush* (geroosterd-broodsalade) 145
- *Yarqunto semaqto* (geroosterde rodekool met witte kaas, munt en pistachenoten) 121
- *Yarqunto tabouleh* (peterseliesalade) 122

brood/broodjes:
- *Basro 'al dawqo* (gekruid gehakt op mini-platbrood) 159
- *Dawqo hamiğe* (platbrood uit de pan) 55
- *Lahmo doe tanuro* (brood uit de oven) 84
- *Lahmo halyo* (zachte zoete broodjes) 196
- *Yarqunto fattoush* (geroosterd-broodsalade) 145

burghul: 42
- *Acin* (steak tartare op zijn Suryoyo) 156
- *Ballo'* (pittige borrelhapjes van rode linzen en burghul) 146
- *Burghul* met vermicelli 42
- *Burghul* met gebakken ui 42
- *Gyothe shliqe* (gekookte kip met burghul en ui) 171
- *Itj* (burghulballetjes) 125
- *Kibbeh ṣeniye* (burghul-gehakttaart uit de oven) 74
- *Kötle* (gevulde tarwebuideltjes) 80
- *M'wothé* (schapendarmen gevuld met gehakt en granen) 90
- *Yarqunto tabouleh* (peterseliesalade) 122

C

cherrytomaatjes:
- *Bacanat komé hashye* (met gehakt gevulde aubergines) 175

chilipeper:
- *Apprakhe* (gevulde wijnbladeren) 70
- *Bacanat komé hashye* (met gehakt gevulde aubergines) 175
- *Be'e da dayroye* (gebakken eieren met runderworst) 162
- *Fulful hashyo* (gevulde paprika's) 73

Gerso (warme smeuïge tarwe) 99
Gyothe melye (gebraden gevulde kip met rijst en groenten) 165
Gyothe mqalye (pittige paprikaroerbak met kip en sumak) 172
Hemse (kikkererwtensoep) 100
Kibbeh ṣeniye (burghul-gehakttaart uit de oven) 74
Kötle (gevulde tarwebuideltjes) 80
Marga (pittige uienstoof met rundvlees) 109
Matfuniye doe farmo (courgettestoof uit de oven) 113
Matfuniye faṣuliye yaroqo (sperziebonenstoof met lam) 110
Tlawḥé (traditionele rodelinzensoep) 96
courgette:
   Matfuniye doe farmo (courgettestoof uit de oven) 113
   Qar'ukkat (roerei met courgette en knoflook) 118
   Tawa (ovenschotel met gehakt en groenten) 67

D
Dashisto (zoete rijstpudding) 204
Dawġe (frisse yoghurtdrank) 59
Dawqo hamiġe (platbrood uit de pan) 55
dille:
   Nuno zafaran (witvis met saffraan, munt, dille, doperwtjes) 178
   Khase da bosine (yoghurt-komkommersalade met dille) 46
Dobo (lamsbout met knoflook en piment) 106
doperwten:
   Nuno zafaran (witvis met saffraan, munt, dille, doperwtjes) 178
druivenmelasse: 27
   'Oliqé (slingers van walnoten in druivenmelasse) 207
   Qawité (taart van Ninive) 208
   Raha doe debis da hinwe (gekaramelliseerde pistache-sinaasappelreep) 188

E
eieren:
   Be'e da dayroye (gebakken eieren met runderworst) 162
   Be'é semoqe (rode eieren) 136
   Harise (griesmeeltaart met amandel en sinaasappel) 191
   Kleicha (luchtige krokante specerijkoekjes) 199
   Lahmo halyo (zachte zoete broodjes) 196
   Qar'ukkat (roerei met courgette en knoflook) 118
   Seble (kruimeltaart met walnoten, kokos en abrikozenjam) 187

F
feta:
   Yarqunto semaqto (geroosterde rodekool met witte kaas, munt en pistachenoten) 121
Fasulye ḥeworo (wittebonenschotel) 149
filodeeg:
   Baqlawa (gevuld filodeeg met walnoot) 200
Fulful hashyo (gevulde paprika's) 73

G
Gabula (warme tarwe met gedroogde pruimen en gemalen meloenpit) 194
gedroogde munt (zie munt, gedroogde) 27
Gerso (warme smeuïge tarwe) 99
gestoofde gevulde ui (*Basle hashye*) 77
gevulde baby-aubergines (*Makdous*) 132
gevulde paprika's (*Fulful hashyo*) 73
gevulde tarwebuideltjes (*Kötle*) 80
gevulde wijnbladeren (*Apprakhe*) 70
granaatappelmelasse: 27
Apprakhe (gevulde wijnbladeren) 70
Muhammara (pittige geroosterde-paprikapasta met granaatappel) 139
Nuné shliqe (in witte wijn gekookte vis met linzensalade) 181
Yarqunto fattoush (geroosterd-broodsalade) 145
Yarqunto semaqto (geroosterde rodekool met witte kaas, munt en pistachenoten) 121
granaatappelpitten:
   Muhammara (pittige geroosterde-paprikapasta met granaatappel) 139
   Mujadarah (linzen en rijst met gekaramelliseerde ui) 131
   Yarqunto fattoush (geroosterd-broodsalade) 145
griesmeel:
   Harise (griesmeeltaart met amandel en sinaasappel) 191
groene linzen (gedroogd):
   Mujadarah (linzen en rijst met gekaramelliseerde ui) 131
   Nuné shliqe (in witte wijn gekookte vis met linzensalade) 181
groene peper, Turkse 28
   Basro 'al dawqo (gekruid gehakt op mini-platbrood) 159
   Burghul 42
   Qar'ukkat (roerei met courgette en knoflook) 118
   Tawa (ovenschotel met gehakt en groenten) 67
groentesalade (*Yarqunto*) 56
Gweto (witte rauwmelkse kaas) 52
Gyothe melye (gebraden gevulde kip met rijst en groenten) 165
Gyothe mqalye (pittige paprikaroerbak met kip en sumak) 172
Gyothe shliqe (gekookte kip met burghul en ui) 171

H
halvemaantjes van gevuld deeg (*Samborakat*) 64

Harise (griesmeeltaart met amandel en sinaasappel) 191
hartige taart:
 Kibbeh ṣeniye (burghulgehakttaart uit de oven) 74
 Maqloubeh (hartige taart ondersteboven) 88
Hemse (kikkererwtensoep) 100
Hemse thine (romige hummus met tahin) 126

I
Itj (burghulballetjes) 125

K
kaas:
 Gweto (witte rauwmelkse kaas) 52
 Yarqunto semaqto (geroosterde rodekool met witte kaas, munt en pistachenoten) 121
Kabab (gekruid gehakt uit de oven) 168
kabeljauw:
 Nuné shliqe (in witte wijn gekookte vis met linzensalade) 181
kalfsgehakt:
 Kabab (gekruid gehakt uit de oven) 168
Khase da bosine (yoghurtkomkommersalade met dille) 46
Kibbeh ṣeniye (burghulgehakttaart uit de oven) 74
kikkererwten:
 Hemse (kikkererwtensoep) 100
 Hemse thine (romige hummus met tahin) 126
 Qawité (taart van Ninive) 208
 Yarqunto da saldemee (rodebietensalade met kikkererwten) 135
kip:
 Gyothe melye (gebraden gevulde kip met rijst en groenten) 165
 Gyothe mqalye (pittige paprikaroerbak met kip en sumak) 172
 Gyothe shliqe (gekookte kip met burghul en ui) 171

Kleicha (luchtige krokante specerijkoekjes) 199
koekjes:
 Kleicha (luchtige krokante specerijkoekjes) 199
kokos:
 Seble (kruimeltaart met walnoten, kokos en abrikozenjam) 187
kolonya 36
komkommer:
 Khase da bosine (yoghurtkomkommersalade met dille) 46
 Yarqunto (eenvoudige Assyrische groentesalade) 56
 Yarqunto fattoush (geroosterdbroodsalade) 145
Kötle (gevulde tarwebuideltjes) 80

L
Labaniyeh (yoghurt met gepelde tarwe) 83
Lahmo doe tanuro (brood uit de oven) 84
Lahmo halyo (zachte zoete broodjes) 196
lamsbout:
 Dobo (lamsbout met knoflook en piment) 106
lamsgehakt:
 Apprakhe (gevulde wijnbladeren) 70
 Kabab (gekruid gehakt uit de oven) 168
lamspoulet:
 Matfuniye faṣuliye yaroqo (sperziebonenstoof met lam) 110
lamstartaar:
 Acin (steak tartare op zijn Suryoyo) 156
langkorrelrijst:
 Rezo sh'iraye (vermicellirijst) 49
 Tlawhé (traditionele rodelinzensoep) 96
linzen:
 Ballo' (pittige borrelhapjes van rode linzen en burghul) 146
 Mujadarah (linzen en rijst met gekaramelliseerde ui) 131
 Nuné shliqe (in witte wijn gekookte vis met linzensalade) 181
 Tlawhé (traditionele rodelinzensoep) 96

M
mahlab: 28
Kleicha (luchtige krokante specerijkoekjes) 199
Lahmo halyo (zachte zoete broodjes) 196
Makdous (gevulde babyaubergines) 132
Maqloubeh (hartige taart ondersteboven) 88
Marga (pittige uienstoof met rundvlees) 109
Matfuniye doe farmo (courgettestoof uit de oven) 113
Matfuniye faṣuliye yaroqo (sperziebonenstoof met lam) 110
mastiek: 28
Lahmo halyo (zachte zoete broodjes) 196
meloenpitten:
 Gabula (warme tarwe met gedroogde pruimen en gemalen meloenpit) 194
 Qawité (taart van Ninive) 208
munt, gedroogde: 27
Acin (steak tartare op zijn Suryoyo) 156
Basle hashye (gestoofde gevulde ui) 77
Basro 'al dawqo (gekruid gehakt op mini-platbrood) 159
Fulful hashyo (gevulde paprika's) 73
Gyothe mqalye (pittige paprikaroerbak met kip en sumak) 172
Khase da bosine (yoghurtkomkommersalade met dille) 46
Labaniyeh (yoghurt met gepelde tarwe) 83
M'wothé (schapendarmen gevuld met gehakt en granen) 90
Yarqunto di lhana (wittekoolsalade met geroosterde amandelen) 142

Yarqunto fattoush (geroosterd-broodsalade) 145
munt, verse:
  Apprakhe (gevulde wijnbladeren) 70
  Dawġe (frisse yoghurtdrank) 59
  Gyothe shliqe (gekookte kip met burghul en ui) 171
  Khase da bosine (yoghurt-komkommersalade met dille) 46
  Nuno zafaran (witvis met saffraan, munt, dille, doperwtjes) 178
  Yarqunto fattoush (geroosterd-broodsalade) 145
  Yarqunto semaqto (geroosterde rodekool met witte kaas, munt en pistachenoten) 121
  Yarqunto tabouleh (peterseliesalade) 122
Muhammara (pittige geroosterde-paprikapasta met granaatappel) 139
Mujadarah (linzen en rijst met gekarameliseerde ui) 131
M'wothé (schapendarmen gevuld met gehakt en granen) 90

N
nigellazaad: 28
  Kleicha (luchtige krokante specerijkoekjes) 199
  Lahmo doe tanuro (brood uit de oven) 84
  Lahmo halyo (zachte zoete broodjes) 196
  Nuné shliqe (in witte wijn gekookte vis met linzensalade) 181
  Nuno zafaran (witvis met saffraan, munt, dille, doperwtjes) 178

O
okra:
  Bamya (okrastoof met rund) 103
olijven:
  Acin (steak tartare op zijn Suryoyo) 156
  Nuné shliqe (in witte wijn gekookte vis met linzensalade) 181

'Oliqé (slingers van walnoten in druivenmelasse) 207
ovengerechten:
  Kabab (gekruid gehakt uit de oven) 168
  Kibbeh șeniye (burghul-gehakttaart uit de oven) 74
  Lahmo doe tanuro (brood uit de oven) 84
  Matfuniye doe farmo (courgettestoof uit de oven) 113
  Matfuniye fașuliye yaroqo (sperziebonenstoof met lam) 110
  Tawa (ovenschotel met gehakt en groenten) 67

P
paprika:
  Fulful hashyo (gevulde paprika's) 73
  Gyothe melye (gebraden gevulde kip met rijst en groenten) 165
  Gyothe mqalye (pittige paprikaroerbak met kip en sumak) 172
  Hemse (kikkererwtensoep) 100
  Itj (burghulballetjes) 125
  Makdous (gevulde baby-aubergines) 132
  Marga (pittige uienstoof met rundvlees) 109
  Matfuniye doe farmo (courgettestoof uit de oven) 113
  Muhammara (pittige geroosterde-paprikapasta met granaatappel) 139
  Yarqunto fattoush (geroosterd-broodsalade) 145
paprikapuree:
  Acin (steak tartare op zijn Suryoyo) 156
  Gyothe shliqe (gekookte kip met burghul en ui) 171
  Muhammara (pittige geroosterde-paprikapasta met granaatappel) 139
  Yarqunto tabouleh (peterseliesalade) 122
pijnboompitten:
  Gyothe melye (gebraden gevulde kip met rijst en groenten) 165
  Gyothe mqalye (pittige paprikaroerbak met kip en sumak) 172
  Kabab (gekruid gehakt uit de oven) 168
  Kibbeh șeniye (burghul-gehakttaart uit de oven) 74
  Maqloubeh (hartige taart ondersteboven) 88
  Nuné shliqe (in witte wijn gekookte vis met linzensalade) 181
piment:
  Dobo (lamsbout met knoflook en piment) 106
  Gyothe shliqe (gekookte kip met burghul en ui) 171
  Kleicha (luchtige krokante specerijkoekjes) 199
  Kötle (gevulde tarwebuideltjes) 80
  Maqloubeh (hartige taart ondersteboven) 88
  M'wothé (schapendarmen gevuld met gehakt en granen) 90
  Tawayee di patata (eenpansgerecht met aardappel, tomaat en gehakt) 155
pistachenoten:
  Dashisto (zoete rijstpudding) 204
  Raha doe debis da hinwe (gekarameliseerde pistache-sinaasappelreep) 188
  Yarqunto semaqto (geroosterde rodekool met witte kaas, munt en pistachenoten) 121
platbrood:
  Basro 'al dawqo (gekruid gehakt op mini-platbrood) 159
  Dawqo hamiġe (platbrood uit de pan) 55
  Lahmo doe tanuro (brood uit de oven) 84
  Yarqunto fattoush (geroosterd-broodsalade) 145
pompoenpitten:
  Raha doe debis da hinwe (gekarameliseerde pistache-sinaasappelreep) 188

Qawité (taart van Ninive) 208
postelein:
 Yarqunto fattoush (geroosterd-broodsalade) 145
pruimen:
 Gabula (warme tarwe met gedroogde pruimen en gemalen meloenpit) 194
pudding:
 Dashisto (zoete rijstpudding) 204

Q
Qar'ukkat (roerei met courgette en knoflook) 118
Qatiro (romige yoghurt) 45
Qawité (taart van Ninive) 208

R
radijzen:
 Yarqunto fattoush (geroosterd-broodsalade) 145
Raha doe debis da hinwe (gekaramelliseerde pistache-sinaasappelreep) 188
rauwmelkse kaas (*Gweto*)
Rezo sh'iraye (vermicellirijst) 49
rijst (basmati-):
 Mujadarah (linzen en rijst met gekaramelliseerde ui) 131
rijst (langkorrel-):
 Rezo sh'iraye (vermicellirijst) 49
 Tlawhé (traditionele rodelinzensoep) 96
rijst (risotto-):
 Apprakhe (gevulde wijnbladeren) 70
 Basle hashye (gestoofde gevulde ui) 77
 Dashisto (zoete rijstpudding) 204
 Fulful hashyo (gevulde paprika's) 73
 Gyothe melye (gebraden gevulde kip met rijst en groenten) 165
 Maqloubeh (hartige taart ondersteboven) 88
 M'wothé (schapendarmen gevuld met gehakt en granen) 90
rode biet:
 Yarqunto da saldemee (rodebietensalade met kikkererwten) 135
rode linzen:
 Ballo' (pittige borrelhapjes van rode linzen en burghul) 146
 Tlawhé (traditionele rodelinzensoep) 96
rode ui:
 Basle hashye (gestoofde gevulde ui) 77
 Itj (burghulballetjes) 125
 Yarqunto (eenvoudige Assyrische groentesalade) 56
rodekool:
 Yarqunto semaqto (geroosterde rodekool met witte kaas, munt en pistachenoten) 121
roerei:
 Qar'ukkat (roerei met courgette en knoflook) 118
romainesla:
 Yarqunto fattoush (geroosterd-broodsalade) 145
 Yarqunto tabouleh (peterseliesalade) 122
romatomaten:
 Bamya (okrastoof met rund) 103
 Matfuniye fașuliye yaroqo (sperziebonenstoof met lam) 110
 Tawa (ovenschotel met gehakt en groenten) 67
 Yarqunto tabouleh (peterseliesalade) 122
romige yoghurt (*Qatiro*) 45
rundergehakt:
 Apprakhe (gevulde wijnbladeren) 70
 Bacanat komé hashye (met gehakt gevulde aubergines) 175
 Basle hashye (gestoofde gevulde ui) 77
 Basro 'al dawqo (gekruid gehakt op mini-platbrood) 159
 Gyothe melye (gebraden gevulde kip met rijst en groenten) 165
 Kibbeh șeniye (burghul-gehakttaart uit de oven) 74
 Kötle (gevulde tarwebuideltjes) 80
 Maqloubeh (hartige taart ondersteboven) 88
 M'wothé (schapendarmen gevuld met gehakt en granen) 90
 Samborakat (halvemaantjes van gevuld deeg) 64
 Tawa (ovenschotel met gehakt en groenten) 67
 Tawayee di patata (eenpansgerecht met aardappel, tomaat en gehakt) 155
runderstoofvlees:
 Bamya (okrastoof met rund) 103
 Marga (pittige uienstoof met rundvlees) 109
rundertartaar:
 Acin (steak tartare op zijn Suryoyo) 156
 Kibbeh șeniye (burghul-gehakttaart uit de oven) 74
runderworst:
 Be'e da dayroye (gebakken eieren met runderworst) 162

S
saffraan:
 Nuno zafaran (witvis met saffraan, munt, dille, doperwtjes) 178
salades:
 Khase da bosine (yoghurt-komkommersalade met dille) 46
 Nuné shliqe (in witte wijn gekookte vis met linzensalade) 181
 Yarqunto (eenvoudige Assyrische groentesalade) 56
 Yarqunto da saldemee (rodebietensalade met kikkererwten) 135
 Yarqunto di lhana (wittekoolsalade met geroosterde amandelen) 142
 Yarqunto fattoush (geroosterd-broodsalade) 145
 Yarqunto tabouleh (peterseliesalade) 122
 Samborakat (halvemaantjes van gevuld deeg) 64
schapendarmen gevuld met gehakt en granen (*M'wothé*) 90
Seble (kruimeltaart met walnoten,

kokos en abrikozenjam) 187
sesamzaad:
   Be'e da dayroye (gebakken eieren met runderworst) 162
   Muhammara (pittige geroosterde-paprikapasta met granaatappel) 139
   Qawité (taart van Ninive) 208
   Yarqunto di lhana (wittekoolsalade met geroosterde amandelen) 142
sinaasappel:
   Harise (griesmeeltaart met amandel en sinaasappel) 191
   Raha doe debis da hinwe (gekaramelliseerde pistache-sinaasappelreep) 188
soep:
   Hemse (kikkererwtensoep) 100
   Tlawhé (traditionele rodelinzensoep) 96
sperziebonen:
   Matfuniye faṣuliye yaroqo (sperziebonenstoof met lam) 110
sucuk:
   Be'e da dayroye (gebakken eieren met runderworst) 162
suikersiroop:
   Harise (griesmeeltaart met amandel en sinaasappel) 191
sumak: 28
   Basle hashye (gestoofde gevulde ui) 77
   Fulful hashyo (gevulde paprika's) 73
   Gyothe mqalye (pittige paprikaroerbak met kip en sumak) 172
   Yarqunto fattoush (geroosterd-broodsalade) 145

T
taart, hartig:
   Kibbeh ṣeniye (burghul-gehakttaart uit de oven) 74
   Maqloubeh (hartige taart ondersteboven) 88
taart, zoet:
   Harise (griesmeeltaart met amandel en sinaasappel) 191

   Qawité (taart van Ninive) 208
   Seble (kruimeltaart met walnoten, kokos en abrikozenjam) 187
tahin:
   Hemse thine (romige hummus met tahin) 126
tarwe:
   Kötle (gevulde tarwebuideltjes) 80
   Labaniyeh (yoghurt met gepelde tarwe) 83
tarwebloem/-meel:
   Kleicha (luchtige krokante specerijkoekjes) 199
   Lahmo halyo (zachte zoete broodjes) 196
   Qawité (taart van Ninive) 208
tarwegries:
   Qawité (taart van Ninive) 208
tarwegrutten:
   Gabula (warme tarwe met gedroogde pruimen en gemalen meloenpit) 194
   Gerso (warme smeuïge tarwe) 99
   Tawa (ovenschotel met gehakt en groenten) 67
   Tawayee di patata (eenpansgerecht met aardappel, tomaat en gehakt) 155
   Tlawhé (traditionele rodelinzensoep) 96
tomaten:
   Apprakhe (gevulde wijnbladeren) 70
   Bacanat komé hashye (met gehakt gevulde aubergines) 175
   Bamya (okrastoof met rund) 103
   Basro 'al dawqo (gekruid gehakt op mini-platbrood) 159
   Be'e da dayroye (gebakken eieren met runderworst) 162
   Marga (pittige uienstoof met rundvlees) 109
   Maqloubeh (hartige taart ondersteboven) 88
   Matfuniye doe farmo (courgettestoof uit de oven) 113
   Matfuniye faṣuliye yaroqo (sperziebonenstoof met lam) 110

   Nuné shliqe (in witte wijn gekookte vis met linzensalade) 181
   Tawa (ovenschotel met gehakt en groenten) 67
   Tawayee di patata (eenpansgerecht met aardappel, tomaat en gehakt) 155
   Yarqunto (eenvoudige Assyrische groentesalade) 56
   Yarqunto fattoush (geroosterd-broodsalade) 145
   Yarqunto tabouleh (peterseliesalade) 122
trostomaten:
   Tawayee di patata (eenpansgerecht met aardappel, tomaat en gehakt) 155
   Yarqunto (eenvoudige Assyrische groentesalade) 56
Turkse groene peper 28

U
ui: zie rode ui / witte ui
uienschillen:
   Be'é semoqe (rode eieren) 136

V
vermicellirijst (*Rezo sh'iraye*) 49
vijgen:
   Dashisto (zoete rijstpudding) 204
   Yarqunto da saldemee (rodebietensalade met kikkererwten) 135
vis:
   Nuné shliqe (in witte wijn gekookte vis met linzensalade) 181
   Nuno zafaran (witvis met saffraan, munt, dille, doperwtjes) 178

W
walnoten:
   Baqlawa (gevuld filodeeg met walnoot) 200
   Makdous (gevulde baby-aubergines) 132
   Muhammara (pittige geroosterde-paprikapasta met

granaatappel) 139
'Oliqé (slingers van walnoten in druivenmelasse) 207
Qawité (taart van Ninive) 208
Seble (kruimeltaart met walnoten, kokos en abrikozenjam) 187
Yarqunto da saldemee (rodebietensalade met kikkererwten) 135
wijn:
  Nuné shliqe (in witte wijn gekookte vis met linzensalade) 181
wijnbladeren:
  Apprakhe (gevulde wijnbladeren) 70
winterwortel:
  Tlawhé (traditionele rodelinzensoep) 96
witte bonen:
  Fasulye ḥeworo (wittebonenschotel) 149
witte kool:
  Yarqunto di lhana (wittekoolsalade met geroosterde amandelen) 142
witte rauwmelkse kaas (*Gweto*) 52
witte ui:
  Acin (steak tartare op zijn Suryoyo) 156
  Bacanat komé hashye (met gehakt gevulde aubergines) 175
  Bamya (okrastoof met rund) 103
  Basle hashye (gestoofde gevulde ui) 77
  Basro 'al dawqo (gekruid gehakt op mini-platbrood) 159
  Burghul met gebakken ui 42
  Fulful hashyo (gevulde paprika's) 73
  Gerso (warme smeuïge tarwe) 99
  Gyothe melye (gebraden gevulde kip met rijst en groenten) 165
  Gyothe mqalye (pittige paprikaroerbak met kip en sumak) 172
  Gyothe shliqe (gekookte kip met burghul en ui) 171
  Hemse (kikkererwtensoep) 100

Kabab (gekruid gehakt uit de oven) 168
Kibbeh ṣeniye (burghul-gehakttaart uit de oven) 74
Kötle (gevulde tarwebuideltjes) 80
Marga (pittige uienstoof met rundvlees) 109
Maqloubeh (hartige taart ondersteboven) 88
Matfuniye doe farmo (courgettestoof uit de oven) 113
Matfuniye faṣuliye yaroqo (sperziebonenstoof met lam) 110
Mujadarah (linzen en rijst met gekaramelliseerde ui) 131
M'wothé (schapendarmen gevuld met gehakt en granen) 90
Samborakat (halvemaantjes van gevuld deeg) 64
Tawa (ovenschotel met gehakt en groenten) 67
Tawayee di patata (eenpansgerecht met aardappel, tomaat en gehakt) 155
Tlawhé (traditionele rodelinzensoep) 96
witvis:
  Nuno zafaran (witvis met saffraan, munt, dille, doperwtjes) 178
wortel:
  Gyothe melye (gebraden gevulde kip met rijst en groenten) 165

Y

Yarqunto (eenvoudige Assyrische groentesalade) 56
Yarqunto da saldemee (rodebietensalade met kikkererwten) 135
Yarqunto di lhana (wittekoolsalade met geroosterde amandelen) 142
Yarqunto fattoush (geroosterd-broodsalade) 145
Yarqunto semaqto (geroosterde rodekool met witte kaas, munt en pistachenoten) 121
Yarqunto tabouleh (peterseliesalade) 122

yoghurt:
  Dawǧe (frisse yoghurtdrank) 59
  Gabula (warme tarwe met gedroogde pruimen en gemalen meloenpit) 194
  Gyothe mqalye (pittige paprikaroerbak met kip en sumak) 172
  Harise (griesmeeltaart met amandel en sinaasappel) 191
  Khase da bosine (yoghurt-komkommersalade met dille) 46
  Labaniyeh (yoghurt met gepelde tarwe) 83
  Mujadarah (linzen en rijst met gekaramelliseerde ui) 131
  Nuno zafaran (witvis met saffraan, munt, dille, doperwtjes) 178
  Qatiro (romige yoghurt) 45
  Yarqunto semaqto (geroosterde rodekool met witte kaas, munt en pistachenoten) 121

Z

7-kruidenpoeder: 28
Bacanat komé hashye (met gehakt gevulde aubergines) 175
Basro 'al dawqo (gekruid gehakt op mini-platbrood) 159
Gyothe melye (gebraden gevulde kip met rijst en groenten) 165
Kibbeh ṣeniye (burghul-gehakttaart uit de oven) 74
Samborakat (halvemaantjes van gevuld deeg) 64
zoete taart:
  Harise (griesmeeltaart met amandel en sinaasappel) 191
  Qawité (taart van Ninive) 208
  Seble (kruimeltaart met walnoten, kokos en abrikozenjam) 187

Colofon

Dit boek is een uitgave van
Fontaine Uitgevers, Amsterdam
www.fontaineuitgevers.nl

Receptuur: Smuni Turan

Tekst: Matay de Mayee

Tekstbijdrage: Romke Oortwijn

Omslagfoto: Daan Heijbroek

Foto's binnenwerk: Emma Peijnenburg, Milan Gino, Claire Witteveen, Daan Heijbroek

Creatieve regie & styling: Matay de Mayee

Vormgeving: Marjolein Meulendijks - Stylenoot

Zetwerk: Select Interface

Redactie: Yulia Knol

Lithografie: Pixel-it, Zutphen

MIX
Papier | Ondersteunt
verantwoord bosbeheer
FSC® C015829

Tweede druk november 2023

© 2023 Matay de Mayee, Fontaine Uitgevers
ISBN 978 94 6404 218 4
NUR 440

Alle rechten voorbehouden. Niets uit deze uitgave mag worden verveelvoudigd, opgeslagen in een geautomatiseerd gegevensbestand of openbaar gemaakt door middel van druk, fotokopie, microfilm, elektronisch databestand of op welke andere wijze ook, zonder voorafgaande schriftelijke toestemming van de uitgever.

Deze uitgave is met de grootst mogelijke zorgvuldigheid samengesteld. Noch de maker, noch de uitgever stelt zich echter aansprakelijk voor eventuele schade als gevolg van eventuele onjuistheden en/of onvolledigheden in deze uitgave.